梁啓超 著

# 飲冰室合集

專集

第五冊

中華書局

# 飲冰室專集之二十二

## 新大陸遊記節錄

### 徐序

余遊美數年。以余所見。舉美國一學校也。舉美國一兵隊也。舉美國一商店也。舉美國一工廠也。舉美國一家族也。舉美國一花園也。以語任父。任父曰。良信。吾因而返觀比較於我祖國。覺我同胞匪惟不能自治其國而已。乃實不能自治其鄉。自治其家。自治其身。乃至所行者不能謂之路。所居者不能謂之室。所臥者不能謂之榻。此豈恥惡衣惡食。亦以覘文明程度之標準也。吾又覺吾同胞乃至言者不能謂之能言。立者不能謂之能立。步者不能謂之能步。此寧細故耶。國民之性。凡知一國強弱所由基也。細故如此。大者可知矣。余非崇拜西人者。余倔強之僻性。凡知我者靡不知之。雖然。余以我民族與彼民族比較。余惟有怵息。余惟有流涕。余不忍道。余又不忍不道。任父之在美也。余與之同游者月餘。任父將爲游記。余尼焉。既乃見其稿。則皆余之所欲言而不能言者也。且彼以十月間所觀察所調查。乃多爲吾三年間所未能見及。人之度量相越。不亦遠耶。以是公諸世。其影響於民族前途者。必非淺尠。豈徒小道可觀云爾。任父索序。乃弁數言。光緒二十九年十二月同學三水徐勤

# 自序

余遊新大陸。日拉雜有所記。將詮次爲一小冊。君勉至紐約尼余曰。子毋爾。凡遊野蠻地爲游記易。遊文明地爲遊記難。子以爾許之短日月。遊爾許之大國土。每市未嘗得終一旬。淹所見幾何。徒以遼豕爲通人。余笑耳頷其言。欲中止者屢。顧性好弄翰。有所感觸。不能不筆之。積數月。碎紙片片盈尺矣。自一覆視。雖管蠡之見。可笑實甚。然容亦有爲內地同胞所未及知者。宋人之獻其曝。曝寧足貴。惟獻焉者之愚誠。欲已不自已也。因積兩旬之力。詮次叢稿。既成。乞序於君勉。而布之。志余愎諫之咎。且以自贖。癸卯除夕著者識。

# 新大陸遊記節錄

## 凡例

一　茲編本遊歷時隨筆所記。但叢稿盈尺。散漫無紀。令讀者有恐臥之想。故返日本後。以兩旬之力重理之。如今本一段中所記。或非在一時也。

一　中國前此遊記。多紀風景之佳奇。或陳宮室之華麗。無關宏旨。徒災棗梨。本編原稿中亦所不免。今悉刪去。無取耗人目力。惟歷史上有關係之地。特詳焉。

一　茲編所記美國政治上歷史上社會上種種事實。時或加以論斷。但觀察文明複雜之社會。最難得其要領。況譾陋如余。又以此短日月。歷彼廣幅員耶。其不足當通人之一噱明矣。但以其所知者貢於祖國。亦國民義務之一端也。於吾幼稚之社會。或亦不無小補。大雅君子。尙希亮之。

一　此次於美國政治所欲論述尙多。本擬附錄一「美國政治評」。但稿太叢亂。重整理之費日更多。出版更遲。故惟於歸途篇略附一二。今後得間再賡續之。

一　此次所至。承我海外同胞異常之歡待。實不克當。本宜詳述以誌感謝。但限於篇幅。詳敍或失諸冗漫。使讀者生厭。故此類之筆記悉從刪去。諸君諒焉。

甲辰正月　　著者識

# 新大陸遊記節錄

## 目次

## 由加拿大至紐約

禮拜堂
（十九）　世界最古之市立圖書館　世界最古之報館　古報館之價值　嗜報國民　每日出報數次至十數次　博物院所藏中國宮內器物　觀哈佛大學　世界最美麗之汽船

## 由紐約至華盛頓

（二十）　最閑雅之大公園　「喀別德兒」之莊嚴　世界第一美麗之圖書館　祖國文字　大統領官邸之質素　華盛頓紀功華表　國文銘石之辱國　華盛頓留學生
（二十一）　訪外務大臣海氏　訪大統領盧斯福　盧斯福略傳　極端之進取主義　門羅主義性質之大變化　門義主義之起源　門羅主義之內容兩方針　其變遷之歷史　亞美利加者美國人之亞美利加世界者美國人之世界　盧斯福之演說門羅主義　門羅主義所向無敵其意何居
（二十二）　大統領之權力及職掌　大統領平時權力小戰時權力大　大統領與立法部之關係三權鼎立之實行　歷任大統領何故多庸材乎　其理由　一第一流人不入政界　二大統領可以用庸才　三異才爲國民所忌　四異才不利於候補　五省界之競爭　與其得良大統領毋寧得良候補者　六高才之士多有不願爲大統領者　大統領者黨派之傀儡也　共和政體之流弊　今後之變遷
（二十三）　美國最奇一事曰無首都　華盛頓不足以當首都　紐約費城波士頓芝加高聖路易

## 由舊金山至羅省技利



## 歸途

# 飲冰室專集之二十二



## 新大陸遊記節錄

### 由橫濱至加拿大

（一）

余蓄志遊美者旣四年。己亥冬。舊金山之中國維新會初成。諸同志以電見招。卽從日本首塗。前所作二十世紀太平洋歌所謂『逝將適彼世界共和政體之祖國』者是也。道出夏威夷島（卽檀香山）。夏人縶維之。約留一月。行旣而防疫事起。全市華僑廛宅付一炬。環島不通行旅者數閱月。於是余自庚子正月至五月。蟄居夏威夷。六月十七。嚴裝往美。忽得上海電促之歸。遂以二十日回馬首而西。道日本返上海。遽聞漢口之變。志不遂。遂折而南。由香港而星加坡而檳榔嶼而印度。繞澳大利亞洲一週。辛丑四月。經菲律賓。復至日本。居日本者又幾兩年。至是始續舊游。實癸卯正月廿三日也。

廿六日爲余三十一初度。余頻年奔走海內外。未嘗有所終三年淹。其尤奇者。則年年今日。必更其地。十年來無一重複。自癸巳在家鄉一度生日。諸母猶噢以飴餳棗栗之類。爾後甲午此日在黃海舟中。乙未此日在京師。丙申此日在上海。丁酉此日在武昌。戊戌此日在洞庭湖舟中。己亥此日在日本東京。庚子此日在夏威夷島。辛丑

此日在澳洲雪梨市壬寅此日在日本東海道滊車中今年癸卯今日在太平洋嘻此亦一詩料也成詩一章

十年十處度初度頗感勞生未有涯日月苦隨公碌碌人天容得某栖栖莊嚴地獄來何暮芻狗年華住且佳一事未成已中歲海雲凝望轉低迷

（二）

二月初六凌晨舟入加拿大屬溫哥華島之海口兩岸青山如送如迎左英屬右美屬山皆秀麗灌木如荞舟行於朝曦融曳之間頗極快遊

午後一點鐘舟抵域多利維新會同志李君福基等迎於碼頭者數十人停舟十五分鐘即啓行溫哥華及二埠之同志葉君恩劉君章軒李君佑樞等亦至域多利相迎夕間抵溫哥華同人迎於碼頭者復百餘

英屬加拿大凡分七省其沿太平洋海岸者為布列地士哥倫比亞省 British Colombia 計加拿大全屬華人約二萬而哥倫比亞省居十之六七焉哥倫比亞省之首府曰域多利 Victoria 其附近大都會曰溫哥華 Vancouver（華人俗稱咸水埠）曰紐威士綿士打 New Westminster（華人俗稱二埠）一切華商華工皆麕集於此計全加拿大華人人數大略如下

| | |
|---|---|
| 域多利 | 五千餘 |
| 溫哥華 | 四千餘 |
| 紐威士綿士打 | 一千 |

(天)

| | |
|---|---|
| 天寅米 | 一千 |
| 奶麼 | 五百 |
| 卡拉布 | 一千 |
| 噶黎 | 一千 |
| 滿地雜 | 二千餘 |
| 阿圖和 | 二百餘 |
| 其餘散在各市者 | 約三千餘 |

十餘年前 C.P.R. 公司築大鐵路之時華人來者最衆計全盛時代殆不下七八萬人鐵路成後需工漸少今僅有此數

(三)

溫哥華市距今十五年前一林莽耳自太平洋鐵路公司(西名爲 Canadian Pacific Railway Co. 省名爲 C.P.R. 公司)開大鐵路橫截大陸以通紐約鑿歐洲交通東方之孔道又開中國皇后日本皇后印度皇后三船來往於日本及中國其鐵路之車站輪船之碼頭皆以溫哥華爲終點故溫哥華驟盛哥侖比亞省本以域多利爲首府今則勢力全趨於溫哥華矣地價驟漲至百數十倍吾華人十五年前來此者既實繁有徒從無一人肯買地以牟大利者雖或西友勸之亦莫或應此亦學識不足不能與西人競爭之明證也

華人之在加拿大者。生計殊窘蹙。遠不逮在美國。其工人之不得職業者十而五六。困苦不可言狀。商人恃工人為生。工業衰。故商業亦衰。蓋商於此間者。皆非有大資本營大事業。不過專辦本國日用飲食之物。售諸工人以取利耳。故工人來者少。則商店自少。工人困苦。則商利益微。吾所至夏威夷澳洲各地皆同一現象。而加拿大為尤甚。

哥侖比亞省之工人。以做沙文魚為最多。計每年魚來時。業此者每月可得美金三十元至六七十元不等。然每年惟四月至七月為魚來時節耳。自餘數月。凡業魚者皆無所得業。束手坐食。故歲入恆不足以自贍也。

日本人在此者。亦以魚為業。然日人則採漁也。華人則製魚也。採魚每日每人工價優於製魚者數倍。然此地西人限華人。非已入英籍者不得採魚。故雖以此區區之利權。亦不得與他族競。

製魚業外。惟有廚工洗衣工為大宗。廚工最上者每月可得美金七八十元。最下者十餘元。洗衣工工價甚微。大約每月美金十餘元。滿地羅洗衣工最多。以其地為加拿大之最大都會也。其餘尚有採礦工伐木工等。然不多。

合觀哥侖比亞省之商業。（專指華商）域多利埠凡商店百四十餘家。溫哥華五十餘家。紐威士綿士打二三十家。其數不可謂不盛。然與西人貿易者不過一二家耳。其餘皆恃華工以為養者也。中國雜貨店居十之七八。而域多利埠則以製販鴉片為一大宗。蓋鴉片入口稅輕。易於牟利也。但所牟者亦皆華人之利而已。大半銷入美國。近則美國查稅極嚴。故所銷歲減。其餘則洋服裁縫店有十餘家。稍爭西人利益於一二而已。

商於此者。以賭博為一專門業。幾於無家不賭。以區區之溫哥華埠。而番攤館有二十餘家。白鴿票廠有十六七家。他埠亦稱是。吾嘗稽其每月銷費之數。每一番攤館受工者約五六人。每人每禮拜薪工美金六元。內外每館

（天）

地一間租錢每月約美金四十元。通計溫哥華攤館每月之支費。約在美金六千元內外。為中國通用銀者萬二千元矣。每年當銷費十五萬元矣。白鴿票及其他雜賭之銷費亦稱是。是每年溫哥華一埠之資本蝕於賭者將三十萬。合計哥侖比亞全省。歲蝕至百萬矣。所生之利。不足以償所分、華人生計之日蹙也固宜、日本人亦最嗜賭。聞其每年輸與華人者。約在美金十六萬元云。溫哥華一埠此亦爭外利之一道歟。嘻。日本人之不能商務。尤甚於中國。計日人在此者殆四千人。而無一稍完之商店。吾昔曾至木曜島。在澳洲東北隅之見其地有日本人二千而極貧。有中國人不滿一百而頗富。詰其由則此數十中國人即恃彼二千餘日本人之貿易以致富者也。而二千日本人中竟不能立一商店。因疑華人商務之天才過於日人遠甚。今觀此地益信。雖然華人商務之天才。只能牟本國人之利。只能牟東方人之利。然與歐美人相遇輒挫敗。則有此天才而不知擴充故也。

（四）

哥侖比亞省亦有限制華工之例。前此每一人登岸須納稅金一百元。（美金）近則增至五百元。合中國通用銀千餘元矣。此案自五年以前已提出於本省議院。久未通過。今年則提出於加拿大之總議院。以四月初一日通過。千九百〇四年正月一日實行。自此以往。吾華工來此地之路又絕矣。一歎。

白人之殖民地。除南亞美利加及南洋海峽羣島以外。幾無一不限制華工。其限制之例種種。以余所知者。則美國及其屬地。皆與中國申明禁約。嚴定法律。一切勞働者皆不許至。禁約禁例詳下編

澳洲之烏修威省徵稅金一百磅。（華銀千元）

澳洲之域多利省坤錫蘭省。限每船容積五百噸則每次許搭華工一名。每五百噸遞進一名。不許逾額多載。

澳洲之西澳南澳兩省限能解英語五十句以上者乃可登陸。

此一千九百年以前之例也。其時澳洲諸省各自分治。華人在甲省上陸者。不許闌入乙省。自千九百年一月澳洲聯邦成。六省合而爲一。其已登陸者。各省許通來往。然此後限制之例益苛。今則雖納稅金亦不許至。雖噸位亦不許容。其苛禁殆更甚於美國矣。

紐西蘭島徵稅金三十磅。（華銀三百元）

加拿大徵稅金一百元。（華銀二百元）今增至五百元。（華銀一千元）

夏威夷古巴菲律賓。昔皆許華工自由。隸逮美後。一從美例。古巴近已獨立。若當其政府新易時。解此禁自非難。惜我國政府恬不以爲意。今無及矣。

白人之待華人。惟有兩法。（其一）則既居其地者。一切應守之法律。與彼民平等。惟限制我不許來。（其二）則來去任我自由。惟居其地者。設特別法律以相待。其第一法。用之於白種人多他種人少之地。如美洲澳洲是也。其第二法。用之於白種人少他種人多之地。如南洋羣島安南暹羅諸地是也。要之不許與彼平等而已。

吾昔在澳洲。聞吾華工每一人至其地者。率須費七八百金。其船位之價。不過百金耳。何以餘費之鉅至於如是。蓋因坤士蘭域多利兩省限噸位。每船率僅能載四五人。而欲往者之數殆十倍之而未已。故必須報名候補。候補或至五六年不得。故競以多金賂船行之司事。甲以三四百得一位。乙以五六百奪之。丙又以七八百奪之。故遂至以七八百爲定價也。其事殆與官場之捐儘先班者同矣。尋常西人以三百金得頭等船位。而我華人乃以七八百金得三等船位。可歎。

華人之往澳洲者其目的地率在鳥修威。（雪梨市者鳥修威之首府也）以千金之稅不易納也。故由噸位以過域多利或坤士蘭。然後復由彼兩省間道以潛入鳥修威境。（兩省皆鳥修威之鄰境）謂之偷過界。偷過界被拿獲者。除照徵稅金百磅外。仍加罰五十磅。無貲可罰則下獄一年。獄滿仍逐出境。

加拿大屬覓工甚難。而華人來此絡繹不絕者何也。蓋由此偷過界以入美境也。去年一歲上陸於域多利溫哥華兩埠者五千餘人。其入美境者殆十而六七。他歲稱是。

此間華商有專以導人偷過界爲業者。每人索賄美金二百餘元。其賄則美境之稅關及駐溫哥華之美領事皆有分潤云。故今日華工之改入美境者。亦須華銀七八百元乃得達。蓋來加拿大之稅金二百元。入境之賄四五百元。其餘船費車費不過百餘元耳。以祖國數萬里膏腴之地。而使我民無所得食。乃至投如許重金以餬口於外。以受他族之牛馬奴隸。誰之過歟。

（五）

華人愛國心頗重。海外中國維新會（西名爲Chinese Empire Reform Association）實起點於是。自己亥年此會設立以來。至今蒸蒸日上。溫哥華入會者十而六七。域多利則殆過半。紐威士綿士打幾無一人不入會者。會中章程整齊。每來復日必演說。每歲三埠合同大敍集一次。近集數萬金建總會所於溫哥華。儼然一小政府之雛形也。

今歲會事益有進步。效立憲國選擧法。公擧總會之副總理一人。監督一人。（其大總理既有定員）域溫紐三埠各出候補者二名。先期一月佈告其名。屆日以匿名投票之法選擧之。三埠同時開票。互以電報報某名得票之多寡。當選擧期以前。競爭殊劇烈。各候補者到處游說運動演說。其所懷抱之政策。儼然與文明國之政黨無異。此誠中國數千年所未有也。他日有著中國政黨史者。其必託始於是矣。余到後四日爲總選擧之期。定章凡會員皆有選擧權。有權者六千餘人。投票之數。不過千數。蓋風氣初開。未知公權之可貴。各國皆如是也。得票最多者爲六百七十一票。被選爲副總理。明年屆選擧期。則棄權者之數必少於今年矣。

三月廿六日爲維新會總會所興工建築之期。西例凡有公家建築。必請一有聲望之人。先置一石。且獻祝詞。名曰樹礎之典。諸同志以余適至。因固留數日。使行斯禮。當時中西人士觀者如堵。余置石獻祝詞後。演說一次。鼓掌之聲雷動。此亦中國前此未有之擧也。

（六）

在溫哥華讀西報。見美國總統盧斯福巡行太平洋沿岸。所至演說。雄辯滔滔。其言有深足令吾國人猛省者。今錄其在屈臣威爾市所演者如下。

（前略）吾國民有不可不熟察者一事。卽吾國在太平洋上過去及現在所占之優勢及其根原是也。太平洋。洋中之最大者也。而此最大洋。在今世紀中。當爲吾美國獨一無二之勢力範圍。雖然。欲就最大之事業者。

不可不負最大之責任。凡國民欲增進其幸福與其名譽。不可不先納其代價。苟不爾者。亦疲茶之國民已耳。嗚呼我同胞。吾信諸君。吾信吾國民。吾深謝彼蒼之以此絕好機會畀於二十世紀時代之我同胞也。吾爲諸君賀。嗚呼機會不可逸。吾儕今者以吾祖宗遺傳活潑進取之精神。對於此問題。吾祝吾儕大成功之日。不在遠也。

嗚呼何其言之自負乎。而大統領之自負。亦卽全國民自負之代表也。此演說之語。飛達歐洲。歐洲各國奔走相告。各報館羣起而睨之。而德國爲尤甚。柏林公報論之曰『美國之懷抱野心以欲盜太平洋。匪伊朝夕。至其明目張胆無忌憚以言之。自此度始。雖然。我歐洲列國。其與太平洋有切密之關係者。亦不尠。盧斯福之佳夢。殆未易遽踐也』。其餘各報同時爲此等議論者。亦雜遝相接。笑駡之聲。殆不可聽。據當時美國各報所譯載

未幾盧斯福至舊金山更爲第二次之太平洋演說。其氣焰益高。茲譯錄如下。

（前略）余之未親覩太平洋也。余已爲國中主張帝國主義者之一人。（拍掌）及今親見之。而益信夫欲進吾美於强盛之域。爲我子孫百年之大計。舍帝國主義其末由也。（拍掌）在今世紀中。惟能在太平洋上占優勝權者。爲能於世界歷史上占優勝權。請言其理。人類權力舞臺之中心點。自陸而陸。自海而海。恆變動而無已時。以吾輩所記憶。若上古之小亞細亞文明。埃及文明。其與海運關係者雖絕少。洎夫腓尼西亞人勃興以來。地中海遂爲歷史之中樞。若喀西士。若希臘。若羅馬。皆以其軍艦商船。以爭產業上軍事上之牛耳。緊何故乎。蓋國民興盛之要具。舍此末由耳。彼羅馬之霸九州。全在其掌握地中海航權之時代。是其例矣。雖至羅馬滅亡之後。其南方海濱。爲全歐文明之中堅者。猶亘數世紀。地中海之勢力。不亦偉耶。彼俾尼士志挪亞

諸市府之發達。卽在彼時也。

雖然。權力日漸推移。北方諸國。稍嶄然顯頭角。商船貿易。日以發達。而北海波羅的海及比斯加灣(按)Biscay灣今法蘭西班牙接壤之海灣也沿岸諸市。日見興旺。而冒險勇敢之商人。來往於大西洋之歐岸者如織。此奈渣蘭半島(按)班荷兩國之總名諸市發達之原因也。英荷班衛法諸國。競張幟於海外。一以博名譽。一以謀大洋上利益之優先權耳。其後遂尋得好望角航路與美洲新大陸。於是大西洋海權。左右世界。其位置與昔時之地中海同。今也以懸崖轉石之機。其大運乃直趨入於世界最大之洋。而此最後之大規模。非以文明國民之力。無由開拓之。嗚呼。天將以太平洋界其第一之驕子。今正其時矣。

今吾與諸君翻觀十九世紀之初。此厖大之太平洋。何物之與有。其與波濤衝激航行稍遠者。惟少數之捕鯨船耳。宅於其中之島嶼。與環於其旁之岸原。曾未能一脫泰古原人之情狀。其在洋之東。猶有舊式之帆船。稍游弋於中國日本印度間。若吾美大陸之西鄙。則依然爲紅夷之巢穴。眺其海岸。惟時見刳木之舟。(按)吾中國古代言刳木爲舟今地球上此種舟尙不少吾於印度嘗試乘之三點兩點。與波上下而已。此豈遠而。不過一世紀以前事耳。何圖僅及百年。當本世紀之初。其狀態之變遷。遽乃若此。其地位之重要。殆有非吾輩擬議所能及者。位於其南之澳洲聯邦。既已突兀湧現。日本亦非復昔日之日本。駸駸乎欲與列強爭中原鹿。而彼中國者。老朽垂死。歐洲列強。共盡勢力於東亞大陸。而吾合衆國亦以同時擴其版圖。若加鏵寬尼。若阿利根。若華盛頓。(按)三省名也舊金山卽加鏵寬尼省最大之市砵崙卽阿利根省最大之市舍路卽華盛頓省最大之市三市實太平洋東岸之中堅也吾國人旅于是者甚衆昔也石田。今也天府矣。至如阿拉悉加也。(按)太平洋北一島距日本四日程耳夏威夷也。(按)卽檀香山菲律賓也。皆次第內隸。爲我郡縣。海岸線之擴張。馴使吾美一躍而立於太平洋一等國之位置。若吾國民能以精心果力。利用此地理上之優勝。乎吾信其將來以平和之手段。制此莫大之霸權。決非難矣。（拍掌）今者洋底之海電既已告成。洋面之大航船亦已著手。世之論者至有謂此船爲當今船中之王者矣。（按）詳見別節 地峽運河之開鑿權。其必歸於我手。殆又可斷言也。（拍掌）（按）彼時巴拿馬尚未自立 而彼運河者實使我大西太平兩洋之沿岸地。忽相聯屬。其所裨於我商業上海陸軍上者。至重且大也。且我國民非好戰也。而迫於不得已。使我無端而出於征討菲律賓之舉。不謂之天助焉不得也。我國民乎。我輩苟不願爲劣者弱者。不願以墮落之歷史貽我子孫。則猛進猛進。以實行我所懷抱之壯圖。今其時哉。（拍掌）

凡欲以大國民自負者。必當思將由何道。使吾國在世界上得占偉大之地位。且持續之。故不進則必退。國家存亡。皆在此點。吾國民萬不可以不占此地位。勢使然也。而加罅寬尼省諸君之責任。尤加一層。何也。吾國之國力將皆由此金門（按）舊金山海口之名 而進也。（拍掌）

嗚呼我同胞諸君。吾今深慶吾國之得此好機會。吾又深信吾國民之智識勇氣毅力。視此機會猶高一級焉。此吾所爲歡喜無量者也。（拍掌）吾國民其毋曰吾從事於此大業與否。吾將擇焉。何也。人各有天職。天職者天所命也。吾能辭乎。（拍掌）若猶欲超然於世界活劇之外。而袖手旁觀焉。非惟不可。抑亦不能矣。今後之美國。將大成功乎。將大失敗乎。其機皆決於今日。故夫小國之國民。在世界之舞臺。執小役斯可也。何也。物理則然也。苟以大國民而執小役者。吾以爲不如死之爲愈矣。（拍掌）（下略）

吾在報中見盧斯福此演說文之後。吾怵怵焉累日。三復之不能去焉。夫其曰執世界舞臺之大役。曰實行我懷抱之壯圖。其大役壯圖之目的地何在乎。願我國民思之。

此雖盧斯福一人之言，實美國之公言也。自德國報紙之冷嘲熱罵頻數相加也，美國報紙與之舌戰者，全國囂然焉。

世界大勢日集中於太平洋，此稍知時局者所能道也。世界大勢何以日集中於太平洋？曰以世界大勢日集中於中國故，此又稍知時局者所能道也。若是乎其地位可以利用此太平洋以左右世界者，宜莫如中國。中國不能自爲太平洋之主人翁，而拱手以讓他人，吾又安忍言太平洋哉？雖然，吾之所不忍言者，又寧止一太平洋哉？

（七）

四月三日，由溫哥華首途，乘汽車往紐約，即 C. P. R. 公司之鐵路也。此鐵路橫貫美大陸，長三千餘英里，實中國萬里矣。當俄國西伯利亞鐵路未成以前，此路實世界第一之長線（美國鐵路雖貫大陸者數線，然非全成於一公司之手）。當初議建築時，資本家多目笑之，募股份應者寥寥，謂其工程之斷難就也。今則利數十倍矣。加拿大聯邦之鞏固，實自此鐵路始。鐵路與國政羣治之關係偉矣夫。

行經落機大山而東，層峯積雪者千餘里，汽車所經行最高點距海平殆三千尺，以機器車三座推挽始得上，沿山螺旋蜿蜒而進，一目見三鐵路，若作平行線形，亦一壯觀也。車中有感，口占一絕：

四月猶爲踏雪遊，光明世界入雙眸。山靈知爲誰辛苦，如此華年也白頭。

行五日，抵阿圖和。阿圖和爲加拿大首都，總政府在焉。加拿大之政體與澳洲略同，名雖英屬，實則一獨立國也。七省各自有政府，各自有議院，復合爲一聯邦，有聯邦之總政府，有聯邦之總議院，其性質亦皆大類美國。

加拿大與美國萬里接壤僅地圖上以一直線爲界其歷史上發達相類其現行政體相類顧何以百餘年來不合併於美此實一疑問也考其歷史當獨立戰爭時美軍侵入加拿大者亦數次然其時美國以十三省起義祇求完十三省之自由獨立而已他猶非力所能及也而加拿大東部之殖民（其時西部全未開闢）法國人最占勢力（至今猶然）美國之倡獨立者皆前此清敎徒之子孫其信仰其習慣皆與加拿大東部之民不相容故彼時不能合併此其理由一千八百十二年英美海戰開彼時美人併吞加拿大之志始萌芽然戰端不久卽熄且美國國力未充猶未以外競進取爲國是至千八百二十三年門羅爲總統時宣告亞美利加與歐羅巴之關係卽今日美國人所奉爲金科玉律之「門羅主義」是也其宣言中有云『歐羅巴諸國現在之屬國及殖民地在美洲者美國決不干涉之且將來亦不干涉之』云云此門羅主義在今日固一變爲進取的而在十年以前則一向皆爲保守的也以此之故苟加拿大非有自謀叛英之舉則美國勢不得强迫之此其理由二英政府自美國獨立以後其對殖民地之政策一變舍干涉主義而取放任主義加拿大無論屬英無論合美其所得政治上自由之權利等耳而何必爲此一舉此其理由三迨南北戰爭以後全美國人狂熱於戰事倡併吞加拿大之論者一時沸騰然老練之政治家見夫經營南部諸省已經爾許艱難深察夫國羣之離合由歷史上自然發達不能强求故持重之論勝而併吞之論卒不敵此其理由四自茲以往而英美兩國之感情日加親密同種同文相友相助之義深入於兩國民之腦中苟從事併吞勢不得不訴於兵力而兩國民皆有所不欲此其理由五自 C.P.R. 公司橫貫大陸之鐵路旣成加拿大聯邦之力日以鞏固且大西洋海運日盛一日故其與母國之關係亦日親一日至於今日美國雖銳意實行帝國主義而加拿大之勢力亦已不可侮此其理由六吾研究此問題欲以茲

六者解釋之。其猶有未盡歟。則非吾遊客皮相之所能道也。

位於美國之北者爲加拿大。位於其南者爲中美南美諸國。以名義論。則加拿大者。君主國之一附庸也。中南美諸國者則獨立之共和民主國也。以實際論。則加拿大人所獲之自由所享之幸福。以視中南美諸國何如。使加拿大非以宏毅愼重之條頓人種爲其中心點。而一任彼輕僄浮傲無經驗之拉丁人種主持之。（加拿大東部拉丁人種居其半）（條頓及他人種居其半）妄爲無謀之革命獨立。則其現象或竟與今之祕魯巴西同。未可知也。天下事有與名實不相屬者。此類是矣。

阿圖和國會議堂。其結構之美麗。在世界諸國會中。號稱第一。余至此得保守黨領袖褒爾君之介紹。徧遊之。誠壯觀也。全廈以紅白大理石相間構造。居中一最大座。爲上下議院。左右兩座。其大稍遜。爲行政各部官公署。亦可見英人之視立法重於行政也。堂中於上下議院之外。復有實業會議所藏書樓書記房議員治事室議員休憩室等。俱極壯麗。堂中一高塔。凡拾五百餘級。始達絕頂。全市皆歷歷在目矣。其中最偉觀者爲藏書樓。樓爲一圓形。凡六層。藏書三十一萬冊。在堂下一望。可以盡見之。

初十日抵滿地可。滿地可者。加拿大最大之都會也。人口約四十餘萬。工商業大盛。視西部各市。過之遠矣。其中法國之移民强半。市內除最旺之一隅外。多有以英語不能通行者。吾未嘗至法國。觀此亦可以見法人社會之一斑焉。

凡在阿圖和二日。在滿地可五日。其地素未有中國維新會。至是始設。人心大好。會所咄嗟成立焉。

# 由加拿大至紐約

## （八）

四月十六日。由滿地可抵紐約。以午後九點鐘至。維新會同人迎於車站者數百。華人市皆能工。觀者如堵。余直至華人戲院演說片刻表謝意座中西人亦多並以英語謝其歡迎

居紐約凡兩月餘。其間由紐約而適波士頓。而適華盛頓而適哈佛。而適費爾特費。而皆復返於紐約。實居紐約者不過一月。其間接見邦人接見報館訪事。演說。赴宴。費時日十之八九。殆無餘晷以及遊覽調查之事。所觀察草草殊甚。僅以夜間藉字典及舌人之助。一閱報紙或訪問於其市民。欲以評論此世界第一都會。所謂隔靴搔癢也。姑就所觸。隨記一二。

紐約當美國獨立時。人口不過二萬餘。（其時美國中一萬人以上之都市僅五處耳）迨十九世紀之中葉。驟進至七十餘萬。至今二十世紀之初。更驟進至三百五十餘萬。為全世界中第二之大都會。（英國倫敦第一）以此增進速率之比例。不及十年。必駕倫敦而上之。此又普天下所同信也。今欲語其龐大其壯麗其繁盛。則目眩於視察耳疲於聽聞口吃於演述手窮於摹寫。吾亦不知從何處說起。

斯賓塞言。野蠻時代。以生產機關為武備機關之供給物。文明時代。以武備機關為生產機關之保障物。十九世紀以來。歐美各國殆皆日趨重於生產一事。而美國又其尤著者也。考現在各國都市之趨勢。皆由政治上之結集。一變為生計上之結集。故古代希臘之雅典斯巴達等市。大率為政治上兵事上奠安防禦而設。及中世著名

之意大利市府亦爲政權發達之地凡市之以政治而結集者雖極繁盛而總有所限量至於以都市爲生產機關之總匯則其發達之速率有不可思議者現世之大市莫不皆然而紐約則尤爲純粹之生產機關而無所攙雜者也

若倫敦若柏林若巴黎若維也納若羅馬皆當今第一等都會也一國中政治之中心點在是商業之中心點在是乃至文學美術之中心點莫不在是獨紐約不然惟爲商業之中心點而已雖然商業者位於美國凡百事物之第一位者也故觀美國之菁英於紐約焉可也且紐約不徒爲美國商業之中心點而已又實爲全世界商業之中心點然則觀二十世紀全世界生存競爭之活劇亦於紐約焉可也

（九）

紐約市於前世紀與今世紀之交產一怪物焉曰「托辣斯」此怪物者產於紐約而其勢力及於全美國且駸駸乎及於全世界質而言之則此怪物者其勢力遠駕亞歷山大大帝拿破崙第一而上之者也二十世紀全世界唯一之主權也吾欲考求其眞相也有年今至紐約而始得此機

托辣斯者原文爲Trust譯言信也其用之爲一特別名詞者自一八八二年而大盛於最近之五年中托辣斯者何以數公司乃至數十公司之股份之全數或過半數委託之於所謂「托辣斯梯」Trustee（卽可信之人之意）而此「托辣斯梯」或一人或數十發回一證券於股東自此以後此托辣斯梯有全權管理各公司之營業或分析或合併或擴充悉聽其指揮而以所得利益分配於股東托辣斯者以政治上之現象譬之則猶自各省

並立而進爲合衆聯邦也。自地方分治而進爲中央集權也。質而言之。則由箇人主義而變爲統一主義。由自由主義而變爲專制主義也。

托辣斯之濫觴。起於一八八二年之煤油托辣斯。卽世所稱煤油大王洛奇佛兒之所手創也。爾後一八八三年。綿油托辣斯成。一八八六年蒸餅托辣斯成。一八八七年製糖托辣斯成。其利益昭昭聳動一世耳目。自茲以往。舉國皆狂熱於托辣斯。及於今日。而美國全國之資本。其在各托辣斯之支配下者。殆十而八。夫美國者今世界第一之資本國也。美國資本殆占世界全部資本之半。然則現今世界資本總額之小半數。全歸於此最少數之托辣斯梯諸人之手中也。嘻。豈不異哉。豈不偉哉。

今欲語托辣斯之盛況。特將紐約四季叢報所列最近五年托辣斯之資本表。譯錄如下。

千八百九十九年一月以後設立之托辣斯資本表（附注）其資本一千萬元以下者原文不錄

| （托辣斯名） | （設立年） | （資本額）（美金） |
|---|---|---|
| 聯合製銅公司（附注）以公司代托辣斯名下同 | 一八九九年 | 一五五、〇〇〇、〇〇〇圓 |
| 美國農業聯合公司 | 一八九九年 | 三三、六〇〇、〇〇〇圓 |
| 美國蔗糖公司 | 一八九九年 | 二〇、〇〇〇、〇〇〇圓 |
| 美國自由車公司 | 一八九九年 | 三六、四九六、四〇〇圓 |
| 美國黃銅公司 | 一九〇〇年 | 一〇、〇〇〇、〇〇〇圓 |
| 合衆國製罐公司 | 一九〇一年 | 八二、四六六、六〇〇圓 |

| | | |
|---|---|---|
| 合衆國製車公司 | 一八九九年 | 六〇、〇〇〇、〇〇〇圓 |
| 亞美利加製雪茄烟公司 | 一九〇一年 | 一〇、〇〇〇、〇〇〇圓 |
| 亞美利加草絲公司 | 一八九九年 | 一三、〇八三、〇〇〇圓 |
| 亞美利加製革公司 | 一八九九年 | 三三、〇二五、〇〇〇圓 |
| 美國製冰公司 | 一八九九年 | 四一、七〇五、〇〇〇圓 |
| 美國製網公司 | 一八九九年 | 二〇、〇〇〇、〇〇〇圓 |
| 國民製造餅乾公司 | 一九〇一年 | 一二、一二七、〇〇〇圓 |
| 美國機關車（卽火車頭）公司 | 一九〇一年 | 五〇、四一二、五〇〇圓 |
| 美國機械公司 | 一九〇二年 | 一〇、〇〇〇、〇〇〇圓 |
| 美國裝潢公司 | 一九〇二年 | 二〇、〇〇〇、〇〇〇圓 |
| 美國農器公司 | 一九〇一年 | 七五、〇〇〇、〇〇〇圓 |
| 美國汽車裝飾公司 | 一八九九年 | 三二、〇〇〇、〇〇〇圓 |
| 美國水喉公司 | 一九〇〇年 | 一〇、二九五、七〇〇圓 |
| 美國造船公司 | 一八九九年 | 一五、五〇〇、〇〇〇圓 |
| 美國鑄鎔及精製公司 | 一八九九年 | 一〇〇、〇〇〇、〇〇〇圓 |
| 美國鼻烟原料公司 | 一九〇〇年 | 二三、〇〇一、〇〇〇圓 |

| | | |
|---|---|---|
| 美國鋼鐵製物公司 | 一九〇二年 | 三〇、〇〇〇、〇〇〇圓 |
| 美國窗牖玻璃公司 | 一八九九年 | 一七、〇〇〇、〇〇〇圓 |
| 美國羊毛公司 | 一八九九年 | 四九、七九六、一〇〇圓 |
| 美國箋紙公司 | 一八九九年 | 三九、〇〇〇、〇〇〇圓 |
| 美國販賣商聯合公司 | 一九〇一年 | 一五、〇〇〇、〇〇〇圓 |
| 大西洋樹膠鞋公司 | 一九〇一年 | 一〇、〇〇〇、〇〇〇圓 |
| 牛奶業聯合公司 | 一八九九年 | 二〇、〇〇〇、〇〇〇圓 |
| 中央鑄造公司 | 一八九九年 | 一八、〇〇〇、〇〇〇圓 |
| 芝加高氣學器具公司 | 一九〇二年 | 一〇、〇〇〇、〇〇〇圓 |
| 植民地木料及箱篋公司 | 一九〇二年 | 一五、〇〇〇、〇〇〇圓 |
| 室內禦寒禦暑器具公司 | 一九〇一年 | 一七、〇〇〇、〇〇〇圓 |
| 聯合烟捲公司 | 一九〇一年 | 二六二、六八九、〇〇〇圓 |
| 五穀屬類生產物公司 | 一九〇二年 | 八〇、〇〇〇、〇〇〇圓 |
| 美國水鍋鋼鐵公司 | 一九〇〇年 | 五〇、〇〇〇、〇〇〇圓 |
| 東方鐵器公司 | 一九〇一年 | 一九、七七三、一〇〇圓 |
| 亞美利加電氣公司 | 一八九九年 | 二〇、三六八、四〇〇圓 |

| | | |
|---|---|---|
| 電車公司 | 一八九九年 | 一八、四七五、〇〇〇圓 |
| 佛耶門煤炭公司 | 一九〇一年 | 一八、〇〇〇、〇〇〇圓 |
| 墾闢公司 | 一八九九年 | 一六、八二一、五〇〇圓 |
| 哈比遜倭加鎔化公司 | 一九〇二年 | 二五、七五〇、〇〇〇圓 |
| 萬國收穫公司 | 一九〇二年 | 一二〇、〇〇〇、〇〇〇圓 |
| 萬國製鹽公司 | 一九〇一年 | 三三、〇〇〇、〇〇〇圓 |
| 萬國製造蒸氣筒公司 | 一八九九年 | 三一、一五〇、〇〇〇圓 |
| 約翰郎格靈製鋼公司 | 一九〇二年 | 三〇、〇〇〇、〇〇〇圓 |
| 煤炭及煤氣公司 | 一八九九年 | 三九、四七〇、〇〇〇圓 |
| 國民製造火柴公司 | 一九〇〇年 | 五五、五六三、〇〇〇圓 |
| 國民炭氣公司 | 一八九九年 | 一〇、〇〇〇、〇〇〇圓 |
| 國民化藥及製造模型公司 | 一八九九年 | 二三、八三八、四〇〇圓 |
| 國民防火公司 | 一八九九年 | 一二、五〇〇、〇〇〇圓 |
| 國民精鍊白糖公司 | 一九〇〇年 | 二〇、〇〇〇、〇〇〇圓 |
| 紐英倫紡績公司 | 一八九九年 | 一五、五七七、〇〇〇圓 |
| 紐約船渠公司 | 一九〇一年 | 二八、五八〇、〇〇〇圓 |

| | | |
|---|---|---|
| 太平洋鐵器公司 | 一九〇二年 | 一〇、〇〇〇、〇〇〇圓 |
| 濱士溫尼亞省製網公司 | 一九〇一年 | 三四、二五〇、〇〇〇圓 |
| 必珠卜釀酒公司 | 一八九九年 | 二六、〇〇〇、〇〇〇圓 |
| 必珠卜煤炭公司 | 一八九九年 | 五九、七三一、〇〇〇圓 |
| 農家壓搾器公司 | 一八九九年 | 一〇、〇〇〇、〇〇〇圓 |
| 鋼鐵車公司 | 一八九九年 | 三〇、〇〇〇、〇〇〇圓 |
| 活版字製造公司 | 一九〇一年 | 一一、五〇〇、〇〇〇圓 |
| 鐵路用鋼條公司 | 一九〇二年 | 二〇、〇〇〇、〇〇〇圓 |
| 共和國製鐵公司 | 一八九九年 | 四八、二〇四、〇〇〇圓 |
| 帝國油漆用器公司 | 一八九九年 | 二〇、〇〇〇、〇〇〇圓 |
| 樹膠用物製造公司 | 一八九九年 | 二六、四一〇、〇一五圓 |
| 士洛士佛得製鋼公司 | 一八九九年 | 一八、二〇〇、〇〇〇圓 |
| 士丹特製造公司 | 一九〇〇年 | 一七、二五〇、〇〇〇圓 |
| 聯合輪船公司（大西洋） | 一九〇二年 | 一七〇、〇〇〇、〇〇〇圓 |
| 聯合製紙及製袋公司 | 一八九九年 | 二七、〇〇〇、〇〇〇圓 |
| 製筐及製紙公司 | 一九〇二年 | 三〇、〇〇〇、〇〇〇圓 |

| | | |
|---|---|---|
| 製銅公司 | 一九〇二年 | 五〇、〇〇〇、〇〇〇圓 |
| 全國果品聯合公司 | 一八九九年 | 一五、三六九、五〇〇圓 |
| 製靴機器聯合公司 | 一八九九年 | 二二、六五六、〇〇〇圓 |
| 合衆國煤炭鐵管及鑄鎔公司 | 一八九九年 | 二五、〇〇〇、〇〇〇圓 |
| 合衆國棉紗公司 | 一九〇一年 | 一三、一〇〇、〇〇〇圓 |
| 合衆國建築公司 | 一九〇二年 | 六六、〇〇〇、〇〇〇圓 |
| 合衆國精製公司 | 一九〇一年 | 一二、八〇八、三〇〇圓 |
| 合衆國造船公司 | 一九〇二年 | 七一、〇〇〇、〇〇〇圓 |
| 合衆國鋼鐵大聯合公司 | 一九〇二年 | 一、三八九、三三九、九五六圓 |
| 世界烟草公司 | 一九〇一年 | 一〇、〇〇〇、〇〇〇圓 |
| 華治尼阿煤鐵公司 | 一八九九年 | 一八、九七〇、〇〇〇圓 |
| 合計 | | 四、三一八、〇〇五、六四六圓 |

以上所列除鐵路托辣斯及一八九八年以前所立之托辣斯未計外其資本總額已四十三萬萬零一千八百萬有奇以現在中國銀價之比列實當上海香港通用銀九十萬萬元有奇計美國現在通用貨幣之數二十五萬萬有奇而鋼鐵托辣斯以一公司之資本而居其半額其氣象之偉大眞不可思議不可思議考托辣斯之所由起原爲防自由競爭生產過度之病實應於今日時勢不得不然也而其流弊亦自不少今剌

取各家言其利害者而平論之。

托辣斯之利。

(一)可以利用最新最大最敏之機器。而盡其所長。所用資本勢力。視前此爲少。而所產物品。視前此爲多。

(二)資本既合併則需用原料多。需用多則其購之也較廉。原料價廉。則製出之物。其價亦隨而廉。

(三)以工場夥多之故。可以實行分業之學理。使日趨精密。則庸工各盡其長。成物良而速。

(四)以資本多之故。能有餘力以利用廢物。造出種種附屬副產物。使無棄材。而正產物之價亦得更廉。

(五)以全國本業皆合同故。能節制生產。毋使有羨不足。因以免物價之漲落無定。而資本家無時常倒閉之患。勞力者亦不至被牽涉而失其業。

(六)能經營附屬事業。擴張外國販路。

(七)能淘汰宂員。節減薪費。

(八)凡一切競爭之宂費。如告白費運動費等。皆可以節省。

(九)以其工場徧於全國。故可以節省運送費。使本公司與販賣人皆食其利。

(十)以製品多故。能隨時立應買客之求。使生計界之信用日堅實。

(十一)以資本雄大故。不假借貸。無畏外界市場之恐慌。卽有借貸。其息亦廉。

(十二)可以交換智識。獎厲技術。爲全社會之利益。

托辣斯之弊。

(一)以全權委諸一二人之專制。苟不得其人。則全局失敗。
(二)以規模太大。故統一之監督。大非易易。
(三)獨占一業。莫與之競。則生產技術之改良進步將中止。
(四)淘汰多數之工場。採用省力之機器。許多勞傭。因以失業。
(五)以壟斷利益。故有相競爭者。以種種手段摧滅之。使小資本家不能自存。
(六)以獨占之故。强以廉價勒買原料品。使生產家蒙其害。强以高價售出製造品。使消費家蒙其害。
(七)以獨占之故。所製產之物。雖日雜粗窳。以欺市衆。而莫敢誰何。
(八)濫用保護關稅之權利。其製造品售出外國。價或更廉。售於本國者。反更貴。
(九)以獨占之故。勞力家舍彼處別無餬口之途。因得任意尅減工價。延長作工時刻。
(十)其資本估價多報浮數。號稱百萬者。其實不過五十萬或二三十萬。一有失敗。則其托辣斯證券。攙亂市場。

以上所陳左右袒兩說之大略在是矣。要之最近十年間。美國全國之最大問題。無過托辣斯。政府之所焦慮。學者之所討論。民間各團體之所譁囂。調查。新聞紙之所研究爭辯。舉全國八千萬人之視線。無不集於此一點。故欲知美國之國情。必於托辣斯。欲知世界之大勢。必於托辣斯。

托辣斯之初出也。全國視爲怪物。視爲妖魔。政府務所以摧抑掃除之。殆與現時中國政府之謀摧鋤新黨者無以異。故自一八八九年至一八九九年。凡二十八省之政府。發布法律。以禁止托辣斯。華盛頓政府亦隨之。然卒不可禁。民間之組織托辣斯者。易其名而用其實。而發達且日盛一日。至千九百年以後。舉國輿論。幡然一變。知此物之發生。由於天演理勢相迫使然。愈遏之則其勢愈盛。而弊亦愈深。於是禁遏之政策。一變爲補救之政策。而托辣斯之機體。乃今漸確立矣。

今舉一八九七年以後之出版書籍及雜件。其關於托辣斯問題最詳博確實而有力者。列數種如下。

(甲)政府調査報告書及托辣斯會議議事錄。

(一)美國上下議院聯合調査托辣斯會之報告書。(一八九七年)

(二)芝加高及聖路易之托辣斯調査會議事錄。(一八九九年)

(三)美國調査工業委員會之報告書。及美國保工局報告書。(一九〇〇年)

(四)芝加高反對托辣斯會議之報告書。(同上)

(五)美國生計學會總會演說集。(同上)

(乙)民間之著述。

(一)以托辣斯爲適應於現今生計界實天演使然。無可逃避。而因詳論其起原利益流弊。及謀所以補救之法者。

Jenks, The Trust Problem.

Harpers, Restraint of Trade.

Collier, Trusts.

Halle, Trusts and Industrial Combinations in United States.

(二)攻擊托辣斯者

Ely, Monopolies and Trusts.

Clark, Trusts.

(三)頌揚托辣斯謂其功德巍巍爲全社會各階級人之利益者

Gunton, Trusts and the Public.

要之托辣斯實二十世紀之驕兒必非以人力所能摧沮此今世稍有識者所同知也自今以往且由國內托辣斯進爲國際托辣斯而受害最劇者必在我中國然則我輩不能以對岸火災視此問題也明矣至其起原其利害其影響及吾國今後對之之策吾將別著論論之

(十)

廿六日赴亞細亞協會之宴座中美國人二十三日本人二中國人並余而六其美國人類皆紐約市中實業家之有力者也此會之目的全在生計上於政治上毫無關係然東方稍知名之人至者必饗宴焉前公使伍現公使梁皆嘗到演說宴梁後半月而余至席間總幹事赫欽士先起演說極言美國無利中國土地之意惟願保和平興商務余亦照例述感謝之詞並言中國若不得良政府則世界之平和終不可得望列强毋於現政府一日之安欲在此亂機滿地之市場殖其產業非預備數倍之保險費不可或又欲利用現政府之昏弱而因以攫特

別之權利。吾信其將來之或失。必不償現在之所得云云。余約演四十五分之久。此後繼演者尚十數人。率皆照例附和余言。

次日訪赫欽士於其家。赫氏復極言中國之平和擾亂。其影響於美國者甚大。即如拳匪之變。美國南方業棉花者。已倒閉三之一。失業之勞傭數千云云。余時讀新聞紙。見英國殖民大臣張伯倫所演說。謂英國工業品即物之已經製造者輸出額。每人平均二十五元六角（美金）美國工業品輸出額。每人平均價五元一角。足證美國猶未脫農產時代。其工業實未足與英頡頏云云。余惑其說。因以叩赫氏。赫氏曰。不然。美國人工業發達之實力。實已在英國之上。不過其所產工業品。大半消於本國。僅據出口之額。以爲比較。非篤論也。且美國非不能推廣其工業品於海外。實緣本國人消費力甚大。現在尚無餘裕以輸於外耳。欲實知兩國工業進步之比較。必須合其工產之全額計之。因檢出英人瑪爾荷（按）瑪氏近世統計學最著名之大家也所著民富論一書。舉其統計相示。則當一八六〇年。英國所產工業品之全額。每人平均九十五元。其年美國所產工業品之全額。每人平均不過五十九元。迨一八九四年。形勢已一變。英國每人平均增至百一十元。美國每人平均增至百四十元。相去僅三十四年間耳。而其位置之改易如此。赫氏又言瑪氏之統計。爲萬國所共信者也。且出諸英人之口。而其言如此。又言瑪氏書刊於一八九五年。於近數年之統計未及詳。而此數年間美國之進步。更有不可思議者。千九百年吾美工業品之全額。實一百三十萬萬零三千九百二十七萬九千五百六十六元（美金）以現在人口計之。每人平均百七十一元有奇。其年英國工業品全額。不過五十萬萬。內外每人平均百二十元耳。若夫以出口額計之。而美反劣於英者。則英國之工品業以百分之二十五。輸出海外。而美國則僅以百分之四輸出耳。此其所以逕庭也云云。其言確鑿至可信據。

昔歐洲人口產業發達之故。不得不求尾閭於海外。新大陸之開闢。其原因殆皆在於是。今則新大陸者。已無復隙地可容歐洲產業之滲入。不寧惟是。且更皇皇然自求其尾閭。此競爭之舞臺。所以日東漸也。

## （十一）

余遊美。無一事爲美人憂。爲美人恐者。雖然。有一焉。則歐洲及其他各地之下等民族。日輸入於美國。而爲其國民。是也試將去年及今年之統計列其移民比較表如下。（此表據西歷十二月在舊金山所購美國今年統計書）

| （國名） | （一九〇二年） | （一九〇三年） | （增加數） |
|---|---|---|---|
| 奧大利匈牙利 | 一七一、九八九 | 二〇六、〇一一 | 三四、〇二二 |
| 比利時 | 二、五七七 | 三、四五〇 | 八七三 |
| 丹麥 | 五、六六〇 | 七、一五八 | 一、四九八 |
| 法蘭西 | 三、一一七 | 五、五七八 | 二、四六一 |
| 德意志 | 二八、三〇四 | 四〇、〇八六 | 一一、七八二 |
| 希臘 | 八、一〇四 | 一四、〇九〇 | 五、九八六 |
| 意大利 | 一七八、三六七 | 二三〇、六二二 | 五二、二四七 |
| 奈渣蘭 | 二、二八四 | 三、九九八 | 一、七一四 |

| | | | |
|---|---|---|---|
| 那威 | 一七、四八四 | 二四、四六一 | 六、九七七 |
| 葡萄牙 | 五、三〇七 | 九、三一七 | 四、〇一〇 |
| 羅馬尼亞 | 七、一九六 | 九、三一〇 | 二、一一四 |
| 俄國及芬蘭 | 一〇七、三四七 | 一三六、〇九三 | 二八、七四六 |
| 塞爾維亞及布加利亞 | 八五一 | 一、七六一 | 九一〇 |
| 西班牙 | 九七五 | 二、〇八〇 | 一、一〇五 |
| 瑞典 | 三〇、八九四 | 四六、〇二八 | 一五、一三四 |
| 瑞士 | 二、三四四 | 三、九八三 | 一、六三九 |
| 歐洲土耳其 | 一八七 | 一、五二九 | 一、三四二 |
| 英倫 | 一三、五七五 | 二六、二一九 | 一二、六四四 |
| 愛爾蘭 | 二九、一三八 | 三五、三一〇 | 六、一七二 |
| 蘇格蘭 | 二、五六〇 | 六、一四三 | 三、五八三 |
| 威爾斯 | 七六三 | 一、二七五 | 五一二 |
| 中國 | 一、六四九 | 二、二〇九 | 五六〇 |
| 日本 | 一四、二七〇 | 一九、九六八 | 五、六九八 |
| 亞細亞土耳其 | 六、二二三 | 七、一一八 | 八九五 |

| | | | | |
|---|---|---|---|---|
| 澳洲及紐西侖 | 三八四 | 一、一五〇 | 七六六 |
| 英屬加拿大 | 六三六 | 一、〇五八 | 四二二 |
| 南亞美利加 | 三三七 | 五八九 | 二五二 |
| 西印度諸島 | 四、七一一 | 八、一七〇 | 三、四五九 |

（附注）右表所列。連美國屬地在內。卽如中國條下。包含往檀香山及菲律賓者。日本條下則往檀香山者居大半也。然惟此兩國惟然耳。自餘諸國人皆往美國本境。其往屬地者不及百之一也。

更舉最近二十五年間移民之統計。則

| | | | |
|---|---|---|---|
| 一九〇三年 | 八五七、〇四六人 | 一八九〇年 | 四五五、三〇二人 |
| 一九〇二年 | 六四八、七四三 | 一八八九年 | 四四四、四二七 |
| 一九〇一年 | 四八七、九一八 | 一八八八年 | 五四六、八八九 |
| 一九〇〇年 | 四四八、五七二 | 一八八七年 | 四九〇、一〇九 |
| 一八九九年 | 三一一、七一五 | 一八八六年 | 三三四、二〇三 |
| 一八九八年 | 二二九、二九九 | 一八八五年 | 三九六、三四六 |
| 一八九七年 | 二三〇、八三二 | 一八八四年 | 五一八、五九二 |
| 一八九六年 | 三四三、二六七 | 一八八三年 | 六〇三、三二二 |
| 一八九五年 | 二七九、九四八 | 一八八二年 | 七八八、九九二 |

| | |
|---|---|
| 一八九四年 | 三一四、四六七 |
| 一八九三年 | 五〇二、九一三 |
| 一八九二年 | 六二三、〇八四 |
| 一八九一年 | 五六〇、三一九 |
| 一八八一年 | 六六九、四三一 |
| 一八八〇年 | 四五七、二五七 |
| 一八七九年 | 一七七、八二六 |
| 一八七八年 | 一三八、四六九 |

（附注）右表所列以今年（即一九〇三年）爲最高額而一八八二年次之去年（即一九〇二年）及一八八一年一八九二年復次之一八八五年何以銳減則初禁華工之結果也一八九四年以後何以復銳減則再禁華工之結果也由此觀之知前二十年移民之數中國人占一大部分也至近一兩年之增加則全屬歐洲人矣觀前表自明

由此觀之僅以二十五年間而外國人之入美者總數凡一千一百八十餘萬居美國人口七分之一有奇矣而其勢且滔滔橫流未知所屆稽其國別則意大利人及奧匈人最多在昨年各十七萬餘在今年各二十萬餘居全數之半次則俄羅斯人去年十萬餘今年十三萬餘合三國計之幾居全數三之二稽其種別則拉丁民族居八分之三有奇斯拉夫民族居八分之二有奇其餘東方民族及難晰別之民族居八分之二有奇而條頓民族則僅八分之一也且其國別種別之遞嬗愈近而愈變當十年前即一八九三年德國人之來者七萬八千餘人去年則減至二萬八千餘人十年前愛爾蘭人之來者四萬三千餘人去年則減至二萬九千餘人若意大利則十年前來者僅七萬二千餘耳而去年乃增至十七萬今年乃增至二十三萬此實北歐移住者日以少南歐移住者日以多之明證也若是者爲美國之利乎將爲美國之害乎吾不能無疑

美國當千八百年只有五百三十萬人至千九百年驟增至七千六百三十五萬人百年之間增十五倍何以得此曰惟受海外移民之賜美國前此以歡迎移民爲國是也無足怪者雖然以今日大勢所趨恐數十年以後美國將不爲條頓人之國土而變爲拉丁人及他種人之國土此其機不徒在移民之突進而已其原住之舊民婚姻愈遲而產子愈少其入籍之新民婚姻愈早而產子愈多苟率此不變吾恐不及百年而前此殖民時代獨立時代高貴民族之苗裔將屏息於一隅矣吾所以代美國抱杞憂者莫亟於是而美之政論家若闇然不以爲意焉是則下走所不解也

美國人以平等博愛之理想自誇耀者也故其對於他民族妒嫉之念頗淡（除中國民族不計）是其可敬佩者也但以吾觀之美國立國之元氣何在亦曰條頓民族之特質而已使政治上社會上種種權利全移於條頓以外諸民族之手則美國猶能爲今日之美國乎吾所不敢知也昔北歐蠻族南下而羅馬之文物以亡自今以往美國若有潰虞其必自此焉矣

美國自恃其同化力之强謂能吸集種種異族使從同於美故雖厖雜不爲害斯固然也雖然吾見其同化力之速率不能與外加驟進之力相應也昔日本人謂中國人最不肯同化無論至何地必自成所謂支那村支那町者今吾觀於美則豈惟中國人而已卽紐約市中若者爲意大利村意大利町若者爲猶太村猶太町若者爲俄羅斯村俄羅斯町雖以吾輩初旅行者猶一望而知其區別然則所謂同化力者其亦僅矣其亦緩矣

以吾所見則外來之民其影響於美國之道德上政治上者甚多

其道德上之影響奈何外來之民固非無大學問家大政治家大宗教家足爲美國前途之光者雖然不過百中

之一二耳。若其大多數。非無智無學之農民。則蕩檢敗行之醜類也。或其生計不能自存於本國。或其性行不能見容於本國。乃不得已而以新大陸爲逋逃藪。据倫敦移民會報告書云。每歲由愛爾蘭移住美國者。其百分之七十四。爲罪滿出獄之囚徒。觀於此不能不爲美人矍然驚也。失業無賴之人麕集既衆。於是酗酒姦淫殺人盜竊諸惡風日浸淫於美國。終非宗教之制裁所能範圍。据千九百年統計。紐英侖四省之人口。其外來者居百分之四十。而犯罪之人數。外來者居百分之七十五。可以見其概矣。其他雖不悖於法律。而有害於風俗者尚多。据千九百年統計。則美國賣酒業中百分之六十三。釀酒業中百分之七十五。飲食店中百分之七十七。皆爲外來移民之所營業云。其於道德上之影響。必不少矣。其政治上之影響奈何。

(一)外來者多酗酒。故務求所以利酒業。當投票選舉時。至生出所謂「酒家票」者。馴至爲政治上一勢力。近世有「禁酒會選舉團」亦因防此弊而起也。

(二)外來者多好淫。故摩門教利用之。（摩門教起於美國中都。以一夫多妻爲教義。）當選舉時。生出所謂「摩門派投票」者。爲政治上一勢力。

(三)外來者之大多數。屬天主教。故天主教投票爲政治上一勢力。

(四)外來者多持偏激之社會主義。故社會黨投票爲政治上一勢力。

(五)外來者多麕集於大都會。致使市政種種腐敗。危及地方自治之基礎。

(六)外來者多不能同化於美國。各自用其國語。沿其國俗。於合衆國政治上別爲一團。若德意志人意大利人愛爾蘭人。其最甚也。故有所謂德意志投票意大利投票愛爾蘭投票者。各爲一特別之勢力。牢不可破。

每當選舉時其妨害公安公益者實甚。

(七)外來者以無智無學無德之故實不能享有共和國民之資格。以一國主權。授諸此輩之手。或馴至墮落暴民政治。而國本以危。

由是觀之。則外來移民其關係於美國前途者。遼乎遠哉。然此等種種惡影響。惟自歐洲來者實尸其咎。而自中國來者蓋甚稀焉。中國人之病美國者。不過勞傭價廉。與彼之下工相競耳。而所競者又僅在太平洋岸之一小部分。而非若彼等之蔓延及於全國也。然則爲美國計。中國移民。不過疥癬之患。而歐洲移民。實心腹之憂也。乃彼中政治家。顧厄我而驕彼者何哉。彼有選舉權而我無之耳。美國政治家。他無所懼。而最懼工黨。蓋一失工黨之歡。而位遂不可保也。準是以談。則美國人對於此問題之理由可以見矣。夫孰不知其爲國家將來一大患。其奈國中選舉票之半數。皆已在外來新入籍者之手。一倡異議。則萬戈向之。彼十年前固嘗有議禁意大利人者矣。乃不旋踵而噤若寒蟬焉。則國中有二百餘萬意大利人之投票以盾其後也。使我華人在美者而有此權也。今此下民或敢侮予。噫。

雖然。以媚衆取寵之故。而置最大問題於不顧。則與專制國諱言朝廷闕失者何擇焉。此亦共和政體一大缺點也歟。

(十二)

美國外來移住民之中。其勢力最大者。則猶太人也。聞美國之銀行業。猶太人居十之三四。其銀行職員。猶太人居十之五六云。

布埒委街者。紐約第一大街也。大商店凡數千家。屬於猶太人者十而六七。吾中國則僅一家而已。

紐約市政之權。一惟猶太人所左右。他無足與抗者。其他大市。亦大率類是。

猶太人何以能若是。則以其團結力之大。爲他種人所莫能及也。聞之彼族有一公會。其組織規制甚祕密。外人莫得聞。凡一猶太人來美國者。公會量其才而貸以資本。使營商業。獲利則稅其若干以復於公會。折閱則再貸之。復折閱則三貸之。貸之三而猶不能自立。乃不復矣。此所以相扶相導。而全世界之商業。日入彼掌握也。故紐約市中二十餘萬之猶太人。其從事於下等勞動職業者甚希。而小商店營業。不計其數。

余初到紐約時。適遇俄羅斯殺掠猶太人事件。紐約各報日攻擊之。描寫其慘狀。不遺餘力。其實此次被殺傷者。合計不滿四百人。以視拳匪之役。俄人在黑龍江畔。一日而殺華人七千。其相去亦遠矣。而全球報紙。其肯爲我實力訟冤者有幾耶。彼曷爲爾爾。則以紐約者。猶太人之紐約也。動紐約則動全美國。動美國則動全世界。而俄人虐殺事件。遂招天下公憤。於此見中國人之生命。賤於猶太人遠矣。此役也。紐約市捐救濟金千餘萬。全美國合捐二千餘萬。紐約之華人亦有助者。聞美國猶太人公會建議。欲盡迎旅俄之同胞至新大陸云。

近世猶太人最有名者。如英國前大宰相侯爵的士黎里。爲保守黨魁。與格蘭斯頓爭政權數十年。其最著也。現今紐約市中若西士弗氏。爲紐約財界之雄。每年捐助教育事業。常在萬金以上。若士特拉夫氏。兩任土耳其公使。爲美國第一等外交家。若立溫德列氏。現任紐約高等法院長。爲法律名家。自餘類此者。不可枚舉。紐約「每月叢報」嘗彙舉現世界重要人物屬於猶太族者。凡四十八人。各國皆有揭其小傳及其肖像。

嗚呼，以數千年久亡之國，而猶能歸然團成一族，以立於世界上，且占其一部分之大勢力焉，則其民族之特色之實力，必有甚强者矣。不然，彼巴比倫人、腓尼西亞人今何在也？即希臘人、羅馬人，其今昔之感，又復何如也？吾中國今猶號稱有國也，而試問一出國門外，人之所以相待者，視猶太爲何如？而我國人之日相軋轢，相殘殺，同舟而胡越，闔室而戈矛者，視今之猶太人，又何其相反耶？吾黨猶嚣嚣然曰：中國將爲猶太，將爲猶太。嗚呼，其亦不慚也已矣。

猶太人之趨利若鶩，視錢如命，詐僞貪鄙，此盡人所同知也。故西國通用語，呼人之貪吝譎詐者曰「周」。周者，猶太字之原音也。吾嘗論猶太人對於本族有道德，對於本族以外無道德。雖然，凡道德者，皆愛其類，利其羣之謂耳，又豈獨猶太哉。

猶太人之不潔，與中國相類。紐約唐人街與猶太街接壤，其穢湫不相上下。

（十三）

從內地來者，至香港、上海，眼界輒一變，內地陋矣，不足道矣。至日本，眼界又一變，香港、上海陋矣，不足道矣。渡海至太平洋沿岸，眼界又一變，日本陋矣，不足道矣。更橫大陸至美國東方，眼界又一變，太平洋沿岸諸都會陋矣，不足道矣。此殆凡遊歷者所同知也。至紐約，觀止也未。

吾聞日本遊歷家皆曰：先至美國，後至歐洲者，無不驚歐洲之局促頑舊；先至歐洲，後至美國者，無不驚美國之囂塵雜亂。吾未至歐洲，吾不能言之。

吾在紐約無餘日以從事遊覽。若政治上生計上社會上種種觀察。百不得一。固不待論。即風景亦所見絕稀。吾深負紐約也。初到時有拉雜筆記百數十條。記瑣見瑣聞及遊歷。徧覆視之。覺其全屬遼東豕。故概淘汰不編入。惟略存十數條如下。

野蠻人住地底。半開人住地面。文明人住地頂。住地面者。尋常一兩層之屋宅是也。住地底者。孟子所謂下者爲營窟。古之五祀有中霤。穴地爲屋。鑿牖其上以透光。雨則溜下也。今吾國秦晉豫之間猶有是風。北京之屋亦往往有入門下數石級者。猶近於地底矣。紐約之屋則十層至二十層者數見不鮮。其最高者乃至三十三層。眞所謂地頂矣。然美國大都會通常之家屋。皆有地窨一二層。則又以頂而兼底也。

紐約觸目皆鴿籠。其房屋也。觸目皆蛛網。其電線也。觸目皆百足之蟲。其市街電車也。

紐約之中央公園。從第七十一街起至第一百二十三街止。其面積與上海英法租界略相埒。而每當休暇之日。猶復車轂擊人肩摩。其地在全市之中央。若改爲市場。所售地價可三四倍於中國政府之歲入。以中國人之眼觀之。必曰棄金錢於無用之地。可惜可惜。

紐約全市公園之面積。共七千方嗌架。爲全世界諸市公園地之最多者。次則倫敦。共六千五百方嗌架。

論市政者皆言太繁盛之市。若無相當之公園。則於衛生上於道德上皆有大害。吾至紐約而信。一日不到公園。則精神昏濁。理想汚下。

街上車。空中車。隧道車。馬車。自駕電車。自由車。終日殷殷於頂上。砰砰於足下。轔轔於左。彭彭於右。隆隆於前。丁丁於後。神氣爲昏。魂膽爲搖。

人言久住紐約者。其眼必較尋常人爲快。苟不爾者。則當過十字街時。可以呆立終日。一步不敢行。紐約之最大旅館。其上等房位。每日百五十元。（合墨西哥銀三百餘元）房中陳設。皆法前王路易第十四宮中物云。李文忠遊美時住此館。但僅住二等房位耳。每日七十五元。其參隨輩皆住三四等以下云。以中國第一等地位之人而作紐約第二等客。一笑。

格蘭德之墓。亦紐約一遊燕處也。格蘭德罷任總統後。貧不能自存。無有恤之者。及其死也。以數兆金營其墓。可稱咄咄怪事。聞賤丈夫欲罔利者。營此別業。吸引裙屐。因使其附近地價。可以驟漲云。茲事雖小。亦可見薄俗之一斑也。墓臨河。風景絕美。士女雲萃。過於公園。合肥手植一樹於墓門。泐數言焉。行人咸目之。

自由島者。在紐約海口中央。豎一自由女神像。法國人所贈也。美人寶之。登之有瀟洒出塵之想。

郎埃崙在布碌崙之西。由紐約乘電車半點鐘可達。避暑之地也。遊者以夜。余嘗一遊。未至里許。已見滿天雲錦。蓋電燈總在數千萬盞以上也。層樓傑閣。皆綴華燈。遙望疑爲玻璃世界。中有一園。名狂笑園者。人以洋一角售券入園。園中諸陳設玩區。有普通者。有特別者。特別者零買券。乃能入觀。其券賤者半角。最貴者亦不過兩角半。然欲徧觀之。每人須費二十三元有奇。自餘如狂笑園而稍小者。尚數十區。欲徧遊非三四日不能。然至者率皆中下等社會及兒童耳。

（十四）

天下最繁盛者。宜莫如紐約。天下最黑闇者。殆亦莫如紐約。吾請略語黑闇之紐約。

排黃熱者流最詆華人不潔。以吾所見之紐約。則華人尚非不潔者。其意大利人猶太人所居之數街。當暑時老嫗少婦童男幼女各攜一几箕踞戶外。街爲之塞。衣服襤褸狀貌猥瑣。其地電車不通馬車亦罕至也。顧遊客恆一到以觀其風。以外觀論其所居固重樓疊閣也。然一座樓中僦居者數十家。其不透光不透空氣者過半。然煤燈晝夜不息。入其門穢臭之氣撲鼻。大抵紐約全市作此等生活者殆二十三萬人。

据一八八八年之統計。紐約之赫士達及摩比利兩街（大半屬意大利人所居德國人中國人猶太人亦間有）其人口死亡之比例。每千人中至三十五人有奇。其五歲以下之小兒死亡者。每千人中至百三十九人有奇。較之紐約全市普通統計。每千人實應死亡二十六人有奇耳。其貧民生活之艱難。可以想見。此等率皆由住宅缺空氣缺光線所致云。

又一統計家言。全紐約賃人合居之房屋凡三萬七千間。住於其中者百二十萬餘人云。

此等住居非特有妨於衞生也。且有害於道德。又據統計家言。紐約某街有一樓居者四百八十三人。而一年之間犯罪者百有二人。其影響亦大矣。

杜詩云。朱門酒肉臭。路有凍死骨。榮枯咫尺異。惆悵難再述。吾於紐約親見之矣。据社會主義家所統計。美國全國之總財產。其十分之七屬於彼二十萬之富人所有。其十分之三屬於此七千九百八十萬之貧民所有。故美國之富人則誠富矣。而所謂富族階級。不過居總人口四百分之一。譬之有百金於此。四百人分之。其人得七十元。所餘三十元以分諸三百九十九人。每人不能滿一角。但七分有奇耳。豈不異哉。豈不異哉。此等現象。凡各文明國罔不如是。而大都會爲尤甚。紐約倫敦其最著者也。財產分配之不均。至於此極。吾觀於紐約之貧民窟。而深嘆社會主義之萬不可以已也。

此等情形。既日日劌心怵目。於是慈善事業起焉。據統計表。則紐約既有之慈善事業。凡千二百八十八所。其類別如下。

| | | | |
|---|---|---|---|
| 公立 | 二十八 | 臨時救助 | 八十三 |
| 特別救助 | 五十一 | 救助外國人 | 二十六 |
| 常川救助 | 六十七 | 醫院 | 百〇一 |
| 救助廢疾 | 十六 | 改良事業 | 十六 |
| 傳道會附屬救助 | 四十九 | 相互救助 | 七十八 |
| 教會附屬救助 | 五百九十 | 雜類 | 百八十三 |

現在紐約全市每年慈善事業所費。亦恆在千萬元以上云。雖然。慈善果遂足以救此敝乎。慈善事業易導人於懶惰。而生其依賴心。滅其廉恥心者也。此所以此等事業雖日興。而貧民窟之現狀亦日益加甚也。觀於此而知社會之一大革命。其終不免矣。

觀各公司之製造工場。更令人生無窮之感。近世之文明國。皆以人爲機器。且以人爲機器之奴隸者也。以分業之至精至纖。凡工人之在工場者。可以數十年立定於尺許之地。而寸步不移。其所執之業。或寸許之金。或寸許之木。磨礱焉。控送焉。此寸金寸木以外。他非所知。非所聞也。如製針工。磨尖者不知穿鼻之事。穿鼻者不知磨尖之事。而針以外之他工無論矣。而工以外之他事業他理想更無論矣。以是之故。非徒富者愈富。貧者愈貧而已。抑且智者愈智。愚者愈愚。如彼摩爾根洛奇佛拉之徒。以區區方寸之腦。指揮數千兆金之事業。支配數十百萬之職員歷練日多才略日出而彼受指揮受支配之人其智識乃不出於寸金寸木嗚呼何其與平等之理想太相遠耶此固由天才之使然然亦人事有以制之準是以談則教育普及之一語猶空言耳嗚呼天下之大勢竟滔滔日返於專制吾觀紐約諸工場而感慨不能自禁也

紐約省統計對於男子一人而有女子六七人之比例聞由近日東方之民謀食於太平洋岸一帶及大北鐵路一帶者日多而其細弱則仍居東部故懸絕至此甚云此事於道德上影響亦不少美國號稱最尊女權然亦表面上一佳話耳實則紐約之婦女其尊嚴嬌貴者固十之一其窮苦下賤者乃十之九嬌貴者遠非中國千金閨秀之所得望下賤者亦視中國之小家碧玉寒苦倍蓰焉以文明之地結婚既難而女性復多於男性數倍故怨曠之聲洋洋盈耳以華人之業賤工者而中下等之西女猶爭願嫁之則其情形略可想矣此摩門教所以歲月侵入而賣淫業者之數殆逾三萬其號稱良家而有桑濮之行者且徧地皆是也此亦紐約黑闇之一大端也

## （十五）

廿九日紐約社會主義叢報總撰述哈利遜氏來訪余在美洲社會黨員來謁者凡四次一在域多利一在紐約一在氣連拿一在碧架雪地其來意皆甚殷殷大率相勸以中國若行改革必須從社會主義著手云云余謝以進步有等級不能一蹴而幾彼等皆云均之改革也均之與舊社會之現狀戰也均之艱難也大改革所費之力與小改革所費之力相去不相上下毋寧選取其大者焉所謂獅子搏兔與搏虎之喻也余以其太不達於中國之內情不能與之深辯但多詢其黨中條理及現勢而已大抵極端之社會主義微特今日之中國不可行即歐

美亦不可行。行之其流弊將不可勝言。若近來所謂國家社會主義者。其思想日趨於健全。中國可採用者甚多。且行之亦有較歐美更易者。蓋國家社會主義。以極專制之組織。行極平等之精神。於中國歷史上性質頗有奇異之契合也。以土地盡歸於國家。其說雖萬不可行。若夫各種大事業。如鐵路礦務各種製造之類。其大部分歸於國有。若中國有人。則辦此眞較易於歐美。特惜今日言之非其時耳。社會主義爲今日全世界一最大問題。吾將別著論研究之。

吾所見社會主義黨員。其熱誠苦心。眞有令人起敬者。墨子所謂强聒不舍。庶乎近之矣。其於麥克士（德國人社會主義之泰斗）之著書。崇拜之。信奉之。如耶穌教人之崇信新舊約然。其汲汲謀所以播殖其主義。亦與彼傳教者相類。蓋社會主義者。一種之迷信也。天下惟迷信力爲最强。社會主義之蔓延於全世界也亦宜。

哈利遜爲余言。現在全地球社會黨之投票權。合各國計之。已共有九百餘萬。而近一兩年來。其黨員以幾何級數增加。不及十年。將爲全地球政治界第一大勢力云。此其言雖不無太過。然其盛大之情況。固在意計中也。近來國際社會黨最發達。此亦人類統一之一徵兆。哈氏言日本人入黨者已有九百餘人。而中國尚無一。（以余所聞在美洲有余君衮進者社會主義黨員之一人也余君親爲余言之特未能爲該黨有所盡力耳想曾入其黨者尚不止此數哈氏或未確知耳）哈氏極欲與吾黨聯絡。拓殖此主義於我國。且欲得內地或海外之華文報數家爲其機關報。余以中國人現在之程度未足語於是。婉謝之。期以異日。而已。哈氏以其黨之主義綱領等小冊子及其叢報凡數十冊見贈。余深謝之。

是日下午往訪摩爾根。摩爾根者。世所稱托辣斯大王。又稱現今生計界之拿破侖者也。余本無事與彼交涉。特以全美國最大魔力之人。以好奇心欲一見之耳。彼生平未嘗往訪人。惟待客之來訪。雖以大統領及國務大臣。

或關於一國財政上求助於彼。亦惟就諮之。不敢望其枉駕也。又聞彼之會客。以一分鐘至五分鐘爲度。雖絕大之問題。只以此最短時刻決斷之。而曾無失誤。其精力眞千古無兩。余於前兩日以書道來意。求五分鐘之晤談。且約期至是詣彼窩爾街之事務室訪之。則應接所之客數十。以次引見。眞未有過五分鐘以外者。余本無所求。且不欲耗彼貴重之時刻。故入談僅三分餘鐘而畢。彼贈余一言云。凡事業之求成。全在未著手開辦以前一開辦而成敗之局已決定。不可復變矣云云。此語殆可爲彼一生成功之不二法門。余深佩之。

摩爾根美國干捏底吉省人。累代皆爲美名族。父擁大資本在波士頓創一摩爾根銀行。握大西洋兩岸金融之權者數十年。摩氏雖藉父業起家。然自少年卽富於自立之性。大學卒業後。二十一歲卽入紐約之丹康查門銀行。從事實務之練習。自南北戰爭以後。美國產業勃興。而全國中各事業。其資本在數百萬圓以上者。殆無一不與摩氏有關係。及一八八二年以後。美國托辣斯漸興。野心家從事此業者踵相接。而眞能成就者不過十之一二。其餘則屢起屢仆。大牽動生計界。惹起舉國物議。於是天然淘汰。優勝劣敗。其成功全歸摩氏之手。計今摩氏所倡辦。及與彼有關係之托辣斯公司等。凡三百六十餘家。全美國總資本之半額。歸彼一人支配之下。其最大者。(一)鐵路大托辣斯。以千九百年成立。凡合併十一大公司。全美國最大之幹線。皆被網羅。其線路合計四萬三千三百餘英里。足以繞地球四周而有餘。其資本爲美金十萬萬零五千四百餘萬。當中國政府二十年之歲入。(二)鋼鐵大托辣斯。以千九百一年成立。凡合併八大公司。其資本爲美金十一萬萬零四千五百萬。部下職員凡二十五萬有奇。(三)輪船大托辣斯。以千九百二年成立。凡合併八大公司。有船百十八艘。八十八萬一千五百六十二噸。英美德三國在大西洋航路之船。一網而盡。噫嘻偉矣。當摩氏之謀設鋼鐵托辣斯也。鋼鐵大王卡匿奇不欲。乃摩氏僅一席話。而卡氏遂帖然奔走。三月事遂大定。其謀設輪船托辣斯也。欲握大西洋航權。使新舊兩大交通機關。入於其手也。黎倫輪船公司者。英國最大最久之公司。其船來往大西洋者二十九萬三千餘噸。英國百餘年來所以左右海權者。實惟此公司是賴。摩氏之初至英也。英人聞其有建輪船托辣斯之議。目笑存之。乃亦不及數月。竟戢戢以就範圍。於是全歐人始駭汗相驚曰美國禍。曰美國襲來。曰美國統一世界。若此者謂其原動力在摩氏一人可也。舉世錫彼徽號曰商界之拿破侖。誠哉其拿破侖也。摩氏至德國。德皇維廉第二出其御船迎之。與之同遊宴者三日。退而語人曰。吾見當世英雄惟有一人。曰摩爾根。摩氏亦語皇云。使陛下而生於美國。憑藉此大舞臺以演陛下之大手段。其鴻圖當更有不可思議者。嗚呼使君與操。眞並世之兩人傑哉。其目無餘子也固宜。抑一十世紀以後之天地。由武力時代變爲實業時代。然則今日再有一武力之拿破侖。亦終不免在劣敗之數。而有一實業之拿破侖。其幷吞囊括之大業。誰又能測其所終極耶。

（十六）

紐約全省之華人。約二萬。其在紐約市及布碌侖（與紐約相連今合爲一自治團體）者萬五千。大率業洗衣工者最多。雜碎館者次之。廚工及西人家雜工又次之。其餘商人則皆恃工以爲生。商店大小亦有數百家。自成一所謂唐人埠者。每來復。唐人埠街衢爲塞。蓋工人休暇。皆來集也。餘日則頗冷淡。吾儕在東方諸市演說。惟來復日聽衆闐塞。餘日則至者不及半數。

雜碎館自李合肥遊美後始發生。前此西人足跡不履唐人埠。自合肥至後一到遊歷。此後來者如鯽。西人好奇家欲知中國人生活之程度。未能至亞洲。則必到紐約唐人埠一觀焉。合肥在美思中國飲食屬唐人埠之酒食店進饌數次。西人問其名。華人難於具對。統名之曰雜碎。自此雜碎之名大噪。僅紐約一隅。雜碎館三四百家。徧於全市。此外東方各埠。如費爾特費波士頓華盛頓芝加高必珠卜諸埠稱是。全美國華人衣食於是者凡三千餘人。每歲此業所入可數百萬。蔚爲大國矣。

中國食品本美。而偶以合肥之名噪之。故舉國嗜此若狂。凡雜碎館之食單。莫不大書「李鴻章雜碎」「李鴻章麵」「李鴻章飯」等名。因西人崇拜英雄性及好奇性。遂產出此物。李鴻章功德之在粵民者。當惟此爲最矣。然其所謂雜碎者烹飪殊劣。中國人從無就食者。

西人性質有大奇不可解者。如嗜雜碎其一端也。其尤奇者莫如嗜用華醫。華醫在美洲起家至十餘萬以上者。前後殆百數十人。現諸大市殆無不有著名之華醫二三焉。余前在澳洲見有所謂安利醫生者。本不識一字。以挑菜爲生。貧不能自存。年三十餘。始以醫誑西人。後竟致富三百餘萬。及至美洲。其類此者數見不鮮。所用皆中國草藥。以值百數十錢之藥品。售價至一金或十金不等。而其門如市。應接不暇。咄咄怪事。

西例凡業醫者必須得政府之許可。然在美國得之並不難。各醫家皆自稱在中國某學校卒業之醫學士醫學博士等。蓋美國賄賂風盛行。有錢則萬事俱辦也。自此點觀察之。則不如日本遠甚。日本唐人埠之醫生無一能得免許狀者。

紐約者全世界第一大市場。商業家最可用武之地也。中國至微至賤之貨物。如爆竹如葵扇如草席。每歲銷數皆各値美金數百萬大者無論矣。然大率由美國人手經辦。中國人自辦者寥寥。統計紐約全市。其與西人貿易之商店。僅兩家而已。中國人對外競爭之無力。即此可見。謂中國人富於商務之天才者。亦誣甚矣。紐約及東部一帶之華人。有眷屬者頗稀。不如西部之多。蓋道遠往來難之所致歟。以此之故。華童在學校者亦甚少。約計不盈百人。

哥侖比亞大學。美國大學中之第一流也。吾中國學生一人。曰嚴君錦鎔。北洋大學堂官費所派遣者。學政治法律。明年可以卒業。

## 由紐約至哈佛波士頓

### （十七）

四月晦。由紐約至哈佛。哈佛者。干捏底吉省之都會。而東部著名之市府也。

居紐約將匝月。日爲電車汽車馬車之所轞轕。神氣昏濁。腦筋瞀亂。一到哈佛。如入桃源。一種靜穆之氣。使人翛然意遠。全市貫以一淺川。兩岸嘉木競蔭。芳草如簀。居此一日。心目爲之開爽。志氣爲之清明。

全市華人。不過百餘。而愛國熱心。不讓他埠。舉皆維新會中人也。時容純甫先生閎隱居此市。余至後一入旅館。即往謁焉。先生今年七十六。而矍鑠猶昔。舍憂國外無他思想。無他事業也。余造謁兩時許。先生所以教督之勸勉之者良厚。策國家之將來。示黨論之方針。條理秩然。使人欽佩。

翌日。鄉人請余演說。容先生亦至。

哈佛者中國初次所派出洋學生留學地也。於吾國亦一小小紀念。容先生導余遊其高等學校。實全美國最良之高等學校云。（余行後三月康同璧女士來留學斯校）其校長出二十年前校中記事錄。言及中國學生者見示。余爲欷歔久之。

中國初次出洋學生。除歸國者外。其餘尚留美者約十人。余皆盡見之。舍歎息之外。更無他言。內惟一鄭蘭生者。於工學心得甚多。有名於紐約。眞成就者此一人矣。然不復能爲中國用。以美國數百萬學者中多此一人。何補於美國。其次則容騤。現在我公使爲頭等翻譯。篤誠君子。文學甚優。亦一才也。吾深望其將來有所效於祖國。自餘或在領事署爲譯員。或在銀行爲買辦等。諸自鄶矣。人人皆有一西婦。此亦與愛國心不相容之一原因也。一歎。

市中有一室。昔爲留學生寄宿舍者。中國政府所購置也。數年前始售去。其一匾額落雜貨肆中。鄉人以數金易歸。免將來入博物院增一國恥而已。

由紐約至哈佛。道經紐海文。實耶路大學所在地也。耶路爲美國最著名之大學。吾國學生亦有三人在焉。曰陳君錦濤。曰王君寵佑。曰張君煜全。皆北洋大學堂官費生也。吾自初即發心往參觀此校。然迫於時日。所至各地。皆有期約。竟不能下車。以爲遺憾。今年夏季卒業。其法律科王君褎然爲舉首。受卒業證書時。王君代表全校四千餘人致答詞。實祖國一名譽也。是次法律科第一名爲黃種人。第二名爲黑種人。第三名乃爲白種人。各報紙競紀之。謂從來未有之異數云。

聞耶路大學近擬開一分校於我上海。已有成議。或以明年秋冬間可開校云。果爾則爲吾國學者求學計。便益多矣。雖然。我輩當思彼美人者果何愛於我。而汲汲焉乃不遠千里而來敎我子弟耶。人才未始不可以養成。特不知能爲祖國用否耳。教育者何。國民教育之謂也。天下固未有甲國民而能教育乙國民者。不然。香港之皇仁書院。上海之聖約翰書院。其學科程度雖不及耶路之高。然在中國固罕見矣。問其於我祖國前途作何影響耶。吾聞耶路開學之舉。喜與懼俱矣。

余在哈佛二宿。卽行。五月二日至波士頓。

（十八）

波士頓者馬沙諸些省之首都。現今美國第五位之大都會。而自獨立以前素著名譽之市府也。人口五十六萬餘。華人約三千。美國東部中國維新會之開。以斯市爲最早。會成於己亥秋。至壬寅冬而大擴張。故吾黨與該市華人關係頗切密。旣至。諸同志迎於車站。留學生徐君建侯偕焉。歡迎一如紐約。是夕余爲中國國旗演說及波士頓歷史之演說。聽者頗感動。

波士頓者美國歷史上最有關係之地。而共和政治之發光點也。初英人之殖民於美洲。在千六百二年。初有新英蘭勿爾吉尼諸地之公司。而其實行共和政體者。爲自今馬沙省所屬菩利摩士一支之殖民。始余於五年前所爲飲冰室自由書有一條題爲「自由祖國之祖」一者。其文云。

北亞美利加洲有一族之人民焉。距今二百七十餘年前。其族之先人百有一人。苦英尚政。相率辭本國。去而自竄於北美洲蓬艾藜蒿之地。櫛風沐雨。千辛萬苦。自立之端緒稍萌芽焉。其初至之地。曰苦利摩士。遺跡至今猶有存者。爾後有志之士。接踵而來。避秦而覓桃源者。所在皆是。積百有餘年。戶口漸繁。財政漸增。至千七百七十五年既瀰漫於十三洲之地遂建義旗脱英羈軛八年苦戰幸獲勝利遂爲地球上一大獨立國即今之美國是也回憶一百有一之先人於千六百二十年十二月二十二日冽風陰雪中舍舟登陸藺足而立於大西洋岸石上之時其胸中無限塊壘抑塞其身體無限自由自在其襟懷無限光明俊偉殆所謂本來無一物者而其一片獨立之精神遂以胚胎孕育今日之新世界天下事固有種因在千百年以前而結果在千百年以後者今之人有欲頂禮華盛頓者乎吾欲率之以膜拜此百有一人也

吾夢想此境者有年吾今乃得親履其地撫其遺跡余欣慰可知矣菩利摩士距波士頓僅滊車五點餘鐘余淩晨而往觀所謂新世界石者即彼百有一人初至時登岸所立之地也二百年來美之愛國家及外來遊客至者每斬鑿少許懷之而歸以作紀念原石損壞殆半至是以鐵柵圍之禁採折云徐君建侯錫其名曰新世界石本書所載之圖即徐君親自撮影見贈者也（見第一圖）

初十七世紀之初元英民以謀利目的渡航美洲者漸夥至其眞爲自由主義堅苦刻厲以行其志者實始自此百有一人百一人之首領爲勃黎福實清教徒中之急進派也當英王占士第一即位嚴壓新教勃黎福及其黨人乃決計出奔異國自行其是千六百八年率其徒赴荷蘭寄居數年困甚又慮其子弟久居異邦失其國粹時聞勿爾吉尼省之殖民公司爲清教會中所主持始謀來美託庇同道乃貸資於倫敦富商期以七年償還約定買巨艇盡族而行千六百二十年抵菩利摩士見其地饒沃宜種植遂定居焉不隸於勿爾吉尼其始定制通力合作種植所得悉存爲公積而同人亦衣食於公家無有私財實行柏拉圖之共產主義未幾故國人聞之深相慕羨來者日衆見共產之制不可以久乃議每夫劃田一畝爲私有建築村邑公議管理之法首建議會舉勃黎

福爲伯里璽天德。小事由伯理璽處分。大事則公議公斷。凡成年者皆有會議權。至一六三八年。以居民分拓殖於各地。散處不能悉赴會。乃行代議制度。是菩利摩士開闢之略史也。（菩利摩士初時自爲一省後乃合併於馬沙）故美國共和政團。實托始於是。

美國人合衆自立之端緒。殆無一不發源於波士頓。當一六四三年。紅印度土人屢與殖民諸白人爲難。而英廷亦與清教會相持。於是始聯合馬沙諸些菩利摩士干揑底吉紐海文四省。立一殖民總會。（後菩利合於馬沙紐海文合於干揑實今之二省而當時分四政府也）實爲聯邦之濫觴。而其總會所在。波士頓也。一六六四年。英廷頒發航海條例。欲以限制殖民。遣使至新英蘭及馬沙諸省。而廷折其公使。拒不納者。波士頓人也。一六八四年。英廷廢馬沙省之證書。（美國諸殖民地皆受自治證書於英廷或先傳證書而後來或殖民漸就緒而後求得證書）特派一總督統轄新英蘭諸省。及一六八八年。馬沙人首立共和政府。復要求自治證書於英廷。其政府所在。則波士頓也。（是年英王維廉第三遂給回證書於馬沙）當英法七年戰爭之役。法人大聯紅印度土人與英屬諸殖民省爲難。故諸省不能不會同拒敵。於是有亞爾拔尼（紐約省之首都也）大會議。實爲聯邦進步之第二著。而其時之軍事會議。則在波士頓也。（時華盛頓爲勿爾吉尼省之副將參與軍事會議於波士頓自是華盛頓始著名）一七六五年。英廷創行印花稅。諸殖民地大憤。其首發難相抵抗。使稅員懼而辭職。而印花稅得以暫廢者。則亦波士頓市民之爲之也。一七六七年。英國戶部大臣湯欣厲行苛稅。設法六章。而特由英廷設一美洲總稅務司於波士頓。其首倡臨時公議。抗此新法。令各稅務司皆懼而逃匿於炮臺者。亦波士頓人也。一七七二年。居民與駐防兵首交鬨。爲軍事之先聲者。又波士頓人也。其後湯氏新稅雖廢。而仍留茶稅一項。印度茶必經由英國。由英廷抽稅。乃許入美。一七七三年。英茶至波士頓。起岸候驗。居民聞之大譁。羣起奪取茶箱。盡投諸海港。此實爲美國人對於英廷宣戰之第一著。則亦波士頓之倡也。其年英廷遣兵一小隊。以軍政治其地。而馬沙亦自設政府。募民兵。一七七五年。遂有奔勾丘之戰。其最初交綏之地。則波士頓也。其年五月。復開國會於費爾特費。舉華盛頓爲統帥。其第一次戰挫英兵之銳氣者。則首圍波士頓而奪據之也。由此論之。謂波士頓爲美國合衆自立之母。誰曰不宜。

余在波士頓九日。每以半日與國人演說談論。以半日訪尋其歷史上遺跡。手美國史一部。波士頓名勝記一部。地圖一紙。按圖而索之。初四日往觀拋棄英茶之港口。則今爲一大街最繁盛之區矣。街角牆上嵌一銅碑銘曰『一七七四年拋棄英茶處』下復紀其事略。蓋當時有市民七人。塗面易服。爲紅印度人之裝束。夜襲英船。取其茶數十箱投諸海云。斯事與林文忠在廣東焚燬英人鴉片絕相類。而美國以此役得十三省之獨立。而吾中國以彼役啓五口之通商。則豈事之有幸有不幸耶。毋亦國民實力强弱懸絕之爲之也。余徘徊久之。得一絕句。

雀舌（謂茶）入海鷹起陸。（美國以鷹爲徽章）銅表摩挲一美談。猛憶故鄉百年恨。鴉煙煙滿白鵝潭。

同日遊奔勾山。至則僅一小丘耳。一七七五年四月。馬沙民兵圍波士頓。與英駐防兵初交綏。即在此地。今有一華表一民兵首領戰死者之銅像。華表之守護人導余徧遊全丘。遂一一指點曰。某處者某兵官所立廢令之地也。某處者某兵官戰死之區也。是役也。英兵死傷千五百。美人僅四百云。余憑弔感慨。不能自禁。成一詩云。

昔遊東臺岡。（日本勤王師戰勝處即今東京上野公園是也）今上奔勾丘。渺茲一簣土。長留萬人謳。生命固所愛。不以易自由。國殤鬼亦雄。奴顏生逾羞。當其奮起時。磊落寧他求。公義之所在。赴之無夷猶。一射百決拾。往折來軫遒。大業指揮定。嘖嘖凝萬眸。謂是賁天幸。人謀與鬼謀。謂是某英雄。隻手迴横流。豈識潛勢力。乃在丘民丘。千里河出伏。奔海不能休。三年隼不鳴。一擊天地秋。穫實雖今日。播種良遠繇。固知無實力。不足語大猷。即今百年後。兵銷日月浮。鋪錦作河山琢玉爲層樓周文與殷質。國粹兩不仇。入市觀市民。道力尙無儔。清明嚴肅氣。凜凜淩五洲。波士頓風俗之美至今猶爲美國冠益信樹人學收效遠且遒。仰首嘯鴻濛。回首睨神州。先民不可見懷古信悠悠。

翌日遊公園有一樹爲華盛頓初次點兵處。原樹已槁。今所見其補植者也。

隨遊道前斯達嶺。前此英兵所屯華盛頓奪據之以臨波士頓。遂獲全勝者也。有石碑示華盛頓所立處。

同日遊一禮拜堂。乃獨立前清教會之所建者。規模甚局小體製甚古樸。實獨立時民黨屢次集議之地云。今不復在此講道。惟以當一博物院而已。其中所陳歷史上紀念物甚多。不能備述。

## （十九）

初六日往觀市立圖書館。設圖書館以保存古籍者。自十六世紀時日耳曼人已行之。至以此爲公共教育之機關。實自茲館始云。千八百四十七年。波士頓市長乾士氏議徵市稅以設市立圖書館。議會許之。即爲此館之嚆矢。越二年。英國仿其例。由議會提款以充茲事之用。千八百五十四年。英之門治斯達利物浦二市始有圖書館。實波士頓以後第一次繼起者也。以千八百九十六年之調查。則全美國中藏書三千卷以上之圖書館凡六百二十六處云。本館所藏書凡八萬冊。其前後建築費合計美金二百六十五萬元。除總館之外。其分布於市中者。尙有分館十所。借書處十七所云。此皆館長爲余所言者。彼齗齗然以此爲波士頓市對於全世界之名譽也。

同日往觀「波士頓報」館。史家或亦以此爲世界最古之報館云。考新聞紙之起源。或云當中世之末。意大利之俾尼士已有之。由政府發行。每月一冊。用手寫。非印刷也。其在英國則千五百八十年。額里查白女皇與西班牙交戰之時。政府亦曾發一新聞紙出版無定期。至占士第一時。始有禮拜報。實則英國每日新聞。實自千七百九年始。而此「波士頓報」則濫觴於千七百四年。然則謂此報爲報界之祖。殆無不可。距今適二百年。已不知幾易主。而其規模之宏大。亦不可思議。余往觀經三點鐘乃畢。內容繁賾。倦於筆記矣。觀畢後館主請留一相。余每至一市。諸報館訪事皆來照相。此次又特別留記者也。

報館愈古者則愈有價値。蓋泰西之報館。一史局也。其編輯文庫所藏記事稿。無慮百千萬億。通所藏名人相及名勝圖畫。無慮百千萬億。襲分年排比分類排比。吾嘗遊大新聞報館數家。其最足令吾起驚者。則文庫是也。故無論何國有一名人或出現或移動或死亡。今夕電報到。而明晨之新聞紙。即登其相。地方形勝亦然。彼何以得此。皆其文庫所儲者也。

美國當千八百五十年。全國報館僅二百五十四種。讀者僅七十五萬八千人。至千九百年。報數增至萬一千二百二十六種。讀者增至千五百十萬人。全國印出報紙總數凡八十一萬萬零六千八百五十萬部。統計全國報館平均支出費用總額一萬萬零九千二百四十四萬元。（美金）收入總額二萬萬零二千三百萬元。於戲盛哉。而倡之者實自「波士頓報」。此亦波士頓之一榮譽哉。美國之大報館。皆一館而出報至數種或十數種之多。有晨報焉。有午報焉。有晚報焉。有夜報焉。有來復報焉。有月報焉。有季報焉。有年報焉。皆以一館備之。其最大者如紐約之太陽報。世界報。時報。每日出至十數次以上。大抵隔一點或兩點鐘。即出一次。午間向街上賣新聞者。而求其早間所出之報。則已不可復得矣。凡大都會之大新聞。大率類是。以視吾東方之每日出一張。銷數數千乃至數萬。即庬然共目爲大報館者。其度量相越。豈不遠耶。

初七日往觀博物院。其中陳設之璀璨瑰瑋。吾固數見不鮮。不復縷述。所最令余不能忘者。則內藏吾中國宮內器物最多是也。大率得自圓明園之役者半。得自義和團之役者半。內有文宗所用之表。云是俄羅斯皇室所贈者。其雕鏤之精巧。殆無倫比。表大不過徑寸。其外殼鑿兩裸體美人倚肩於瀑布之上。兩鳥浴於瀑布之下。表機動則瀑布飛沫。誠奇工也。其餘彫玉物品。彫金物品。古近磁器。凡數百事。並庋一龕。不遑枚舉。余觀其標簽。汗顏而已。

初八日。觀哈佛大學。美國東部大學。以哈佛耶路哥侖比亞三者最著名。其程度莫能軒輊。至科學則仍以哈佛爲最高。云吾中國始終未有一人卒業於此校。

初九日。往紐巴弗。其地華人不過數十。徐建侯留學於其地實業學校。招往焉。演說一次。往觀學校而還。

初十日。由波士頓復返紐約。道經科利華。其地有華人百餘。强留一宵演說。

十一日。乘船歸紐約。其船稱世界汽船中最美麗者云。

## 由紐約至華盛頓

（二十）

五月十四日。由紐約至華盛頓。

華盛頓。美國京都。亦新大陸上一最閑雅之大公園也。從紐約、波士頓、費爾特費、諸煩濁之區。忽到此土。正如哀絲豪竹之後。聞素琴之音。大酒肥肉之餘。嚼鱸蓴之味。其愉快有不能以言語形容者。全都結搆。皆用美術的意

匠蓋他市無不有歷史上天然之遺傳而華盛頓市則全出於人造者也

都中建築最宏麗莊嚴者爲「喀別德兒」Capitol 喀別德兒者譯言元首之意謂此地爲一國之元首也喀別德兒之中央一高座爲聯邦法院其左右兩座次高者爲上議院下議院其後一大座爲圖書館合稱爲喀別德兒喀別德兒之前置華盛頓一銅像其中央高座中門楹楹桷壁蓋皆美國歷史紀念畫其技或繪或彫或塑其質或金或石或木自殖民時代獨立時代南北戰爭時代以至近日凡足以興國民之觀感者無一不備對之令人肅然起敬沛然氣壯油然意遠甚矣美術之感人深也環喀別德兒之周遭皆用最純白大理石鋪地淨無纖塵光可鑑髮其外則嘉木修蔭芳草如簀行人不譁珍禽時鳴瑯環福地匪可筆傳矣

華盛頓之圖書館世界中第一美麗之圖書館也藏書之富今不具論其衣牆覆瓦之美術實合古今萬國之菁英云吾輩不解畫趣徒眩其金碧而已數千年來世界上著名之學者莫不有造像入之如對嚴師其觀書堂中常千數百人而悄然無聲若在空谷

觀書堂壁間以精石編刻古今萬國文字凡百餘種吾中國文亦有焉所書者爲「子夏曰日知其所亡月無忘其所能可謂好學也已矣」二十一字寫顏體筆法遒勁尚不玷祖國名譽

喀別德兒之莊嚴宏麗如彼而還觀夫大統領之官邸卽所謂白宮 White House 者則渺小兩層堊白之室視尋常富豪家一私第不如遠甚觀此不得不歎羨平民政治質素之風其所謂平等者眞乃實行而所謂國民公僕者眞絲忽不敢自侈也於戲倜乎遠矣

全都中公家之建築最宏敞者爲國會（卽喀別德兒）次爲兵房次爲郵局最湫隘者爲大統領官邸民主國之理想於

此可見。

華盛頓紀功華表。矗立都之中央。與喀別德兒相對。高五百英尺。實美國最高之建築物也。其中空。可以升降。用升降機上之。須五分鐘始達絕頂。步行則須二十分鐘以外。登華表絕頂以望全都。但見芳草卉木。掩映於瓊樓玉宇間。左瞰平湖十頃。一碧。同行一西人。爲余指點某邱某壑。是獨立軍決鬬處。某河某岸。是南北戰爭時南軍侵入處。余感慨欷歔。不能自勝。得一詩云。

瓊樓高處寒如許。俯瞰鴻濛是帝鄉。十里歌聲春錦繡。百年史跡血玄黃。華嚴國土天龍靜。金碧川山草樹香。獨有行人少顏色。撫欄天末望斜陽。

華盛頓紀功華表搆造時。徵石於萬國。五洲土物。鳩集備矣。各國贈石。皆系以銘。用其國文泐之。以頌美國國父之功德。吾中國亦有一石焉。當時使館所餽。道員某爲題詞。其文乃用瀛寰志略所論載。謂華盛頓視陳勝吳廣有過之無不及云。嗚呼。此石終可不磨。此恥終不可洒。見之氣結。

旅美十月。惟在華盛頓五日。中最休暇。徧遊其兵房庫房鑄銀局博物院植物院等。惜不能到華盛頓故里一觀遺跡。最爲憾事。

每夕使館中人多相訪者。詢美政府對滿洲問題之眞相頗悉。今事已過去。已發表。不復再述。

華盛頓除使館外。有中國留學生八人。壽州孫氏居其五。皆沈實向學。有用才也。

（二十一）

十六日訪外務大臣約翰海氏於其家。談兩點餘鐘。語以中國朝局眞相。及一二年來民間之思潮。海氏皆若不勝其駭者。勸著一書以諗歐美人。許之。病未能也。海氏號稱美國第一政治家。任國務卿兼外務大臣者將十年。近年美國對外政策。多由彼主持。彼又爲余言。彼向持中國可以扶植之論。雖同僚亦多非笑之者。今見余。且聞余言。益自信其所見之不謬。余聞之。深爲我祖國悲慚。唯唯而已。瀕行。殷殷以常通信相囑。亦有心人也。其人沈默廉悍。一望而知爲外交老手。

十七日訪大統領盧斯福於白宮。時盧氏巡行國內初歸。坐客闐溢。導余別室。會晤約兩刻。無甚深談。惟言常接我會電報。且見章程。深佩其宗旨及其熱誠。祝此會將來有轉移中國之勢力。且祝其現在有轉移美國華僑之勢力云云。又言深以未得見康南海爲憾事。屬余代致意。且屬有欲陳之言。悉告海氏。與彼無異云。

盧斯福之人格。與德皇維廉第二相彷彿。並世各國首長中。其雄才大略。有開拓萬古推倒一時之概者。惟此兩人而已。盧氏以千八百五十九年生於紐約市。千八百八十年卒業哈佛大學。受法學博士學位。出仕爲海軍部書記官。已著論大倡擴張海軍之議。其時國民無以爲意者。西班牙戰役起。慨然投筆。自募義勇隊。率以從軍。威名大顯。戰畢。被舉爲紐約市警察總監。旋任紐約省總督。極力節制資產家。使不得跋扈。及選舉大統領時。資產家忌其能。故欲以閑職安置之。乃推爲副統領之候補員。竟獲選就任。美國制。副統領不過上議院一議長。且在院中無發言權。無投票權。實坐嘯畫諾之閑員耳。黨人以此術敬而遠之。將使彼無用武之地。乃無端而有前統領麥堅尼遇刺之變。定例以副統領襲其後。於是盧氏一躍而立於最高之地位。驥足始克展矣。美國自麥堅尼以來。共和黨（即利帕闘力根黨現政府黨也）即已傾心於帝國政略。盧氏更持極端之進取主義。雄心勃勃。其所著書有奮闘的生涯一篇。自餘所至演說。無不以戰爭爲立國之大原。即此可見其爲人矣。將來下次選舉大統領時。盧氏已有獨占多數之勢。大約其復任可以豫決。果爾則盧氏在任七年中。美國之突飛進步。正未可量也。

美國近數十年以門羅主義爲外交上神聖不可侵犯之國是。此盡人所同知也。雖然。經麥堅尼盧斯福兩大統領之時代。而門羅主義之性質。生一大變化。欲知世界全局之大勢者。不可不深察也。考門羅主義之宣言。在千八百二十三年。其時中美洲南美洲諸國。尚悉爲歐羅巴人殖民地。顧皆不堪虐政。欲脫母國自立。而母國猶汲汲鎮壓。始終認屬地爲其固有之權利。其時歐洲各專制君主國結集所謂神聖同盟者。思以挫民權自由之氣燄。而西班牙遂借此同盟之威力。欲鎮壓殖民地之叛亂。而恢復其故權。以此之故。中美南美戰亂無已時。而商業上交通上皆生障害。美國大統領門羅氏乃宣言於各國。明定北美合衆國對於全美洲之權利及其義務。是即所謂門羅主義者是也。故門羅主義者。非國際法上一原則。而實對抗於神聖同盟之防守軍也。所謂門羅主義之性質如是如是。今剖析其內容。則有積極之方針三。有消極之方針三。

一　亞美利加大陸中。凡已宣告自由獨立之國土。則歐羅巴諸國不得以之爲殖民地。

二　若歐羅巴諸國欲壓制拉丁亞美利加諸國。（案中美南美諸國皆拉丁民族所殖民故謂之拉丁亞美利加美國人自稱則條頓亞美利加或盎格魯亞美利加也）或以他種方法阻其進步。是即與美國爲敵也。

三　歐羅巴同盟諸國。不得擴殖其政體於南北美兩大陸。苟爾則是有意欲破壞美國之平和及其幸福。

以上三條積極之宣言

一　歐羅巴諸國所有現在之殖民地及屬國。美國不干涉之。

二　亞美利加大陸諸國各從其所採擇之政體。美國不干涉之。

三　歐羅巴諸國之內政及其外交和戰等事。美國決不干涉之。但有侵害美國權利之時。則爲正當之防禦。

以上三條消極之宣言

此門羅主義最初之本相也。雖然。八十年來隨美國國勢之進步。而此主義亦日變其形。今略述則

一八四五年　博克爲大統領時宣言曰。合併美洲大陸之國土。此美國之義務也云云。

一八八一年　加弗爲大統領時宣言曰。拉丁亞美利加諸國所有紛擾事件。宜以美國爲其裁判者云云。

一八九五年　國務大臣阿爾尼宣言曰。美國者亞美利加全洲之主權者也云云。

由是觀之則門羅主義之本相。則所謂『亞美利加者亞美利加人之亞美利加』是其義也。及其變形。則所謂『亞美利加者美國人之亞美利加』矣。而孰知變本加厲。日甚一日。自今以往。駸駸乎有『世界者美國人之世界』之意。而其所憑藉以爲口實者。仍曰門羅主義。門羅主義。噫。豈不異哉。謂余不信。請觀盧斯福之門羅主義演說。

盧斯福巡行全國至芝加高演說云。

（前略）門羅主義者。今猶未能爲國際法上之原則。顧其將來。必有能爲國際法上原則之一日。此吾所敢斷言也。雖然。此主義能實行與否。全視吾美國人之遠志與實力何如。而其爲國際法上原則與否。殆餘事耳。此則我國民所一日不可忘者也。夫大言壯語。非所貴也。於人與人之交涉有然。於國與國之交涉亦有然。使徒言之以快一時。倉卒遇變。而無所以應之之具。則辱滋甚耳。諺有之。『勿多言。攜盾於手。汝斯得進。』鄙人

思之熟思之。苟吾美國能具置有力之海軍。且持久而勿替焉。斯我門羅主義所向無敵矣。（下略）案此演說甚長且極有關係之文也其大意皆在獎厲海軍思想於下節觀美國海軍時再錄之茲不多贅

吾讀此演說。三復其門羅主義所向無敵一語。吾不禁瞿然以驚。而未測盧斯福及美國國民之本意何在也。夫使門羅主義而僅曰亞美利加者亞美利加人之亞美利加也。則需海軍何爲者。就使門羅主義而僅曰亞美利加者美國人之亞美利加也。則需强大之海軍何爲者。且門羅主義。凡以保守耳防禦耳。故他國之向於門羅主義。容或有之。至以門羅主義向人。吾不知其何意也。盧氏之言曰。所向無敵。嗚呼。可以思矣。夏威非律賓爲郡縣。若不闚秦。將焉取之。吾恐英國鴉片煙之役。法國東京灣之役。德國膠州灣之役。此等舉動。不久又將有襲其後者也。

## （二十二）

美國大統領。其權力職掌。與他國之首長有所異。今据其憲法所定者論次之。

一大統領有總督聯邦海陸軍及各省民兵之權。

二大統領有締結條約之權。惟須得上議院議員三分有二之協贊。

三大統領有任用外交官司法官及聯邦政府各官吏其憲法中特別規定之官吏不在此限之權。惟亦須得上議院之協贊。

四有赦減刑罰之權（惟議院所彈劾之案不在此數）

五遇大事故。有臨時召集議院之權。

六國會決議之法律案。大統領有權拒之。或飭令再議。（惟再議之後若兩院皆以三分二之多數通過前案則大統領不得不畫諾）

七大統領有將美國國情稟告於國會以政策呈薦於國會之義務。

八有效忠於法律之義務。

九有監督聯邦官吏之義務。

美國大統領之性質。其最與他國首長相逕庭者有一焉。則在平時其權力甚小。在戰時其權力甚大是也。蓋在平時國內行政大部分之權在各省政府。卽聯邦之諸政務。（論美國政治者當於各省政府與聯邦政府劃淸界限本書末章已略論之）亦大率由立法部（卽上下議院）之法律所規定。故行政部（卽大統領所屬）無自由行動之餘地。若一旦與外國宣戰。或國中內亂起。則大統領據其總督海陸軍之權。且實行其效忠法律之義務。可以將一切權力悉入掌握中。如南北戰爭時之林肯是其例也。彼於一八六二年宣告放奴之檄於全國。未嘗問各省立法部之許可與否。而毅然舉行。且一切普通法律皆得以便宜行事停止之。故西人常言在盎格魯撒遜人種之中。其個人之權力最大者。前有一克林威爾。後有一林肯耳。大統領戰時之大權。可見一斑。

美國大統領與立法部之關係。以視英王與立法部之關係。大有所異。彼英王者。以形式上言之。則立法部之一員也。何以故。彼英國憲法本以國會爲王所召集。以王爲會議長。以聽人民之疾苦。而制定匡救之法律者也。（今事實上實非爾爾。但其由來則如是耳）故現今英國重要之法律。大率皆由政府大臣奉王之名提出於國會。以求其協贊。美國則不然。彼大統領非立法部之一員也。故其憲法不許大統領及其閣臣提出法律案於議會。何以故。彼等無列議於國會之權利。故此亦政法上一有趣味之問題也。蓋美國者實行孟德斯鳩三權鼎立之義。而界限極分明者也。美國何以能如此。則以英國之憲法由天然發達。而美國則全加以人力也。

美國大統領多庸材。而非常之人物居此位者甚希焉。此實我輩異邦人所最不可解之問題也。試歷數建國以來二十四名之大統領中。除華盛頓、遮化臣、林肯、格蘭德、麥堅尼五人。此外碌碌餘子。其不藉大統領之地位而能傳其名於歷史上殆無一人也。嗚呼。距今不過數十年耳。試問全地球中誰復知博克（一八四五至四九年之大統領）皮阿士（一八五三至五七年之大統領）之爲何如人者。亦誰復欲知其爲何如人者。故以百餘年來英國大宰相與美國大統領比較。英則有維廉、鼈特、小鼈特、惠靈頓、羅拔、比兒、巴馬斯頓、格蘭斯頓、的士黎里、沙士勃雷。皆可稱世界歷史上第一流人物。求諸美國足與頡頏者。惟彼五人。（遮化臣格蘭德尙稍有慚色）嘻咄咄怪事。孰有過此。若此者其理由何在乎。英人占士布利斯所著美國政治論書中言之特詳。且深中癥結。茲節譯之。

第一　美國第一流人物多不肯投身於政治界也。（此事之原因布利斯別有詳論）

第二　美國之國勢及其憲法所規定。非必須非常之才始足以當此任也。如彼英國之大宰相總攬立法行政兩大權。故必須有左右羣衆之雄辯。有案畫大政策創制大法律之能力。始克堪此。若美國大統領則不能參列於國會。不能妄演說於公衆之前。不能提出議案於兩院。不能以別種手段擴張其勢力於立法部。故大統領之在平時。不過一奉行成法之長吏而已。與尋常一公司之總辦。其職務正相等。故勤愼敏直之人。即可當此職而有餘。而遠慮博識。雄才大略。非所必需也。

第三　美國自建國以來。於專制武斷政體。深惡痛絕。此等腦識。傳數百年。入人最深。其所最懼者。若克林威爾拿破侖等人物濫用其權力馴變爲僭主專制政體也故以華盛頓初次就任時猶且謗議沸騰謂其妄自尊大欲儗英王故第二次滿任時華盛頓決避嫌引退其後格蘭德在任時輿論亦以其功名太盛部卒愛戴謗妒之言橫生疊見故美國之大統領非特不必要第一流人物而已抑且不欲要第一流人物此美人之僻性使然也

第四　英傑之士多友亦多敵此常理也今當兩政黨競爭選舉之時各指定一人爲候補者彼通例不肯用其黨中第一等人而惟用第二三等以下之人何以故彼第一等人久已著名爲萬衆所具瞻而任事愈多者其授人以可攻之隙亦必愈多當其競爭劇烈之時甲黨對於乙黨之候補者攻擊每不遺餘力往往將其平生行誼毛舉以相指摘楓秀於林風則摧之故英傑之士不利於候補毋寧舉無咎無譽之輩之較有成算也是則黨派之私見爲之也

第五　且美國人有兩重愛國心一曰愛合衆之國二曰愛本省之國彼等各以大統領出於其省爲一省之名譽又以爲本省人爲大統領其所以謀本省之利益者必更周也故甲省之票投諸以舉乙省人者甚稀故各黨指定其候補人之時常校其籍貫務取之於大省若紐約省選舉大統領有三十六票濱士溫尼亞省（案即費爾特費所在）有三十一票伊魯女士省（案即芝加高所在）有三十票阿海和省有二十三票若溫門省埒埃侖省則僅各四票的拉華省柯利根省則僅各三票（案美國選大統領用間接選舉法故每省只有此數）然則其候補人出於紐約與出於柯利根其得票之數相去必懸絕矣故陬澨之鄉雖英俊不能以自達衝要之邑雖庸材反得以成名亦黨派之意見爲之也

要而論之。大統領自大統領。候補者自候補者。良大統領未必為良候補者。良候補者未必為良大統領。昔一名士求為大統領而自薦於友人曰。『諸君當知以余為大統領則甚良。以余為大統領候補者則甚劣。』當時傳誦以為名言。痛乎哉美國黨人之意見也。與其求得良大統領也。毋寧求得良候補者之為急。蓋為國家百年之大計。事未可知。而為一黨目前之利害。則選舉一失敗。而此四年間本黨已蠖屈而不可得伸矣。案大統領任期四年故其所兢兢研究之問題。曰將由何道而使本黨之選舉獲勝利而已。噫。此大統領所以不得人才。而共和政體之所以有流弊也。

第六　不寧惟是。高才之士。亦多有不自願為大統領者。蓋任期只有四年或八年。任滿之後。欲再投身於政界。大有所困難也。各部之次等行政官。固非所欲。欲入於上下議院。則本省各有常員。不易出缺。且曾居高位。為十手十目所指示。不免授敵黨以可攻之隙。在本黨中則當其在任時。黨員之請謁。勢不能盡如其意。相憾者亦復不少。故以罷任大統領而望再舉為議員。是殆必不可得之數也。不寧惟是。罷職之後。欲營別業。從事於辯護商務等。非惟損名譽也。又辱國體。故退職之大統領。幾無一業可就。非生計素裕。甚或罹凍餒之憂。故人之不甚樂就此職也亦宜。案國家待退職大統領之法。此亦美國多年一大問題也。昔羅馬共和政時代。其退職之「康士」皆為上議院議員。蓋以其名譽閱歷深。有補於政界也。此實良法美意也。奈美國則其勢萬不能行。蓋美國上院議員代表一省。每省之員數相均。各二人。今若以退職大統領加入之。則甲省多一人。而乙省之妒嫉將起。此其所以不能行也。

案布氏所論。可謂窮形盡相矣。準是以談。則大統領者殆不免為黨派中之一傀儡。其廢置一在黨中策士之手。既傀儡矣。則其好用庸才也亦宜。難者曰。若英國亦非無黨派。何故其大宰相不用傀儡。曰其情實不同也。英國黨派之勝敗。於選舉議員時決之。美國黨派之勝敗。於選舉大統領時決之。英國但求黨員在議院中占多數耳。

（天）

既占多數。則其黨魁自得爲大宰相而莫與爭。故所爭者非在宰相其人也。美國反是。勝敗之機。專在一著。夫安得不於此兢兢也。夫美國爭總統之弊。豈直此而已。其他種種黑闇情狀。不可枚舉。吾遊美國而深歎共和政體實不如君主立憲者之流弊少而運用靈也。若夫中美南美諸國。每當選舉時。必殺人流血以相從事者。更自鄶無譏矣。黨派之以大統領爲傀儡者。蓋大統領有任用官吏之權。苟新任者與前任者異黨。則一國之官吏將盡行易人。新大統領對於舉主不能不爲特別之酬勞。昔加弗以三月就任大統領。以七月被刺死。有記其事者謂此五月中加弗除應酬求官者之外別無他事云。其奴隸於黨派。可概見矣。自文官任用法改正後。此弊稍減。

雖然。大統領之好用庸才。此惟在太平時爲然耳。彼美國人者。固非於國之利害與黨之利害。盡倒置其輕重者也。彼以爲在平時則大統領雖庸才。而非有所大害於國。故利用之以爲黨謀其謀私益也。以不侵公益之範圍爲界也。於公益非無所損。但以比較的言之。未爲甚耳。一旦有事。則各能詘小羣以伸大羣。忍小害以防大害。故南北戰爭之前。能用林肯其人者。放奴義舉。其成功不徒在林肯。而國民能任用林肯。實其足以致成之道也。今者萬國比鄰。外競日劇。美國方汲汲然擴張其帝國政略於新大陸以外。勢不能不戴雄才大略者以爲一國之元首。故最近兩大統領麥氏盧氏。皆一世偉人也。吾知自今以往。若博克若皮阿士之徒。斷無望濫竽斯職焉矣。

（二十三）

美國有最奇者一事。曰無首都是已。華盛頓美之首都也。曷云無之。曰吾之所謂首都者。謂全國中各種權力之集中點也。若英之有倫敦。法之有巴黎。德之有柏林。奧之有維也納。意之有羅馬。俄之有彼得堡。日本之有東京。舉國中人口最多者此地也。財力最厚者此地也。商務最盛者此地也。工業最繁者此地也。富豪權勢之人最樂居者此地也最大學校之所在者此地也最大新聞紙發行者此地也一國中政治勢力之源泉在是學問智識之源泉在是財富通輸之源泉在是國中諸地萬海朝宗歸集於此一點復由此一點以分布於諸方如血輪之在心房然是之謂首都若此者求諸美國中何地足以當之乎將曰華盛頓乎以最近之統計其人口僅二十七萬八千餘人黑人居三之一焉與諸市府比較班在第十五其社會之交際僅議員官吏外國公使等耳大商業家不在是大文學家不在是大美術家不在是大工場大新聞不在是其不足以當此名昭昭然也

將曰紐約乎紐約誠人口最多財力最厚商務最盛工業最繁之地也雖然其在政治上除選舉大統領投票占多數外無一毫特別之勢力（此亦指紐約省耳非指紐約市也）實業上之偉人雖多而文學上之偉人殊少其新聞紙誠最良最廣銷者也然究爲紐約之新聞紙以視倫敦巴黎之一國新聞紙自固有間故紐約非首都將曰費爾特費乎波士頓乎當獨立時此兩地雖幾有此資格而今則無有也將曰芝加高乎聖路易乎此兩地將來之發達雖不可限然充其量固無以逾紐約明甚也若是乎美國洵無首都且殆將終無首都也

又不徒全國爲然也於各省亦有然政治之中心點與社會之中心點常不相合幷是美國之特色也紐約省總督所在阿爾拔尼也而非紐約濱士溫尼省總督所在哈利士卜也而非費爾特費伊里女士省總督所在士庇靈弗也而非芝加高加罅寬尼省總督所在沙加免圖也而非舊金山阿海和省總督所在哥侖布士也而非先絲拿打柯利根省總督所在西林也而非砵侖自餘各省大率類是以吾儕外國人之眼觀之實千萬不可思議

美國以何因緣而無首都由自然耶由人造耶此問題吾猶未能斷之大率兩者各與有力焉若華盛頓則全由人造者也彼自其始未嘗不可擇一繁盛之都市若波士頓若費爾特費者以爲首善但以各省互相嫉妒且大

市府競爭劇烈。慮其於政治上起騷擾。故避之而宅於一林莽未闢之地。故華盛頓者在美國諸省中不屬於一省。別以七十英方里之地自名哥林比亞。爲聯邦政府之直隸。（略與我順天府不屬於各省者同而其性質微異）此所謂由人造者也。其餘亦有由天然者。若紐約省當獨立以前。阿爾拔尼市之繁盛。實過於紐約市。後此以交通大開。其商業中心點隨而移動。而政府所在。尙未易也。（如我中國直隸省會本在保定通商以後忽移於天津但我則政治樞紐隨之而移彼則尙仍其舊耳）其餘他省亦有類此者。此所謂由天然者也。

凡殖民地之現象往往如是。如英屬加拿大最繁盛之市爲滿地可。而其政府國會乃在阿圖和。澳洲初爲聯邦時。維多利省與鳥修威省爭聯邦之首都。卒乃於兩省之界劃一甌脫而建置焉。是亦美之華盛頓也。

除美國外。其無首都之國。當惟中國。中國之北京本有完全首都之資格者也。近則勢力已漸墜落。其政治上之權多分散於各疆吏。學術思想界之權。當乾嘉間悉萃於北京。今翩其反矣。若夫商工業則更不足道。以將來之趨勢測之。則上海駸駸乎有將爲中國首都之勢。夫至以上海爲首都。則亦列國公共殖民地之首都。而非復我之首都矣。一歎。

余在美時。有西教士杜威者偶爲余言曰。華盛頓市民無選舉權。余初聞大駭愕。及察之信也。此眞一怪現象也。考美國例有所謂某省某省之市民（Citizen）而無所謂合衆國之市民。（外人欲入美籍者必入某省籍得省籍而國籍亦同時俱得矣若欲竟入國籍則無從入也）市民者選舉權所從出也。哥侖比亞（即合衆國直隸華盛頓所在地）無市民。則華盛頓人無市民權也亦宜。雖然。此則眞普天下立憲國之所無矣。（華盛頓市民欲求選舉者則各歸其本省求之蓋各有原籍故也）

歐洲日本諸立憲國。其選舉區與被選舉人常不相屬。甲地之人可以運動乙地以競選舉。甚自由也。惟美國不然。此省之票。決不投彼省人。彼市之票。決不投此市人。此亦美國與諸國相異處也。此皆由聯邦政治各自保其邦之權利然也。

前引布利斯言。謂美國第一流人物。不肯投身政界。此其理由究何在乎。請舉布氏說。

（第一）則以無首都故。彼歐洲各國政治中心點所在。即職業中心點所在。故如英法之政治家在倫敦巴黎。一面運動國事。一面仍照常操其職業。美則不然。苟欲爲聯邦之政治家（如國會議員之類）勢不得不別家鄉拋職業以居於幽靜之華盛頓。非人情所甚欲故也。

（第二）歐洲諸國國會中數百議員。位置甚寬。欲得之者可以到處遊說以求選舉。此地不得。去而之他。美國則諸省諸市各舉其土著人。若己之選舉區本黨黨員候補者之額已滿。則更無術可以攔入。若必攔入。則出於內競耳。故其得爲議員也。視他國爲較難。懷才之士。不欲作雞蟲之爭。蓋亦爲此。

（第三）美國政界之大問題。不如歐洲之多。歐洲政界所屢演之大活劇。則外交政略問題也。改正憲法問題也。宗教問題也。此三者美國皆無之。所餘者惟貨幣問題關稅問題等一二大事耳。故奇才異能之士。往往不屑厝意也。

（第四）歐洲百年來爭競最劇者。則地主富豪家壓抑下等貧民。而貧民亦日思上進。以迫彼輩也。一則欲保守其特別之權利。一則欲爭其應享之權利。咸思舌戰於議會以決勝負。凡以爲自爲計也。故兩階級中皆多產政治家。美國則建國以來。已墨守人類平等主義。除放奴問題外。更無足勞辯爭者。此亦政界所以少活氣也。

（第五）美國之立法權由聯邦議會與各省議會分掌之各有其權限如外交關稅諸問題則屬於聯邦社會改良慈善事業諸問題則屬於各省以分之故其範圍遂狹政治家入聯邦政界則不能爲本省有所盡入本省政界又不能爲聯邦有所圖故第一流之經世家爲功名心所驅迫者以其地小不足以迴旋也故望望然去之

（第六）歐洲各國凡在政界得意之人其於社會交際常得特別之名譽利益美國則萬民平等雖大統領猶一市民故慕虛榮家不趨焉

（第七）美國人欲求出身之路與其入政界也寧入實業界蓋以無盡之富源新闢之地利懷抱利器之士投身於商業工業礦業鐵路可以數年之間起蓬蓽而埒王侯故美國當今第一流人物咸願爲所謂鐵路大王煤油大王鋼鐵大王托辣斯大王者而不屑在「喀别德兒」中爭一座位也

以上所論眞有特識觀此則美國社會之情狀可覩一班焉故並譯之

（二十四）

美國憲法自一七八七年九月十七日制定凡七章二十條一七九一年十二月十五日修正十條一七九八年一月八日修正十一條一八六四年九月二十五日修正十二條一八六八年七月二十八日修正十四條一八七〇年三月三十日修正十五條卽現行憲法是也立憲以來凡修正者五次然大致不異於其初

上議院代表各省每省二人由各省立法部（卽省議會）派遣任期六年每六年改選其三分之一現時總數

九十員。

下議院代表個人各選舉區以人口疏密定員數多少任期二年現時總數三百五十餘

行政權在大統領大統領以下有政府今舉政府各員如下。

大統領

副大統領（兼上議院議長）

國務大臣

戶部大臣

兵部大臣

檢事總長

郵運總監

海軍大臣

農務大臣

大統領年俸五萬員自副大統領至農務大臣各年俸八千員上下院議員各年俸五千員。皆美金政府各員任期。皆以四年如大統領。

余旅美十月其最閑靜者則在華盛頓四日間也除訪盧氏海氏外更不見客晚間惟使館中一二舊友及留學生諸君來寓縱談此地華人甚希且無維新會應酬殊希盡日遊覽各名勝徧歷矣。

十八日晚返紐約。

## 由紐約至費城

### （二十五）

五月二十一日由紐約至費爾特費（華人通省稱費城）。費城者。獨立時代國會所在地。現今第三位大市府也。人口共一百二十九萬三千六百九十七人。華人約三千餘。有維新會。新開會員約華民全額之半。

至費城演說後。所最關心者則訪獨立廳也。二十二日晨興造焉。廳兩層。上有閣。悃樸質素。百年前風也。

門外地石嵌一銅碑。蓋林肯嘗立此演說云。

門外鑄華盛頓銅像一。

入門左側一堂。卽千七百八十七年會議憲法處也。陳舊椅七張。圍以鐵鏈。中一椅華盛頓所坐也。華盛頓時爲議長。餘六椅則哈彌兒頓遮化臣諸人所坐。皆標名椅旁。當時各代表人簽名所用之筆及墨水壺等皆寶存焉。聞李合肥來遊時。必欲一坐華盛頓所坐之椅。閽人曰。自國父去後無坐者。合肥曰我偏爾。爾閽者難拒。卒破例許之云。此老作此態何居。

堂上懸遺像數十通。皆當時會議憲法各省代表人也。

出堂登樓。樓梯下甌脫處置破鐘焉。卽所謂自由鐘者是也。

余將至費城前數日。讀新聞紙。忽報自由鐘出遊。余嗒然謂何無緣也。及鐘歸之後一日而余至。鐘之出遊。波士頓迎之也。以五十萬金作保證云。

緣梯而上以至樓上之堂。滿壁皆畫像。自殖民時代至獨立時代之先民凡數百通。不能悉記。內英前王前后遺像亦與焉。其當中最大之像。爲維廉濱。蓋濱士溫尼省（卽費城所屬之省）之殖民。自濱始也。（卽以其名名省）濱父母之像皆在。

樓上西堂爲一七七六年宣讀獨立檄文處。原草稿存焉。余購其影本一張。十七省代表人之簽名皆備。

樓板新加一層。於其上覆之。懼刓傷舊板也。中空尺許。覆以玻璃。使遊客窺舊跡一斑焉。

東堂爲華盛頓慰恤傷兵處。時傷者皆舁至此堂。狼籍滿地云。今舊樓板中尚見斑斑血點。

東堂置維廉濱所用之几及書案。皆初殖民時自英攜來者。几爲濱母所手織云。

華盛頓母像與維廉濱母像同懸一龕。皆藹然仁人也。

有維廉濱當時與紅印度土人買地之質劑。及土人所饋維廉濱物品十數事。濱待土人最寬。土人德之。卒以關濱士全省云。

余徘徊摩挲一時許。向閽人購買紀念物數十種歸。

（二十六）

費城歷史上遺跡尚多。惜余在彼時日匆促。未能遍探。二十三日往觀海軍造船所。美國第一軍港也。

美國昔持非戰主義。故海軍之建設爲日甚淺。一八九五年以前。殆微末不足道。今則形勢一變。以武斷主義爲對內政策。以侵略主義為對外政策。至是擴張海軍一事。為國家百年大計矣。聞美國今年一九〇三年海軍擴張豫算八百四十萬元（美金）與昨年比較實增加四十萬以此趨勢。歲歲進步則其淩德法駕英俄之日亦當不在遠耳

考美國海軍發達史。當以現任大統領盧斯福氏為功首矣。當一八一二年與英國爭戰時。及一八六一年南北之役。海戰之績良不可沒然殆如曾文正之長江水師置之今日。值一噱耳。迨一八七〇年前後。參將馬韓氏大聲疾呼言經營海軍之為急。（美國人之注意東方問題自馬韓氏之著書始）然舉國目笑存之。莫以為意也。一八八二年。盧氏奉職海軍省著一書。極言美國現在之海軍非舊式老朽之艨艟即新造劣等之艋舴我國民舉其國防托諸此等之手其危險實不可思議云云盧氏大文學家也其詞剴切透達。足以動人民漸傾聽。輿論一變。至一八九〇年。海軍省乃設海軍軍政局提出軍艦擴張案於國會。得其協贊。是為美國有海軍之嚆矢。

美國軍艦之參列於世界海軍團。自一八九五年始也其時德開鑿愷沙維廉運河動工之際。各國軍艦參賀於德之奇爾港。美國二艦至焉。

| （艦名） | （進水年） | （排水量） | （馬力） | （速力） |
|---|---|---|---|---|
| 紐約 | 一八九〇年 | 八、二〇〇 | 一七、四〇一 | 二一 |
| 哥林比亞 | 同上 | 七、三七五 | 一八、五〇九 | 二二、八 |

美國軍艦出海自茲役。不過七年前事耳。其時新式戰艦。美國無一焉。據最近之海軍報告。則美國所屬十二戰艦皆一八九五年以後所新造。惟「印地安拿」「馬沙諸些」「柯利根」三艘。以一八九三年進水。然九五

年以前未供公用也其十二艦中內五隻排水量各一萬六千噸現方製造不日落成成後則美國海軍之位置躍進矣要而論之則謂一八九五年爲美國海軍之新紀元可也

及一八九九年西班牙戰役起美國海軍在散地哥馬尼剌等處連戰連捷聲價頓增國民海軍熱亦漸盛考其時美國之海軍力則

| | |
|---|---|
| 一等戰艦 | 四隻 |
| 二等戰艦 | 一隻 |
| 裝甲海防艦 | 七隻 |
| 裝甲巡洋艦 | 二隻 |
| 保障甲巡洋艦 | 十八隻 |
| 小巡洋艦及炮艦 | 十八隻 |
| 水雷艦 | 十八隻 |

以視五年前奇爾港會操時洵一日千里之進步矣近兩年來其計畫日益擴張據本年（一九〇三年）統計年艦美國最近之海軍力如下表

| （軍艦種類） | （現　在） | （製造將成） | （預備製造） |
|---|---|---|---|
| 一等戰艦 | 六 | 五 | 二 |
| 二等戰艦 | 六 | …… | …… |

| | | | |
|---|---|---|---|
| 三等戰艦 | …… | …… | …… |
| 四等戰艦 | 一 | …… | …… |
| 裝甲巡洋艦 | …… | 九 | 二 |
| 摩尼特爾艦 | 十 | …… | 一 |
| 四等巡洋艦 | 二 | …… | …… |
| 五等巡洋艦 | 一 | …… | …… |
| 六等巡洋艦 | 十一 | …… | …… |
| 七等巡洋艦 | 七 | …… | 六 |
| 炮艦 | 二十 | …… | 一 |
| 滅水雷艦 | 二十 | …… | 二 |
| 水雷船 | 二十四 | …… | …… |
| 潛水雷船 | 八 | …… | …… |

盧斯福氏當一八九九年嘗演說云。

我國民非好戰者若事勢相迫於不得已之時。不戰則已。戰則不可不期於必勝。而在今日世界大勢。戰之勝敗。必以海軍之優劣爲衡苟海軍不完。則不論我國民之富力進步何若智力進步何若。其失敗可計日而待也。故擴張海軍者。我今日愛國之國民。所當每飯不忘也。

今年其在芝加高演說亦云。（參觀第二十一節）

（前略）兩年以來我海軍突飛進步。鄙人所以爲國民慶者莫大於是。吾深謝前議會之諸君子。賜我同胞以九艘之大戰艦且許增加海軍將校及其兵員俾平時練習得宜一旦有事可以揚國威於海外此之功德。我國民終不可諼者也。諸君當知軍艦者最精細最複雜之一種大機械也。故製造之非以數年之歲月不能爲功且將校及水兵之訓練。尤非咄嗟可辦。苟當國際破裂兵戈相見時。而始爲見兔顧犬之計。既無及矣。試觀近世之戰事。其終局皆甚速。然則開戰以後。決無復餘裕以爲製艦練將之預備。苟爾者非直愚而失計且罪惡莫甚焉。何也。以其驅無罪之民肝腦塗地。而且以辱國也。夫西班牙之役吾國人在馬尼剌及散地哥所奏凱歌。國民咸豔稱之。而其所以得此之由則十五年前之經營之爲之也。吾儕深頌吾海軍將校之偉業。吾尤不得不深謝我國之公人（按指政府及議員等）與夫造船廠廠主及各鐵工也。何以故。一八九八年榮譽之戰勝皆受彼等之賜。故抑吾更有一言。余之欲我國有厖大之海軍也。非爲戰爭計也。以此爲平和之保證而已。若吾果能得有力之海軍而繼續之擴充之乎。則敢信我國將來之國難。必永遠銷息。而海外諸國更無復能與吾門羅主義爭輕重者。諸君請懸此以驗吾言。（案盧氏此次演題本爲門羅主義故末節並及之）

此論者在二十年前爲盧氏一人之私言。在今日則已成全國之輿論矣。美國對外政略之變化於此益可見。

更据統計年鑑所列列國海軍比較表則其等第如下。

| 國名 | 鐵甲艦 | | 非鐵甲艦 | | 總計 | |
|---|---|---|---|---|---|---|
| | 隻數 | 噸數 | 隻數 | 噸數 | 隻數 | 噸數 |

| | | | | | | |
|---|---|---|---|---|---|---|
| 英國 | 六三 | 七五〇、二〇〇 | 四八三 | 七五一、八一八 | 五四六 | 一、四〇一、〇一八 |
| 法國 | 五四 | 四八一、二九四 | 三一六 | 一七二、六四八 | 三七〇 | 五九〇、九四二 |
| 德國 | 三五 | 二四〇、〇〇一 | 一七〇 | 一四二、七一四 | 一〇五 | 三八二、七一五 |
| 俄國 | 三二 | 二六七、四一六 | 一八八 | 八四、九八四 | 二三〇 | 二五一、四〇〇 |
| 美國 | 二四 | 一七七、一七四 | 八七 | 一〇七、五一三 | 一一六 | 二八四、六八七 |

嗚呼。門羅主義所向無敵門羅主義所向無敵。豈其將以之向歐洲而行門羅主義之正反對耶。而汲汲焉何爲。我同胞一念之。

盧氏此次演說又云。『卽我陸軍之宜增設者亦久矣。而蹉跎以至今日。夫以擁七千餘萬自由民之大國。置十萬以上之常備兵。抑亦微乎末矣。而論者猶或懼以此故危及共和政體之前途。其亦過慮之甚矣。』云云。以此可見美國人對於兵備之猜忌。其舊謬見至今未泯。而識時之士所以曉舌瘏口諄諄以此相勸勉者。其亦不得已之言也。伯倫知理謂共和政體不適於今後之競爭。信然信然。雖然。美國國論今固大變矣。費城之製造滊車機器廠爲全世界第一。余往觀矣。

二十五日返紐約。

## 由紐約至波地摩必珠卜

（二十七）

閏月初四日由紐約啓行，而西復至費爾特費爾宿焉。應該地維新會之大會議也。

初六日往波地摩。美國第六大都會也。屬美利侖省。人口五十萬八千九百五十七。華人約六百餘。未有維新會。

余至演說一晚，會遂成。迫於他地之期約，不能少留。

初七日至必珠卜。行汽車十七點鐘。

必珠卜者，美國第十一大都會也。屬濱士溫尼亞省。與費城同省，一極東一極西也。人口三十二萬一千六百十六人。以人口與富率平均比較，全國中以此市爲第一云。華人六百餘，維新會已開。余留市一來復。

必珠卜者，鋼鐵大王卡匿奇之老營也。其大鋼鐵公司在焉。滿市皆機器廠，煙囪如林，煤氣成霧，有煙市 Smoke Town 之目。市甚炎熱，而無穿白衣蓋不半日而素化爲緇也。

卡匿奇爲現今美國第一富豪。然其所以爲世模範者，不在其能聚財，而在其能散財。彼常語人曰：『積資產以遺子孫，大丈夫之恥辱也。』於是定計將其有五萬萬美金之財產，務於生前悉散之，分布於社會之自助者，務使得其所，毋失其宜。彼近年來之苦心，皆在於是。彼嘗言大集者必當大散，集之固不易，散之亦良難。於是有好事某大藥房之主人，作八百萬部美麗之小冊子，記卡氏小傳及其財產總數，而頒之於美國，募人投票論卡匿奇當用何法以散其財於公益事業。於是應募投書者凡四萬六千通，其類別如下。

| | | | |
|---|---|---|---|
| 自請贈與者 | 一二、二四六 | 請贈與於別人者 | 二三、六八 |
| 請施送此藥房之藥以濟世者 | 五、二九六 | 請助教會傳道事業者 | 二〇、四四 |
| 請施救貧民者 | 一、五六二 | 請捐助癲狂院者 | 三四一 |

| | |
|---|---|
| 請施恤南非戰死之孤兒寡婦者 | 一、四五八 |
| 請用以養老人者 | 一、三二〇 |
| 請以設醫院者 | 七〇九 |
| 請施入孤寡院者 | 六五一 |
| 請捐印度濟飢者 | 六二九 |
| 勸卡氏讓財產於其女者 | 五〇九 |
| 請給家宅與老人及廢疾者 | 四〇三 |
| 請給家宅與貧民者 | 三九三 |
| 請捐助俱樂部者 | 三八九 |
| 請投諸殖民事業者 | 三三二 |
| 請爲工人建模範家宅者 | 二七八 |
| 請贈少年子弟爲資本者 | 二七七 |
| 請設立學校者 | 二六四 |
| 請給家宅與鰥寡孤獨者 | 二四八 |
| 請代償國債者 | 二三七 |
| 請爲美國預備戰費者 | 二三六 |
| 請建設圖書館者 | 二〇四 |
| 其他 | 七、七六〇 |

當此投票紛紛騷擾之時。卡氏乃始著手處置其財產。計數年來設必珠卜工業大學捐五千萬元。紐約市圖書館一千萬元。紐約以外美國諸市之圖書館凡一千萬元。必珠卜圖書館及工人救恤費一千萬元。都合捐出八千萬元以上云。

卡氏雖常助金錢於種種團體。然始終未嘗一助教會。未嘗一助政治運動。

卡氏不助不自助者。彼常言曰自發心欲上梯子者。從後助之可也。若不欲上者。雖助之亦不得上。徒令其受墮落之苦而已。是非益之。卻害之也。云云。

卡氏出身寒微。自其幼時。未嘗得受相當之教育。惟恃在公立圖書館中得種種之智識。故卡氏以圖書館爲慈善事業之第一。傾全力以助之。余所至各市。無不見有卡氏所立圖書館者。雖日本所設立。彼亦佽助數處云。惟其善果未一播於中國。殆豈中國人無自助力不足邀卡氏之助耶。噫。

余至必珠卜時。卡氏往歐洲。惜未得見。

十一日即西曆七月四日。百廿七年前美國宣告獨立之日也。以財賦最盛之奧區。行舉國最大之祝典。其盛況可想矣。余不能殫述之。且羞述之。有詩兩章。

此是君家第幾回。地平彈指見樓臺。巍巍國老陪兒戲。得得軍歌入酒杯。十里星旗連旭日。萬家紅爆隱驚雷。誰憐孤館臨淵客。憑陟升皇淚滿腮。

尋思百廿年前事。穆穆神山不可望。拚使軍前化猿鶴。豈聞閭左有蜩螗。成功自是人權貴。創業終由道力强。予欲無言君記取。勃黎遺敎十三章。殖民初祖勃黎福有共產自治團體規則十三章。皆德育要領。至今美人寶焉。勃黎福實以一講學大師開此宏業者也。

（二十八）

美國太平洋海電告成。即以獨立紀念日舉行通信祝典。我太平洋彼岸人當此。其感更何如。

昔英國詩聖索士比亞作夢遊僊吟有句云『吾有寶帶兮以四十分鐘一周地球』此實三百年前理想家之一寓言耳。豈期物換星移。物質文明之發達。不可思議。我輩生此二十世紀者。竟人人皆得以至微末之代價。利用彼索士比亞之寶帶而有餘。噫。不亦異哉。不亦偉哉。

此寶帶之出現。始自千八百五十年英吉利海峽之設置海電。及至本世紀之第二三年。英國之太平洋海電美國之太平洋海電先後竣工。而全帶乃成。英國之線。則自加拿大屬之域多利經佛安寧島菲支島那皃福克島而達於澳洲之比里斯賓市終焉。以一九〇二年完成美國之線則自舊金山經夏威夷島之漢挪路盧。再經蔑德威島嘉謨島至菲律賓之馬尼剌終焉。其舊金山至夏威夷間之線。以本年西曆元旦告成。其夏威夷至菲律賓間之線。即此次所成者是也。

七月五日必珠卜報載四日之夕十點五十分時。大統領盧斯福在紐約電報總局發一電於菲律賓總督達富特氏。（文曰祝美國太平洋海電之開通并頌貴督及菲島人民起居萬福）迨十一點二十分達富特氏之覆電已至。（文甚長凡百五十餘言并有求美國政府輕減菲律賓生產品進口稅之語）此祝電既發後。大統領更發一電賀海電局總辦麥奇氏。即在本局發電令繞地球一周。而復還本局。麥奇氏親自監督發電。（文曰賀太平洋海電之成功并代全國民敬謝足下之先君子及足下）實其夜十一點二十三分也。麥奇氏自揣環地球一周。大約歷一點鐘可以復還。心急之極。自持時表注視長短針之運行。怵息以待。忽然電機躍動。舉局之人環集爭覩。隨現隨寫。視之正大統領祝電也。距發信時不過十二分鐘耳。彼時麥奇氏之得意。眞有萬乘不易者。

此電經行之路。則由紐約經大陸出舊金山。由舊金山即用此新海電經夏威夷島、蔑德威島、嘉謨島、至馬尼剌。更由馬尼剌接英國海電至香港。復由香港經西貢、新嘉坡、檳榔嶼、馬德拉士、摩爾達、（地中海）志布羅爾達、利士般、（葡萄牙）達於亞佐士羣島。（大西洋）再由彼循美國海電復返於紐約云。

麥奇氏既接此祝電。復致一覆電於盧斯福。此次之電。改由大西洋發。循前此歐洲與東方通行之舊線至馬尼剌。復由馬尼剌用新海電至舊金山。經美洲大陸復還紐約。發電時十一點五十五分。接電時十二點四分三十秒。相距僅九分零三十秒云。嗚呼。人巧之奪天工。至此而極。

今舉其經行之里數如下。

| （電線路） | （英里數） |
|---|---|
| 自紐約至舊金山（大陸電線） | 三、六五〇 |
| 自舊金山至漢挪路盧 | 二、一〇〇 |
| 自漢挪路盧至蔑德威島 | 一、二〇〇 |
| 自蔑德威島至嘉謨島 | 二、一五〇 |
| 自嘉謨島至馬尼剌 | 一、五〇〇 |
| 自馬尼剌至香港 | 四〇〇 |
| 自香港至西貢 | 七五〇 |
| 自西貢至新加坡 | 六〇〇 |
| 自新加坡至馬德拉士 | 一、五五〇 |
| 自馬德拉士至孟買（印度陸線） | 五〇〇 |
| 自孟買至亞丁峽 | 一、七〇〇 |
| 自亞丁峽至亞歷山德利亞 | 二、三〇〇 |
| 自亞歷山德利亞至利士般 | 二、四九〇 |
| 自利士般至亞佐士羣島 | 一、一七〇 |

自亞佐士至紐約　二、六五〇
總　計　二四、六六〇

其距離之遠如此。而以十二分至九分之短時刻。瞬息相接。噫偉觀矣哉。回憶大西洋海電初議建設之時。實在千八百五十八年。而歷數次之失敗。直至千八百六十六年始獲就緒。曾幾何時。今則大西洋上之電線已十六條。而亘世界大半之太平洋。亦同時而成二線。世界之進化。眞不可思議。

紐約太陽報曾論美國與太平洋海電之關係云。美國之電報。前此全恃大西洋傳來。倘或偶有事變。大西洋海電稍生窒礙。則美國與世界全部。無一地可以交通。其危險莫甚焉。且也世界之大勢。日趨於泰東。今吾美既得夏威夷菲律賓。以東方諸國爲吾市場。非在東方得一最迅速最直接最確實之交通機關。則事事將落人後、前此華盛頓政府與馬尼剌之交通也。由迂回遼遠之電路。當外國干涉之衝。雖幸而未嘗遇意外之變。借或有焉。何以禦之。故海電告成之日。卽美國在東方勢力範圍始穩固之日也云云。由此觀之。美人之注熱誠以歡迎此海電也亦宜。

抑吾更有一言。四十六年以前。紐約之人口。不過七十萬。及今乃一躍而至三百餘萬。雖其他種原因尚多。而自大西洋海電旣通以後。驟增突進之跡。歷歷不可誣矣。然則此太平洋海電開通以後。東亞之紐約殆將出現。此亦推理而可徵者矣。我國民若能利用之。其助我文明進步之速率。又豈淺鮮。而惜乎錦繡江山。他人入室。吾又安忍言哉。

（附記）西七月二十五日芝加高電局改正電報價目表摘錄如下

芝加高至漢挪路盧　每字四角四分（俱記美國銀下同）

至蔑德威　六角九分

至嘉謨　九角四分

至菲律賓島　一元一角四分

至香港　一元一角九分

至中國　一元一角九分

至澳門　一元二角九分

至日本　一元五角

前此由芝加高發電至中國每字電費一元六角今減四角一分云

美國諸市工價之昂。以必珠卜爲最。華人在此者照例仍以洗衣工爲獨一無二之職業。以此賤工而每來復所入自美金十七元乃至二十二元。視內地候補道一局差優之遠矣。

十四日行。

## 由必珠卜至先絲拿打紐柯連

（二十九）

閏五月十四日由必珠卜首塗之紐柯連。道經先絲拿打。被邦人縶留焉。一宿行。

先絲拿打者。美國第十大都會。屬阿海和省。人口三十二萬五千九百〇二人。華人九十餘。市雖大。頗貧瘠。拉丁人種所麕集。文明程度遠出他市下。余演說一夕。維新會成。十五日行。以溽暑節入熱帶地。坐汽車竟日。如入甕然。口占一絕。

黃沙莽莽赤烏虐。炎風炙腦腦爲涸。乃知長宿水晶盤。三百萬年無此樂。

十六日至紐柯連。

紐柯連者。美國第十二大都會。而南部之重鎭也。屬路易安拿省。人口二十八萬七千一百〇四人。華人千餘。此地西人華人之生計風俗。皆與東部絕異。至此耳目爲之一新。南部諸省前此所謂奴隸省。而紐柯連實爲之總鎭。紐柯連卽南部數省之撮影也。故吾至紐柯連。其特別之趣味獨多。

南部諸省黑人殆三分之一。而紐柯連之比較率。恐尙不止此數。蓋舊蓄奴者皆大地主。而大地主集於大都會。故奴數尤多。今雖自主。猶附著於土地也。入其市幾忘爲白亞美利加。而疑爲黑亞美利加矣。

南部諸省號稱爲共和政體。實則至今仍寡頭政體也。其人民大率可分三級。其一曰上等之白人。卽南北戰爭以前此地之殖民貴族。（亦有新自北部移來者）而掌握地方上實權者也。其人數甚少。不過十與一之比例。其二曰下等之白人。此輩當用奴時代卽已來住。但其時富家以蓄奴獲利。一切墾闢耕耘之業。皆奴爲之。此輩既不自有資本。求勞傭之業亦無所得。其生計之困難。不可名狀。坐是之故。更無餘力以興教育。受教育其智識亦在水平線以下數級。其優於黑奴者。不過名義上有選舉權。稱自由民耳。（此在南北戰爭前耳。若在今日。則黑人與彼等不能軒輊）近年來礦業製造業漸與此輩之困稍蘇然其進步究緩慢遠不逮上級社會此等人約居十之四有奇其三則黑人黑人自解放後有選舉權與齊民等然黑白之不敵豈待論矣黑人亦約居十之四吾故謂南部之政治非共和政治而寡頭政治抑亦非寡頭政治不足以靖南部也

黑人蕃殖於美國之前途其影響將何如此亦一問題也千八百九十年之調查美國黑人共七百四十七萬四十人（最近精確之調查未見聞約近九百萬云）適居總人口十分之一而據米因斯密之社會統計學（日本有譯本）所論有大足資研究者即自一八六〇至一八七〇年凡十年間黑人生產之數比前銳減及七十至八十十年間忽驟增計此十年黑人每百人增加三十四人有奇白人每百人增加二十九人有奇及八十至九十十年間其現象復倒置黑人每百僅增加十三人有奇白人每百增加二十六人有奇三十年來忽漲忽落如波折然其故果安在

米氏對於此理由未下解說以鄙意度之當初放奴時彼等乍離其主而未別得謀生之路其慘苦爲最甚聞當時黑人怨林肯者甚多曰林君雖不殺吾曹吾曹由林君而死情狀可見一斑其生不蕃實由於此及十年以後稍稍得職業白人晚婚而少育黑人早婚而多育其率之驟加也亦宜然此不過一時耳白人競爭力終非黑人所能敵且近年來美國由農業國而進爲工商業國工商業之生產力更非黑人所能任故其生計復日悴一日而生殖力隨之乃至由三十四人而減至十三人何其一落千丈至於如是也嘻不適之種未有不滅此豈獨黑人哉（又統計家言現今美國之黑人實減百年前三之一云）

黑人之自由權不過名義上耳實則其狀態仍與前此相去無幾現紐柯連市之黑人非得市會之許可不能移住他市南部諸省大率皆然蓋昔則一人一家之私奴今則一市之公奴也（中國人則不使來黑人則不使去咄咄怪事）而彼等對於

舊主人亦若有戀戀不能去者。非餘恩有以結之。實餘威有以慴之也。有最可笑者一事。放奴之舉。本共和黨所主持也。既放之後。舊奴悉有選舉權。共和黨以爲吾有恩於彼。必可得其助。增數百萬票以制勝。孰意投票之時。黑人票之全部。悉加於合衆黨。蓋南部之上等社會。悉爲其主人者。皆合衆黨。而彼等不得不聽其指揮也。彼奴性終古不改。可見一斑。

美國人有一種私刑名「靈治」刑者。以待黑人。此實文明國中不可思議之一現象也。初有農夫名靈治者。一黑人觸犯之。乃縛之而懸於樹上。以待警吏之來。吏未至而該黑人已死。後遂襲用其名。近所通用者則焚殺。是也。每黑人有罪。不經法官。直聚衆而焚之。當二十世紀光天化日之下。而有此慘無人理之舉。使非余親至美洲。苟有以此相語者。斷非余之所能信也。計旅美十月。在新聞紙中見此等怪報。不下十數次。初甚駭之。及習見亦不以爲怪矣。查其統計。乃知自一八八四年以來。每年有此等私刑者。殆平均百五十七次云。嘻。俄羅斯殺百數十猶太人。舉天下以爲暴。吾不知美與俄果何擇也。

黑人之舉動。亦誠有足令人憤恨者。蓋彼等以得一接白人婦女之膚澤。雖九死不悔。往往於暮夜林薄中强污焉。畢復殺之以滅口。故靈治之案。十有九爲此云。斯固可憤也。雖然。不有有司乎。而國家於妄行靈治之人。不加以相當之刑罰。抑又何也。無他。人種上之成見則然耳。美國獨立檄文云。凡人類皆生而自由。生而平等。彼黑人獨非人類耶。嗚呼。今之所謂文明者。吾知之矣。

紐柯連市湫隘囂塵。視東方諸市。幾若異國。除市中一大街外。其餘道路。殆與吾北京無甚差別。

市中所謂下等白人者。多西班牙及法蘭西遺民。其樓屋之結搆。有一種異色。土人語余曰。此西班牙風也。其市會議堂今猶雕西班牙國徽章焉。吾來此可當遊西班牙一次。

# 由紐柯連至聖路易

## （三十）

閏五月二十五日由紐柯連至聖路易。

聖路易美國之第四大都會也。屬迷梭里省。人口五十七萬五千二百三十八人。華人約六百餘。有維新會。團體甚堅。

明年開世界博覽會於此市。其會期本在今年。以預備未完。故改訂。否則余到之日。正開會時也。逸此機亦一可惜。但遊會場一周。以當望梅。

會場外觀之宏麗不待言。但其材料皆用細木片耳。丹漆而堊飾之。則瓊樓玉宇不如也。會畢則拉雜而摧燒之云。

北京政府所派博覽會副監督黃開甲適先余數日至。僦屋居焉。帶有工人三十餘名。時方溽暑。聖路易炎熱尤甚。其工人皆裸體赤足。列坐門外。望比鄰之遊女。憨嬉而笑。大爲市中惡少所不平。擲石唾面不絕。致一日數呼警吏以相彈壓。嗚呼各省攤派搜括數十萬金。以買唾罵。是亦不可以已耶。

中國商人亦自占一區於會場中。陳華品焉。今亦在建造中。發起之者。費城之維新會員也。

六月一日行。

# 田聖路易至芝加高

## (三十一)

六月二日由聖路易至芝加高。

芝加高者。美國第二大都會也。屬伊里女士省。人口一百六十九萬八千五百七十五人。華人三千餘。維新會新成。成後一月而余至。

余在芝加高所最感動者。則文明西漸之潮流是也。文明之起源。在小亞細亞由巴比倫敘利亞達於海濱之腓尼西亞。遂超地中海開希臘開羅馬。此上世紀之事也。乃駸駸瀰漫歐羅巴全陸。及於窮北。而數百年間常向西方進行。寖假而權力中心點專集於大西洋沿岸。此中世紀之事也。近世以來。復超海而達於大西洋彼岸之新大陸。所謂美國東部加拿大東部一帶殖民地。星羅棋布。有跨竈母國之觀。凡此者皆盡人所能道矣。此文明之傳播。由海而陸。由陸而海。由海而海。由陸而陸。而其線向悉在西。證諸美國最易見之。

當十九世紀之初。新大陸著名市府。只有紐約費爾特費波士頓及加拿大之滿地可而已。其他無足稱者。若太平洋岸一帶。全為紅印度土人之巢窟。固不待論。即如芝加高號稱今日美國第二大都會。全世界第四大都會。其在十九世紀之上半期。猶一區區之三家村而已。豈圖數十年間。遂一躍而立於此地位。此西漸之力最彰明較著者也。今試將百年來紐約費城波士頓芝加高四地人口之增進比較表列如下。

| 年次 | 紐約 | 費城 | 波士頓 | 芝加高 |
| --- | --- | --- | --- | --- |

| | | | | |
|---|---|---|---|---|
| 一八〇〇年 | 六〇、〇〇〇 | 六九、〇〇〇 | 二五、〇〇〇 | …… |
| 一八一〇年 | 九六、〇〇〇 | 九五、〇〇〇 | 三三、〇〇〇 | …… |
| 一八二〇年 | 一二四、〇〇〇 | 一一三、〇〇〇 | 四三、〇〇〇 | …… |
| 一八三〇年 | 二〇三、〇〇〇 | 一六一、〇〇〇 | 六一、〇〇〇 | …… |
| 一八四〇年 | 三一三、〇〇〇 | 二二〇、〇〇〇 | 六三、〇〇〇 | 四、五〇〇 |
| 一八五〇年 | 五一六、〇〇〇 | 三四〇、〇〇〇 | 一三七、〇〇〇 | 三〇、〇〇〇 |
| 一八六〇年 | 八一四、〇〇〇 | 五六八、〇〇〇 | 一七八、〇〇〇 | 一〇九、〇〇〇 |
| 一八七〇年 | 九四二、〇〇〇 | 六七四、〇〇〇 | 二五一、〇〇〇 | 二九九、〇〇〇 |
| 一八八〇年 | 一、二〇七、〇〇〇 | 八四七、〇〇〇 | 三六三、〇〇〇 | 五〇三、〇〇〇 |
| 一八九〇年 | 一、五一五、三〇一 | 一、〇四六、〇〇〇 | 四四八、四七七 | 一、〇九九、八五〇 |
| 一九〇〇年 | 三、四三七、二〇二 | 一、二九三、六九七 | 五六〇、八九二 | 一、六九八、五七五 |

由此觀之。美國諸市皆歲歲進步。不待論。而其飛行絕跡者。尤莫如芝加高。當千八百三十年時。僅一林莽耳。四十年時。僅四千餘人。越五十年而增一百餘萬人。自一八九〇至一九〇〇年十年間。復增七十萬人。其進步之速。眞可謂冠千古而無兩也。曰惟文明西漸之力驅迫使然故。

近年之世界博覽會。一開於芝加高。再開於聖路易。皆文明西漸之表證也。越五年後至一九〇七年。又將開博覽會於砵侖。則直移至太平洋岸矣。太平洋海電旣成。東亞商務日益發達。十年以後。芝加高或淩駕紐約一躍而爲全美第一之市府。亦意中事也。

以學界之發達論。則當二十年前。全國中眞可稱大學者。不過東方大西洋岸七八校耳。近則芝加高大學。駸駸有淩哈佛駕耶路之勢。而加儞寬尼省之斯丹佛卜技利兩大學。又絕足而馳。以云完備。雖不能無所讓於東部。以云進步。固迥非東部之所能望也。此皆文明中心點日移於西之明證也。

初五日往觀芝加高大學。吾遊東部所見學校既多。雖規模甚宏大者亦若數見不鮮。然且匆匆一覽。萬不能悉其內容。故余屢次所觀學校。其最感動者則體操場圖書館規模之大而已。

體操場皆建築物。非在校外空地也。而其場中往往有可以賽馬處。可以競船處。則其建築之厖大可想矣。其體操器具之五光十色。不必殫述。

余所見各學校之圖書館。皆不設管理取書人。惟一任學生之自取而已。余頗訝之。至芝加高大學。詢館主如此書籍。亦有失者否。答云每年約可失二百冊左右。但以此區區損失之數。而設數人以監督之。其所費更大。且使學生不便。故不爲也。大抵失書之時。多在試驗期之前半月。蓋學生爲試驗而竊攜去備溫習。驗畢復攜返者亦甚多云。此可見公德之一斑。即此區區。亦東方人所學百年而不能幾者也。

美國教育之事。皆由各省自行管理。非中央政府所得干涉。政府雖設有一學報長官。不過調查報告而已。故美國無國立大學。此亦一怪異之現象也。去年卡匿奇往謁盧斯福。勸立一國學於華盛頓。自認捐二千萬元。以爲之倡。盧斯福尙未全諾。現正在計畫中。想不久可成立耶。

（三十二）

初七日往西賢雪地。

西賢雪地者新立之一市也。余前在東籍中。見一段言社會主義之初祖聖西門。以欲實行此主義。故特爲一隊新殖民於美國。初至切市省。失敗。繼復至伊里女士省成焉。然不能有所發達。但保守而已。至今猶有六十餘家奉聖西門之教不變。在美國中劃然爲一新天地云云。余未至美。即欲訪之。及至芝加高。聞人稱西賢雪地者頗與相類。因巡訪焉。

至則非是。乃一「宗教界之拿破侖」新創之市也。其人名杜威。本澳洲人。十三年前移住於美國。其宗教與前此諸宗派大有所異。自謂獨契帝子之微言。排斥異己。不遺餘力。而其魔術尚有一端足以聳聽者。彼竊比耶穌。以祈禱療病。不用醫藥。亦往往有奇效。故教士與醫生皆銜之極。至聞其至美十三年。凡被訟者千餘次。下獄十四次云。初至時無一徒黨。今有七十餘萬人。且徧地球各國無處無之。(上海亦有)其教會公款至千數百萬金以上云。洵一奇才也。

西賢雪地者僅一年半以前所成立。杜氏欲聚其教徒成一地上之天國。因自相地得此。以一百萬元購之。遂闢新市。僅一年半而市民已有二萬餘。現來者尚接踵。但土木不能速就耳。蓋彼教不許吸煙飲酒。入其市犯此者課罰二十五元。故工人就之者希云。市內惟有一商店。百物俱備。惟有一旅館。以供寄居者。其餘百端事業皆獨一無二。其斷絕競爭、實行干涉。頗有類社會主義者。余初至時。甚疑其爲該黨人之實行。細詢乃覺不類。蓋其市中惟土地及兩大工廠一銀行屬公有財產。其餘各種事業仍歸各私人。惟無同業之競爭而已。實亦非强禁之。彼輩自好爾爾也。其租稅惟「有所得稅」之一項。無論執何業者。以其所得什之一歸教會。故教會之富歲增不可紀極。

其市一種親愛清明肅穆之氣。實有令人起敬者。據市中人言。立市以來。年餘未嘗有一次之訟獄。以二萬餘人廛居一市者。年餘而訟獄不一見。亦眞可謂異數矣。

余至匆匆數點鐘。即返芝加高。蓋相距幾一時許也。是日杜威不在市。未見之。及暮彼歸。聞余至。乃大驚。飛電來芝加高。務請再一臨。使彼盡地主誼。余既奇其人。亦欲一見。初七日再往焉。

至則杜威以軍樂迎於驛站。導至其家。款待殷勤。不可名狀。其人美髯鶴立。目光閃人。一望而知爲一大人物也。是夕彼請余至其教堂演說。聽衆六千餘。彼言現在教堂之宏敞。（專指容衆之多）在全世界中。此爲第二云。余演說後。杜威自演三時許。其音之雄壯。余生平所未聞也。辯才亦橫絕一世。其所以起平地而成此大業。蓋有由也。彼演說畢。語余曰。吾將以上帝之能力示足下。余靜聽之。彼呼於衆曰。諸君中誰是曾經有病爲上帝療治得愈者。請起立。衆起立者過半。余思之。彼若與其人作弊以誑余。豈能盡數千人甘心爲其作僞之奴隸。此必眞事也。度生理學與心理學有一種特別之關係。現今未能盡發明者。而迷信之極。其效往往能致此。此亦非可駭之事。前上海某教會所譯治心免病法一書。固略言之耳。但彼益實行之而見效耳。彼則以爲非己之能。皆上帝之力。故其徒咸信之。謂爲「先知」（舊約全書謂耶穌以前諸賢皆先知）復生云。顧吾所最不解者。彼教會中下等社會人固多。其上等社會亦不少。余在彼所見。某甲則芝加高大學教授。某乙則法學博士。某丙則醫學博士。某丁則芝加高國民銀行總理。凡此輩者皆非易被魔惑之人。而何以竟信之若是。其人之材略。必有大過人矣。現彼日日闢新市。聞今年又將在太平洋岸開一第二之西賢雪地云。其教徒殆每月以幾何級數增加。竊意此人如不死。十年以後。其勢力必古美國一大部分請懸吾言以俟之。

此人野心勃勃大有幷吞宇內之概。現四處行其教。明年元旦卽復起行往英國。欲開第三之西賢雪地於歐洲云其竭誠盡敬以歡迎我也。凡欲藉我爲擴張勢力於中國之地也。彼運動我入其教。且明言之謂十年以內必有一西賢雪地見於中國云。吾信其力能致是。使其致是。則洵大可畏。此君之魔力不可思議。吾謂現今全美國。惟摩爾根與彼兩英雄耳。

彼之教理亦有大可佩者。疇昔景教者流。皆言末日審判時。善者信者永生極樂。惡者不信者永死沈淪。杜氏謂不然。上帝無使人永死沈淪之理。今之惡者不信者。特機緣未熟。迷而不返耳。要其善根固在。至末日審判時。雖以極惡之人。一覩上帝之靈光。亦必大徹大悟。至彼時終得與善信者同立於平等之地位。蓋上帝之條本重悔改。悔改者前惡盡消也云云。此其義與佛教大乘法全合。所謂一切衆生皆成佛。卽其義也。此亦杜氏獨到處。宜其有以立足也。此人或爲第二之馬丁路得。亦未可知。顧吾終覺其權術過於道力耳。

（三十三）

芝加高之大屠獸場。（實托辣斯）稱世界第一。余往觀之。內職工九千餘人。一豕之所產出物品。凡百三十餘種。一牛所產出物品。凡百四十餘種。該總理語余云。諸獸所不能利用之部分。惟屠殺時所失之呼吸氣而已。其副產物（見前論托辣斯章）之所值。視正產物（卽牛肉豕肉之類）四倍有餘云。一點鐘內可屠三百五十餘牛。自縶屠以至裝罐。一切妥畢。

芝加高舊博覽會。現留存一座以爲紀念。余往遊之。內所藏希臘羅馬古跡之模範品甚多。

芝加高之公園。風景冠絕全美。蓋湖沼多以水勝也。「林肯公園」清幽殊絕。「華盛頓公園」前臨墨西哥湖。有氣吞雲夢波撼岳陽之概。余絕愛之、嘗往遊。忽遇暴風雨。登湖樓憑眺。白馬吼突。海天無際。眞壯觀也。成一詩。

黑風吹浪魚龍舞。白日沈天鷹隼豪。何意迷漫金粉地。登樓猶見廣陵濤。

十三日行。

## 由芝加高至汶天拿省

### （三十四）

六月十四日至懇士雪地。

懇士雪地者。美國第二十二大都會也。人口十六萬三千七百五十二人。華人約二百。維新會早成。余至此僅一宿。演說以外。不能多有所觀察。

十五日晚由懇士雪地起行。北迤入汶天拿省。乘大北鐵路之汽車行。

大北鐵路者。亦美國近十餘年來之進步一大關係也。其東方起點自米尼梭達省之聖保羅市（此市亦有維新會華人百餘余以匆遽未及至）橫貫南北達哥他省汶天拿省華盛頓省以達於太平洋岸之舍路市。線長六千餘英里。現新大陸之鐵路中除加拿大太平洋鐵路外。以此路爲最長。而在美國境內則此爲第一也。自十五年前此諸省者皆一望林莽。獸蹄鳥跡相交錯。時或有一二紅印度人持石鏃手鑽燧相與出沒而已。以美國東南部一帶富源尚未盡闢。資本家惟擇已開之地日相爭競。而此西北一帶莫或過問。時則有一英雄曰占士比兒。具遠識。懷大略。謂此荒棄之地利實足爲美國前途增無限勢力汲汲謀拓殖者有年雖然比兒固窶人子衣食尚不自給年二十餘尚在密士瑟必河畔爲一挑夫每日得一二元之工價僅以餬其口以勤愼之故漸升爲一鐵路公司之代理人如是者二十年至千八百七十五年間彼乃發表其意見謂自聖保羅至舍路築一大鐵路(一)可以闢無窮之寶藏爲一國前途之大利(二)可以通美國東西兩部使聯絡日固(三)可以與東洋航路銜接爲擴張美國勢力於東方之地步雖然以蒙茸林莽人跡不到之地投數千萬金之資本尋常無經驗之人所最怖也且其時之比兒氏人微言輕不足以動衆其獨力之資本又不克任於是聞者皆目笑存之如是者又十餘年而比氏氣不少衰日日運動漸至聳一世觀聽直至千八百八十七年而此大鐵路之計畫乃實行閱五年而路成美國諸鐵路中其工事之艱難殆莫過於此路其所經過者有全洲最大之落機山有大森林有大湖沼穿無數之大隧道與積雪戰與堅冰戰與酷日戰與瘴霧戰與猛獸戰與土蠻戰乃至與飢渴戰與死亡戰其工程之幾中止者屢矣比兒氏卒以堅忍不拔之力冒萬苦排萬難以底於成嘻亦偉人哉鐵路一成而數萬年來鴻荒黑闇之天地遂放大光明至是而此數千里之荒原不十年間而千數之大村落百數之大都市彈指湧現歲歲產七千萬石以上之小麥供給世界市場其餘物產亦稱是至今全世界農業制度最完美之區惟此爲稱首而比兒氏在此諸省中其受崇拜也幾與華盛頓同尊之曰「大北之父」（華盛頓有國父之稱）嘻豈不亦人傑哉余在汽車中見有「大北鐵路歷史」一書（美國各汽車中皆有圖書室）窮日之力讀之覺其關係如此其雄深其人物如此其偉大故記其崖略如右大北鐵路之經營日益厖今復造世界第一之大汽船以握太平洋航路之權其影響於我中國者最大下章更論之

十六日至比令士。演說一晚行。

十八日至笠榮士頓。演說兩晚行。此兩地皆屬汝天拿省。

汝天拿省華人數不過二千餘。分屬十餘市。而維新會發達最盛有會所之市十二焉。余不能盡歷。惟至比令士、笠榮士頓、表雪地、氣連拿、數市附近各市之同志皆走集相見。

笠榮士頓爲全美國最高之都市。蓋在落機山之大半麓矣。余至是適患小恙。同人勸浴於溫泉。泉距笠市二十餘里。落機深處也。風景幽絕。塵念頓消。余浴三日行。得詩數章。

名山穆穆日如年。獨步長歌復醉眠。亦是茲遊一奇絕。落機深處浴溫泉。

瀉潭飛瀑何太急。棲壑片雲長自閑。安得風塵棄我去。年年攜酒看青山。

九萬里中得三日。二十年間此一回。猛憶過去未來事。清明膺寸現靈臺。

落機山中有黃石園者。周遭八百里。實全世界第一大公園也。聞奇景最多。有種種定期之噴泉。或一日噴一回。或一日噴三四回。或隔日噴一回。或一來復噴一回。或一月噴一回。皆有定期。靡差靡忒。園中熊最多。皆馴擾不犯遊客。園中禁射獵。每歲只有半歲可遊。（餘日積雪）由聯邦政府派兵一小隊守衛之。遊客不得攜鎗械。惟今年總統盧斯福來遊。曾破例許獵一熊以歸云。園距笠市僅半日程。惟往遊非半月不能探其勝。余無此暇晷。僅購影畫數十枚。當臥遊耳。

二十二日到表雪地。華人六百餘。甚瘠苦。多以西人餐館爲業。數年前工黨用强制手段。不許西人就食於華人餐館。因此損失甚鉅。全市爲之寂寥。此事屢以國際交涉提出於美政府。莫能伸也。全美中待華人最酷者。此市爲第一。

二十六日到氣連拿。實汶天拿省之省會也。華人六百餘。以軍樂相迎。極一時之盛。至夕。其總督來相訪。頗殷勤。總督士蔑氏良喜華人。此市與表雪地相距不過百餘里。而吾民之舒蹙逈殊矣。

汶天拿省人雖少而維新會之開最早且最普及。其中熱誠之士數輩。堅苦刻厲。令人肅然起敬。汶天拿省以西人最相淩侮。故維新會別立一聯衞部。專貯積公款。爲相周相救之用。法甚密。意甚美。現各屬多有踵效者。

二十八日爲今上萬壽節。在汶天拿省遙祝焉。附近各市皆各出代表人至。一同慶祝。且議本屬各支會改良進步之法。

二十九日行。

## 由汶天拿省至舍路砵侖

（三十五）

二十九日至博奇梯拉。余本不欲下車。有鄉人數輩苦相邀。乃一宿焉。此地華人百餘。有維新會。有會員而無會所。余匆匆演說一次。亦未能睹其成。

此市紅印度人最多。政府設法保護之。俾免絕種。每來復須食一次。爲余至日適遇須食之期。全市闐塞。其衣皆紅綠兩色。爲種種式樣。以文其身。各以一木箱負其嬰兒。詭形殊狀。見所未見。亦一眼福也。

當維廉濱初至美時。濱士溫尼省之土人。殆二十餘萬云。其餘東部各省亦稱是。其總數雖不可全考。史家謂總在三四百萬以上云。觀殖民時代與歐洲人種之血戰。可見一斑矣。十七世紀之中葉。土酋有名腓力者。驍勇絕倫。統率諸部與白種爲難。各殖民地乃設總會於波士頓。共同捍禦之法。則其勢力之大可想。其後英法七年戰爭。法人亦勾連土人大擾英屬地。即華盛頓之將略。始亦以攻勦土人著者也。是時新英蘭附近諸地土人如織。乃曾幾何時。至今落機山以東。無復一土巢矣。余行半年走萬里。欲求一遺民之跡不可得見。据千八百九十年統計。謂全國今尚有二十四萬八千二百五十三人云。率皆被迫逐竄於西部。今則西部亦日闢。深山大澤。悉化廛市。無復寸土以容此輩。今此十三年間之銳減。又不知若何。要而言之。若三十年後再遊美國。欲見紅印度人之狀態。惟索諸於博物院中之繪塑而已。優勝劣敗之現象。其酷烈乃至是耶。君子觀此。膚粟股栗矣。

三十日至片利頓博奇梯拉片利頓。同屬埃的荷省。片利頓華人約五百。有維新會。

七月初一日至碧架雪地。華人百餘。吾族人居三之一。有維新會甚鞏固。亦以軍樂迎。會所遍結電燈焉。

初三日至貝市雪地。華人四百餘。有維新會。亦以軍樂相迎。余至是飛信前途諸市。屬毋以軍樂。實不克當。且耗費無益也。

初五日至抓李抓罅。屬華盛頓省。亦西部一新興市也。華人將及千。有維新會。開會甚早。而團體最固。至可欽敬。此市華人多從事農業及飲食店。光景頗佳。白人則俄羅斯移住者甚多云。

以上諸市皆匆匆稅駕。不能有所觀察。筆記甚略。

（三十六）

初八日至舍路。舍路者華盛頓省第一大都會。而太平洋岸重要之港口也。大北鐵路以此為終點。日本郵船會社之太平洋線亦以此為終點。日本人在美國者以此市為最多。華人亦約三千。美國境內維新會之開。以此市為嚆矢云。康同璧女士與家弟啓勳同來美遊學。適至此市相見甚懽。

余至舍路所最感者。莫如大北鐵路公司之經營東亞政策。今略記之。

余甚陋。不知世界自庚子年由印度樗伽島航澳洲乘英國 P. & O. 公司之船總容積九千噸者。余喜愕不知所為。又從該島港口見德國公司船容積一萬一千噸者。余愈喜愈愕。去年見美國航太平洋之「高麗」「西伯利亞」兩船寄泊橫濱。聞其容積一萬八千噸。余愈喜愈愕。今次遊美。矢願附之。而船期適不合。往來皆相左。余滋憾焉。頃到美國。乃復聞有大北輪船公司造絕大汽船之事。

大北輪船公司者。大北鐵路公司之子孫也。初美國西北一帶。長林蔓草。人跡杳絕。自千八百七十九年有占士比兒者。始排萬難。以建一橫絕大陸之鐵路。自是美國太平洋北岸一帶日趨繁盛。遂闢今之柯利根華盛頓兩省。而此鐵路公司亦享莫大之利益。至於今年。乃益為壟斷太平洋航權之策。造絕大之汽船。以往來於中國美國日本之間。自一年前已在美國東方造船公司定製姊妹船二艘。其一名彌奈梭達者。以本年四月十二日竣工。明年一九〇四年元旦自華盛頓省之舍路港起航云。其他一艘尚未命名。約以明年四月竣工。而將來辦理獲利之後。尚擬更造多艘云。據砵侖市之北美叢報所記。則

彌奈梭達船長六百三十英尺。幅七十三英尺。吃水三十六尺半英尺。排水量三萬七千噸。內容一等客位百五十人。二等三等客位各百人。下等客位一千人。除外仍可容軍隊一千二百人。船中職役人等三百人。共容

二千八百五十人。載貨物二萬噸外。尚容煤七千噸。速度一萬一千匹馬力。現在世界中商船之大。此爲第一。

二十世紀之世界商戰世界也。而商戰之勝敗。惟視其在泰東市場（即中國及東亞諸國）所占之地位何如。此又盡人所同認也。自千八百六十九年蘇彝士運河開通之後。歐亞之距離雖已縮短。然以視美國之由太平洋直達者。其利便仍遠有所不逮。今略比較之。則從歐洲經蘇彝士河東來者。以法國之馬賽起計。到香港凡七九〇二海里。到馬尼剌凡七九〇六海里。到上海凡八七五八海里。到橫濱凡九四七六海里。若由美洲渡太平洋而來。以舊金山起計。到香港凡六〇八七海里。到馬尼剌凡六二五四海里。到上海凡五五五〇海里。到橫濱凡四五六四海里。然則美國之地勢。已占世界商戰上優勝之位置。明甚矣。而前此太平洋航業所以未甚發達者。則有三故。其一由美國之力尚未膨脹於外也。其二由東亞諸國之貿易尚屬幼稚也。而猶有第三端焉。則以太平洋海程太遠。中間無貯煤港以爲之接濟。故當啓輪以前。應用之煤。必須備足。載煤多而載貨之餘地自少。故其遜於蘇彝士航線一着者以此。

以故欲以太平洋線航利壓制他線者。勢不得不用大船。非以其洋之大而然也。蓋其船必容三千噸以上之煤而不覺其太多。然後可以利用太平洋。查十年來海運發達史。當千八百九十二年。全世界中四千噸以上之船。凡二百六十六。八千噸以上之船凡八。至千九百年。四千噸以上之船凡八百十二。八千噸以上之船凡六十四。船舶容積之增大。與商戰之進步。最有關係焉。然此即太平洋飛躍之一先聲也。

竊嘗論之。將來太平洋航業發達日盛。則蘇彝士運河之地位必將一變。而其勢力亦大有所減。何以言之。試觀近年來歐亞間之郵政。已不由蘇彝士而由太平洋。彼蘇彝士通航之船。非不密也。而顧若此者。遲速之異也。夫自歐洲各都市經蘇彝士以達亞東，至速亦須三十二日。若由大西洋踰美大陸道太平洋而來，則柏林以九日，巴黎以八日，倫敦以七日，卽可達紐約。紐約以四日零三點鐘達舊金山。舊金山至上海，若以每點中行十七海里之船，則十六日可達。郵政之舍彼就此，蓋有由也。故使太平洋之航業有大船以發達之，則將來不惟於郵政爲然，於貨物亦然。蓋商戰者以白圭之勇，慶忌之捷，而制勝者也。人之樂去遲而就速，勢也。況蘇彝士河之經過必須納稅，平均每噸在三圓以上，久爲商家之所苦乎。以此言之，則今者大北輪船公司之計畫，可謂扼天下之吭而拊其胸。將來此輪船之成效日增，卽彼大北鐵路之進步日盛。占士比兒亦可稱近世商界之小拿破侖哉。吾國人於實業思想，毫未發達，聞吾喋喋論此，不隱几而臥者希矣。雖然，此太平洋上之航權，實我國應染指者也。而以吾招商局開設四十年，曾無絲毫之遠慮，而其餘商人亦更無有起而圖之者。吾儕亦復何顏以責備政府耶。吾記此，吾有餘悲，吾猶有餘望云爾。

在舍路三日行。

## （三十七）

十二日至砵侖。砵侖屬柯利根省，亦太平洋岸一要港也。華人約五千。維新會最盛。西北部諸市以爲總鎭。余將至砵侖，會中特號召各市出代表人來赴會，至者二十餘市，一時稱極盛焉。余在市數日，日接見同志，於他事觀察殊少。

在砵侖讀新聞紙，忽見巴拿馬市民宣告獨立之事。僅三日而美國公認之。此實向來革命時代國際史所未聞也。越兩來復。而美國政府遂與巴拿馬革命政府結條約。以巴拿馬運河開鑿之權讓於美國。而美政府以金二百萬磅爲報酬。且每年以金五萬磅給巴拿馬新政府。約遂定。於是哥倫比亞政府責言焉。（哥倫比亞國者巴拿馬舊所屬也）國務大臣約翰海氏覆牒曰。若哥倫比亞必欲破此條約。（案指運河條約）則或至破兩國之國交。恐我議會不復能附於哥倫比亞相爲親友云云。國際上用語。其傲慢無禮。至是而極。美國與哥倫比亞。雖有大小强弱之殊。以國際法論之。固皆對等之獨立國也。使哥倫比亞以此施諸美。美人將何以待之。若今之哥倫比亞。則吞聲泣血而已。俾士麥曰。公法不可恃。所恃者惟赤血耳。黑鐵耳。吾觀於美國對於巴拿馬之政策。欷歔累日而不能自禁也。

昔英相的士黎里以一夕祕密之交涉。遂舉五千萬蘇彝士運河之股票。從埃及王室之手。而移諸英國政府之手。當時全歐震動。謂爲神奇。今次約翰海之敏腕。毋乃類是。嗚呼。强權世界之外交家。可畏哉。可畏哉。

英自收蘇彝士河股份票。而英霸東方之局遂定。美自得巴拿馬開鑿權。而美伯東方之局亦遂定。以二千萬易此最高之地位。天下古今之物品。其代價之廉。未有過此者。

今者名義上巴拿馬爲一獨立國。且爲萬國公保之中立地。但其實際如何。不待知者而決也。美之巴拿馬。猶英之埃及也。余至日本。余乃見吾國革命家所出之報紙。謳歌巴拿馬革命者。不可勝數。僉曰。吾同胞何不如巴拿馬。吾同胞其學巴拿馬。嗚呼。吾同胞而欲學巴拿馬也。則亦何難之有。新政府之歲給。尚可以什伯倍於五萬磅。吾敢斷之。

在砵崙讀舊金山華文報紙。知有我領事館一隨員譚某。爲西美國警吏辱毆自戕之事。余深爲國體痛。作輓詩三章。（稿不存其一首不復記憶）

丈夫可死不可辱，想見同胞尚武魂。只惜轟轟好男子，不教流血到櫻門。國權墮落嗟何及，來日方長亦可哀。變到沙蟲已天幸，驚心還有劫餘灰。

八月初三日行。

## 由砵崙至舊金山

### （三十八）

八月初五日由砵崙至舊金山。

舊金山本名三藩蘭斯士哥，日本人通譯作桑港，華人呼以今名，屬加罅寬尼省，美國現今第九大都會，而華人最多之地也。人口三十四萬二千七百八十二人，華人約二萬七八千之間，維新會成立最早，注籍會員者約萬人。余至時，以軍樂歡迎，盛況更過紐約，感謝無量。

吾以爲欲觀華人之性質在世界上占何等位置，莫如在舊金山。何以故，內地無外人之比較，不足以見我之長短，故在內地不如在外洋。外洋華人所至之地，亦分兩大類：一曰白人少而華人多者，白人爲特別之法律以待我，如南洋諸區是也；二曰白人多而華人少者，我與彼同立於一法律之下，如美洲澳洲諸區是也。其第一類者與內地幾無以異，故亦不足研究，所研究者第二類而已。第二類之中，其最大多數之所在莫如舊金山，故吾欲以舊金山代表此問題。以吾所見，則華人所長者如下。

一愛鄉心甚盛。（卽愛國心所自出也）

一不肯同化於外人。（卽國粹主義獨立自尊之特性。建國之元氣也。）
一義俠頗重。
一冒險耐苦。
一勤儉信。（三者實生計界競爭之要具也。）
其所短者如下。
一無政治能力。（有族民資格。而無市民資格。）
一保守心太重。
一無高尙之目的。
今請先敍其情狀。次乃論其性質。
余所至之市凡二十餘。其人數約如下。

| | |
|---|---|
| 紐約及其附近 | 約八千 |
| 哈佛 | 約一百 |
| 波士頓及其附近 | 約四千 |
| 費城 | 約一千 |
| 華盛頓 | 約五百 |
| 波地摩 | 約六百 |

| | |
|---|---|
| 必珠卜及其附近 | 約九百 |
| 先絲拿打 | 約一百 |
| 紐柯連及其附近 | 約一千 |
| 聖路易 | 約六百 |
| 芝加高及其附近 | 約三千餘 |
| 慇士雪地 | 約百餘 |
| 汝天拿全省 | 約二千 |
| 埃的荷全省 | 約二千 |
| 砵侖及其附近 | 約一萬 |
| 舍路及其附近 | 約三千 |
| 舊金山及其附近 | 約三萬 |
| 羅省技利 | 約五千 |

自餘未至之地。（所至者尚不止此數其小埠略之）約尚有五萬餘人。大約我同胞在美國者。通計不過十二萬人內外。

今舉其重要之職業如下。

洗衣業……約四萬人

漁業……約萬餘人

- 工業
  - 廚工業（僮僕業附）……約二千人
  - 農業……約四千人
  - 採礦業……約千人
  - 製靴業、織帯業、捲煙業……約二千人
  - 通事業……約五百人
- 商業
  - 雜貨店
    - 中國雜貨……約五千人（傭夥在內下同）
    - 日本雜貨……約千餘人
  - 裁縫店
    - 成衣（西服）……約二千人
    - 褻服雜件（婦女所用）……約千人
  - 飲食店
    - 華式……約三千餘人
    - 西式……約二千人
- 雜
  - 醫生……約二百人
  - 傳教……約二百人
  - 學生……約二百人

婦女……約二千人
兒童……約三千人
無業者……約萬人

以上所列。非有精確之調查。但舉其概耳。

洗衣業實在美華人最重要之職業也。東部諸省。十有九業此。其工價最廉者每禮拜美金八九元。（約每月合華銀七十元）最昂者每禮拜二十元。（約每月合華銀百六七十元）以此至賤之業。而庸率如此。其大故趨之若鶩。

漁業惟太平洋岸諸省有之。舊金山舍路砵侖其大宗也。南部紐柯連亦間有此業。最苦。每年只有半年作工。其半年則坐食。其工價亦不昂。業此者其資本主皆西人。華人有一人爲工頭。代彼招工。工人當坐食時。常先支其工價之半額。漁畢而歸。復支半額。故常僅餬其口而已。其採漁之地或在附近海岸。或遠適他島。其最遠者乃至亞拉悉加島云。（輪船約行十一日。漁者多用帆船。往往月餘）南部漁業。則皆華人爲資本主。

廚工業各地皆有。東方稍盛。在西人家中或旅館司庖者也。其工價優於洗衣業者三之一。實最優之業也。

農業惟加罅寬尼省有之。餘則甚稀。此業不如洗衣工。然頗有獨立之姿。大率賃地而耕。華人自爲資本主。賃地而傭數人至數十人。所種殖以蔬果爲大宗。

採礦業前二十年加罅寬尼最盛。今則無有矣。現惟北中部之洛士丙令等埠。南部之切市省。尚有一二。其工價甚苦云。余未至其地。　又前此鐵路業爲華工一大宗。蓋西部諸大鐵路皆成於華人之手。今亦無有矣。

製靴捲煙織帚三業惟舊金山有之他處無有此三業前此極盛資本主亦華人華商以此致富者不少後工黨妒之甚設種種法律相脅制如呂宋煙非經政府蓋印者不能出售而政府於華工所捲者不蓋印是其例也此等事本大悖國際私法蓋禁華工猶可言也華工既經政府許其住美境者而爲特別之法律以奪其執業之自由不可言也豈有他哉亦曰强權而已使我政府而以民爲念者仗義執言彼無以爲難也而惜乎非其人也現此業日衰微行將絕跡矣

通事業在小法衙中或稅關或律師處爲繙譯者也其工價自較尋常稍優然此輩大率皆非端人在各市中頗有權力而鄉人最恨之

中國雜貨店之業在各市中最有權力者也其與各工人殆有貴族與平民之關係凡一切關於公共團體之事皆取決焉然絕不能與外人爭利權惟吸工人之脂膏以爲養且業此者十有九兼業賭以生計學理論之實分利者也其與外國貿易惟爆竹草席糖果等爲大宗絲類亦間有茶則絕無其輸出貨洋參麵粉兩項稍有之然有外國貿易者不過二十之一而已

日本雜貨店則取外人之利者也以日本磁器漆器絲類爲主中國雜物亦間有其獲利不能甚豐各地皆有之

裁縫業有二種一爲做西裝外衣者一爲專用絲類做西婦裏衣及約領面巾諸雜項者西部諸省砵侖舍路舊金山等處最盛其餘頗少此業獲利亦不菲云

飲食店有二種一爲華式者東部諸省最盛芝加高以西則無有矣此業自李合肥至後始有之即所謂「李鴻章雜碎」者是也其利殊豐他業無足以比之者現紐約市將三百餘家波士頓費城等市各數十家芝加高市

有一家而投資本十萬金（華銀）者陳設皆用華式門如市焉一爲西式者則尋常餐館是也華人可較西人價廉故或在一二市爲獨占焉汶天拿省埃的荷省此業最盛柯利根省次之餘則甚希

醫生亦爭利權之一法門也西人有喜用華醫者故業此常足以致富有所謂「王老吉涼茶」者在廣東每帖銅錢二文售諸西人或五元十元美金不等云他可類推然業此之人其不解醫者十八九解者往往反不能行其業云

傳教者各市皆有亦衣飯椀之一端也

學生近漸發達下節別論之

婦女兒童西部多於東部然美洲大率皆求食而歸之人與南洋及檀香山頗異眷屬甚少也娶西女者亦約二十之一

無業者居一大部分此實最怪異之現象也此等無業者之中其年老不能做工又不能歸去者約十之一其餘壯而遊手者約十之九（其老不能歸者前此必亦壯而遊手者也）彼等何以爲業則賭其一大宗也在美洲之華人幾無復以業賭爲恥者謹厚君子亦復爲之眞可異矣以華工所入每人每年平均可得千金然其能齎以返國者不及十之一皆賭害之也雖然賭亦爭外利之一道如溫高華舍路諸埠賭客之大部分爲日本人每年貢於我者埠各十餘萬舊金山埠之番票（西人賭白鴿票者別爲賭館以待之與華人不相雜廁各埠皆有）當最盛時西人之賭金將三百萬美金今猶五十萬美金云以此等文明播諸彼國亦無怪人之相惡焉矣

（三十九）

華人團體最多者度未有過於舊金山焉矣。試分類列之。

(甲)公立之團體。

(一)中華會館

(二)三邑會館(南海番禺順德)

(三)岡州會館(新會鶴山)

(四)寧陽會館(新寧)

(五)合和會館(新寧之余姓者及肇慶府屬之一小部分)

(六)肇慶會館(肇慶府屬之大部分)

(七)恩開會館(肇慶屬之恩平開平)

(八)陽和會館(香山)

(九)人和會館(客籍)

(十)六邑同善堂(不詳其縣)

自(二)至(九)是爲八大會館

以上諸團體皆有强制的命令的權力。凡市中之華人。必須隸屬各縣之人隸屬於其縣之會館。全體之人。皆隸屬於中華會館。無有入會出會之自由。故曰公立者。

八大會館與中華會館之關係。頗似美國各省與聯邦政府之關係。美國先有各省後乃有聯邦。彼亦先有各會館乃有中華會館。美國聯邦政府成立後。尚加入三十餘省。彼亦中華會館成立後。加入兩會館。（合和恩開乃後加者）美國聯邦政府初建時。其財政不能獨立。由各省供賦之。彼八大會館之於「中華」亦然。質而言之。中華會館之地位。與美國獨立後立憲前十年間（美以一七七六年獨立以一七八七年立憲）費爾特費之總政府絕相類。今各會館皆有伯里璽天德。（即主席）惟中華會館無焉。有事集議。則八主席同到。其印則八家輪掌之。經費則八會館攤派。其大邑派一份半或兩份（如三邑寧陽岡州之類）其小邑派一份乃至半份。（如其餘五家）一切大小事大率決於各邑之本會館。苟非關於華人全體之利害。或甲乙兩邑交涉者。不集「中華」

其會館之財政則

（一）捐助　初建時有之。近則甚希。

（二）出口稅　此最重要之部分也。其法凡歸國者每人須納出口稅若干於會館。由各邑會館派委員。在船頭收之。不納者不能上船。此例蓋得政府之許可云。（不納者可呼警吏索之）其所收或三元四元至五六元不等。由各會館自定。惟不論所收多寡。概以一元半納於中華會館。此「中華」經費所由出也。此出口稅惟教民抗不納。教會別以出口票給之。而警吏許其自由云。嗚呼。亦可以觀世變矣。

（三）祝稅及醮金　各會館皆祀關羽。每歲課司祝者稅若干。多或至萬金焉。又一年或兩年建醮一次。各商戶各私人皆捐醮金。所捐必逾豫算之額。因存積之以爲會館基本金。

此其歲入之部也。其歲出之部則無定。不能詳知之。其最奇者。則各會館必在內地請一進士舉人秀才其人者爲主席。是也。此費每歲例須千餘美金。多或二千餘。其人或三年或兩年或一年滿任。一語不能解。一事不能辨。

惟坐食而已。時或武斷而魚肉之。鄉人莫之敬。莫之畏。然亦順受也。人人知其有害無益。而莫肯改革者。此殆所謂天然之奴性。非有一人焉踞其上者。而不能自安歟。

中華會館之歲出。則以請一西人律師居其大部分。此卻是不可少之事。但得其用者亦實希耳。中華會館出口稅所入不敷歲出。往往使各會館攤派。

凡外洋之粵民。皆有所謂三邑四邑者。是最怪事。所謂三邑。則南海番禺順德也。所謂四邑。則新會新寧恩平開平也。會寧屬廣州府。恩開屬肇慶府。而會寧之人昵其異府之恩開。而疏其同府之南番順。豈非異聞。推原其故。則言語之同異爲之也。新會新寧之語在省會幾無人能解恩開則甚相近三邑四邑殆如敵國。往往殺人流血。不可勝計。非直金山。卽他埠亦然。嗚呼。國語統一之法之不可不講也如是夫。

舊金山之四邑。又分爲五會館。視前表自明。其分裂之法極可笑。最奇者則余姓又自外於新寧是也。其故皆由人多之縣。不欲與他縣合并。人多之姓。又不欲與他姓合并。金山最多人之縣爲新寧新寧最多人之族爲余氏此亦其無政治能力之一大徵證也。小羣可合而大羣遂不能合也。

(乙)公共之慈善團體。

(一)東華醫院

(二)衛良會

此皆與中華會館同。全市所公立。不以邑姓等分者也。惟入否聽人自由。

(丙)商家團體。

(一)昭一公所

(二)客商會館

初時本惟有昭一公所．創立實在各會館以前．其目的則防同業之競爭．相與劃定物價．且調停各商家種種交涉者也．後三邑四邑相鬩．於是四邑人別爲客商會館．而昭一專屬於三邑．其岡州人則分屬焉．

(丁)各縣之慈善團體．

(一)福蔭堂(南海)

(二)昌後堂(番禺)

(三)行安堂(順德)

(四)保安堂(東莞)

(五)福善堂(香山)

(六)同德堂(新會)

(七)餘慶堂(新寧)

(八)仁安堂(增城)

(九)同福堂(恩開)

尙有數家不能盡記

此等團體最奇．其目的甚簡單．僅爲客死於外者運骸骨歸耳．葬祭之禮．本吾國所最重．此實原於宗教之習慣也。狐死首丘。亦愛國之情之一端。然愚亦甚矣。每運一骨歸。動需數百金。故此類之團體。蓄積甚厚。少者數萬。多者如番禺之昌後堂現存三十餘萬金云。其財政大率於會館出口稅帶徵之。嘻。以此款興學校。蔚然成一大學矣。

(戊)族制之團體。

| (團體名) | (姓別) | (團體名) | (姓別) |
|---|---|---|---|
| 穎川堂 | 陳 | 滎陽堂 | 鄭 |
| 隴西堂 | 李 | 馬家公所 | 馬 |
| 江夏堂 | 黃 | 西河堂 | 林 |
| 忠孝堂 | 梁 | 沛國堂 | 朱 |
| 盧江堂 | 何 | 胥山堂 | 伍 |
| 風采堂 | 余 | 清白堂 | 楊 |
| 彭城堂 | 劉 | 武陵堂 | 龔 |
| 天水堂 | 趙 | 高密堂 | 鄧 |
| 清河堂 | 張 | 南陽堂 | 葉 |
| 隴西堂 | 關 | 愛蓮堂 | 周 |
| 光裕堂 | 譚 | 安定堂 | 胡 |

| | |
|---|---|
| 三省堂 | 曾 |
| 寶樹堂 | 謝 |

由是觀之。以二萬餘人之衆。而此種團體如此其多。則族制思想之深入人心可以見矣。此種團體在社會上有非常之大力。往往過於各會館。蓋子弟率父兄之敎。人人皆認爲應踐之義務。神聖不可侵犯者也。故雖以疲癃之長老。能馴桀驁之少年。舊金山所以維持秩序者。惟此攸賴。其同姓之人相親相愛。相周相救。視內地更切密。固他鄉之感情。例應爾爾。然亦由有宗敎之理想。以盾其後也。我梁氏本爲粤巨族。族人在美洲者將萬焉。所至各市忠孝堂。伯叔兄弟皆爲特別之歡迎。致可感也。族制不奇。最奇者則有所謂聯族是也。今舉如下。

| (團體名) | (聯族) |
|---|---|
| 龍岡公所 | 劉、關、張、趙、 |
| 至德堂 | 吳、周、蔡、 |
| 遡原堂 | 雷、方、鄺、 |
| 篤親公所 | 陳、胡、 |
| 昭倫公所 | 譚、談、許、謝、 |
| 鄰德堂 | 盧、羅、勞、 |
| 世澤堂 | 鄧、岑、葉、白、 |
| 鳳倫堂 | 司徒、薛、 |

中山堂　甄、湯、

或尚有而爲吾所未能盡知者

此眞不可思議之現象也。彼等之相親相愛。相周相救。與同姓無以異也。彼等子弟率父兄之教。與同姓無以異也。（關氏子弟率劉氏父兄之教吳氏子弟率周氏父兄之教他皆類是）推原其故。殆由小姓者爲大姓者所壓。不得不採聯邦之制。以爲防禦之法。於是求之於歷史上稍有相屬者。則從而聯之。如吳周蔡蓋謂同出於姬姓也。如陳胡蓋謂同爲舜後也。如鄧岑葉白蓋謂同爲楚之名族也。此等之理想。頗有趣味。吾在金山演說嘗言之。謂推此等聯族之思想。當知我四萬萬人皆同出於黃帝。既知同出於虞舜者當相親。同出於周后稷者當相親。曷爲舉同出於黃帝者而疏之。彼輩皆解頤若深領者。然至最奇者。若劉關張趙則演義的歷史之思想。以下等社會之腦識觀察之。謂其非歷史的焉不得也。尤奇者若談譚許謝。以偏旁聯。若盧羅勞。以雙聲聯。則直是無理取鬧。觀此者與讀野蠻人之遊記同一趣味矣。

（己）祕密之團體。

| | | | |
|---|---|---|---|
| 致公堂 | 保安堂 | 聚良堂 | 秉公堂 |
| 秉安堂 | 安益堂 | 瑞端堂 | 羣賢堂 |
| 俊英堂 | 協英堂 | 昭義堂 | 儀英堂 |
| 協勝堂 | 保善社 | 協善堂 | 合勝堂 |
| 西安社 | 敦睦堂 | 萃勝堂 | 松石山房 |

安平公所　萃英堂　華亭山房　洋文政務司

保良堂　竹林山房

此諸團體者實全市之蠹也歷年種種風波皆自此起其源蓋皆同出於三合會而流派之歧多至如此眞可浩歎溯咸同間最初有所謂廣德堂（四邑）協義堂（三邑）丹山堂（香山）者亦統名爲三合堂是爲祕密結社之嚆矢蓋四五十年前良懦之民憚於遠遊其冒險往者率皆鄉曲無賴子迨洪氏金陵潰後其餘黨復以海外爲尾閭三合會之獨盛蓋以此故其後統名爲致公堂致公堂者三合會之總名也各埠皆有其名亦種種不一而皆同宗致公雖然致公之下復分裂爲前表所列之廿四團體者然則致公之爲致公亦可想矣全美國十餘萬人中其挂名籍於致公者殆十而七八而致公堂會員中殆無一人不別挂名於以下各團體者致公派者以傾滿洲政府爲目的者也而其內容之腐敗之軋轢視滿洲政府又十倍焉法儒李般曰國民之心理無論置諸何地皆爲同一之發現演同一之式吾觀於中國之祕密結社而不禁長太息者矣

以上諸團體軋轢無已時互相仇讎若不共戴天者然忽焉數團體相合爲一聯邦忽焉一團體分裂爲數敵國日日以短鎗匕首相從事每歲以是死者十數人乃至數十人眞天地間絕無僅有之現象也痛哉

洋文政務司者本諸團體中之稍解洋語者相結以魚肉其本團體故現在二十餘團體復相結與洋文政務司爲仇云是一年金山祕密黨最重要之事件也要其離合之跡大率類是吾不忍復道之

（庚）文明之團體

（一）保皇會

(二)學生會

(三)青年尚武會

(四)各敎會（準文明）

(五)同源總局（準文明）

保皇會卽中國維新會也。己亥冬始成立。有會員約萬人。其組織悉依泰西文明國公黨之式。爲有機體之發達。與各埠相聯絡。近以支會太多。將美洲畫爲十一總部。而加罅寬尼省與居一焉。其本部總事務所。卽在舊金山。今將保皇會總部之名列如下。

一加拿大部　所屬十二支會以溫高華爲部長

二美國加罅寬尼部　所屬六支會以舊金山爲部長

三美國西北部　所屬九支會以砵崙爲部長

四美國東部　所屬六支會以紐約爲部長

五美國中部　所屬十三支會以芝加高爲部長

六美國南部　所屬四支會以紐柯連爲部長

七美國汶天拿部　所屬十二支會以氣連拿爲部長

八墨西哥部　所屬九支會以菜苑爲部長

九中亞美利加部　所屬四支會以巴拿馬爲部長

十南亞美利加部　所屬三支會以祕魯之利馬爲部長

十一檀香山部　所屬八支會以漢挪路盧爲部長

都凡太平洋以東八十六支會十一總部

學生會本內地往美留學諸君所發起。而華商子弟在學校者亦加入焉。數約七十餘人。初發達未有會所。借中華會館爲議場。

青年尙武會乃新創者。會員大率皆保皇會中之少年子弟也。現不過四十餘人。將來發達可望更盛。其規模略倣日本體育會有兵式體操。

敎會凡八家。照例與內地各敎會同。不必多述。華人入耶穌敎者約千人。

同源總局美產之華人所立也。其始本以爭選舉投票權利爲目的。故亦可謂之文明。但其組織甚不完備。計舊金山之華人有美籍者不下二千人。全國約有四五千人。（未成年者亦尙多現計殆止有三千之間）使果能一致投票。儘可以操縱兩大政黨要求種種權利爲祖國同胞吐氣。就使在全國中無甚影響。若夫舊金山之市政則可以爲所欲爲矣。何也。以舊金山之二千票使全加於甲黨。則乙黨所弱於甲黨者已二千票。二千票之勢力其左右一市也必矣。余在彼時。向同源總局會員演說。極力鼓舞之。且爲之擬聯合選舉章程。未知將來能實行否也。現金山美籍者雖有二千人。其爲同源總局會員者。不過三四百。而投票時至者不滿百人云。嘻。以自由權賦諸中國人果何益哉。

以上所列凡八種九十六之團體。其餘若俱樂部等小小之結集。尙不在此數。以人口平均比例算之。則除日本東京留學生外。其團體之多。當無有及舊金山者。

舊金山報館之多。亦冠絕內地。今舉其名。

文興日報（保皇會機關報）

中西日報

大同日報致公堂機關報（新立者）

華記日報

萃記報（來復報）

華洋報（同上）

以區區二萬餘人之市。而有報館六家。內地人視之。能無愧死。此亦文明程度稍高之明證也。

## （四十）

綜觀以上所列。則吾中國人之缺點。可得而論次矣。

一曰有族民資格而無市民資格。　吾中國社會之組織。以家族爲單位。不以個人爲單位。所謂家齊而後國治是也。周代宗法之制。在今日其形式雖廢。其精神猶存也。竊嘗論之。西方阿利安人種之自治力。其發達固最早。卽吾中國人之地方自治。宜亦不弱於彼。顧彼何以能組成一國家。而我不能。則彼之所發達者。市制之自治。而我所發達者。族制之自治也。試遊我國之鄉落。其自治規模。確有不可掩者。卽如吾鄉。不過區區二三千人耳。而其立法行政之機關。秩然不相混。他族亦稱是。若此者。宜其爲建國之第一基礎也。乃一遊都會之地。則其狀態之淩亂。不可思議矣。凡此皆能爲族民不能爲市民之明證也。吾游美洲而益信。彼既已脫離其鄉井。以個人之資格來住於最自由之大市。顧其所齎來所建設者。仍舍家族制度外無他物。且其所以維持社會秩序之一部分者。僅賴此焉。此亦可見數千年之遺傳植根深厚。而爲國民鄉導者。不可不於此三致意也。

二曰有村落思想而無國家思想。　吾聞盧斯福之演說。謂今日之美國民最急者。宜脫去村落思想。其意蓋指各省各市人之愛省心愛市心而言也。然以歷史上之發達觀之。則美國所以能行完全之共和政者。實全恃此村落思想爲之原。村落思想固未可盡非也。雖然其發達太過度。又爲建國一大阻力。此中之度量分界非最精確之權量。不足以衡之。而我中國則正發達過度者也。豈惟金山人爲然耳。卽內地亦莫不皆然。雖賢智之士。亦所不免。廉頗用趙。子房思韓。殆固有所不得已者耶。然此界不破。則欲成一鞏固之帝國。蓋亦難矣。

三曰只能受專制不能享自由。　此實芻狗萬物之言也。雖然其奈實情如此。卽欲掩諱其可得耶。吾觀全地球之社會。未有淩亂於舊金山之華人者。此何以故。曰自由耳。夫內地華人性質。未必有以優於金山。然在內地。猶長官所及治。父兄所及約束也。南洋華人與內地異矣。然英荷法諸國待我甚酷。十數人以上之集會。輒命解散。一切自由。悉被剝奪。其嚴刻更過於內地。故亦戢戢焉。其眞能與西人享法律上同等之自由者。則旅居美洲澳洲之人是也。然在人少之市。其勢不能成。故其弊亦不甚著。羣最多之人。以同居於一自由市者。則舊金山其稱首也。而其現象乃若彼。有鄉人爲余言。舊金山華人。惟前此左庚氏任領事時。最爲安謐。人無敢挾刃尋仇者。無敢聚衆滋事者。無敢遊手閑行者。各祕密結社。皆歛跡屏息。夜戶無驚。民孜孜務就職業。蓋左氏授意彼市警吏。嚴緝之而重罰之也。及左氏去後。而故態依然。此實專制安而自由危。專制利而自由害之明證也。吾見其各會館之規條。大率皆仿西人黨會之例。甚文明。甚縝密。及觀其所行。則無一不與規條相反悖。卽如中華會館者。其猶全市之總政府也。而每次議事。其所謂各會館之主席及董事到者不及十之一。百事廢弛。莫之或問。或以小小意見。而各會館抗不納中華會館之經費。中華無如何也。至其議事。則更有可笑者。吾嘗見海外中華會館之議事者數十處。其現象不外兩端。(其一)則一二上流社會之有力者言莫予違。衆人唯諾而已。名爲會議。實則布告也。命令也。若是者。名之爲寡人專制政體。(其二)則所謂上流社會之人。無一有力者。遇事曾不敢有所決斷。各無賴少年環立於其旁。一議出則羣起而噪之。而事終不得決。若是者。名之爲暴民專制政體。若其因議事而相攘臂相操戈者。又數見不鮮矣。此不徒海外之會館爲然也。卽內地所稱公局公所之類。何一非如是。卽近年來號稱新黨志士者所組織之團體。所稱某協會某學社者。亦何一非如是。此固萬不能責諸一二人。蓋一國之程度。實如是也。卽李般所謂國民心理。無所往而不發現也。夫以若此之國民。而欲與之行合議制度。能耶否耶。更觀其選舉。益有令人失驚者。各會館之有主席也。以爲全會館之代表也。而其選任之也。此縣與彼縣爭。(各會館多合同數縣者)一縣之中。此姓與彼姓爭。一姓之中。此鄉與彼鄉爭。一鄉之中。此房與彼房爭。每當選舉時。往往殺人流血者。不可勝數也。夫不過區區一會館耳。所爭者歲千餘金之權利耳。其區域不過限於一兩縣耳。而弊端乃若此。擴而大之。其慘象寧堪設想。恐不僅如南美諸國之四年一革命而已。以若此之國民。而欲與之行選舉制度。能耶否耶。難者將曰。此不過舊金山一市之現象而已。以汝粵山谷獷頑之民俗。律我全國。惡乎可。雖然。吾平心論之。吾未見內地人之性質。有以優於舊金山人也。吾反見其文明程度。尚遠出舊金山人下也。問全國中有能以二三萬人之市。容六家報館者乎。無有也。問全國中之團體。有能草定如八大會館章程之美備者乎。無有也。以舊金山猶如此。內地更可知矣。且卽使內地人果有以優於金山人。而其所優者亦不過百步之與五十步。其無當於享受自由之資格。則一而已。夫豈無一二聰偉之士。其理想其行誼。不讓歐美之上流社會者。然僅恃此千萬人中之一二人。遂可以立國乎。恃千萬人中之一二人。以實行干涉主義以强其國則可也。以千萬人中之一二人爲例。而遂曰全國人可以自由。不可也。夫自由云。立憲云。共和云。是多數政體之總稱也。而中國之多數大多數最大多數。如是如是。故吾今若採多數政體。是無以異於自殺其國也。自由云。立憲云。共和云。如冬之葛。如夏之裘。美非不美。其如於我不適何。吾今其毋眩空華。吾今其勿圓好夢。一言以蔽之。則今日中國國民。只可以受專制。不可以享自由。吾祝吾禱吾謳吾思。吾惟祝禱謳思我國得如管子商君來喀瓦士克林威爾其人者生於今日。雷厲風行。以鐵以火。陶冶鍛鍊吾國民二十年三十年乃至五十年。夫然後與之讀盧梭之書。夫然後與之談華盛頓之事。以上三條皆說明無政治能力之事其保守心太重一端人人共知無俟再陳

四曰無高尚之目的。　此實吾中國人根本之缺點也。均是國民也。或爲大國民强國民。或爲小國民弱國民。何也。凡人處於空間。必於一身衣食住之外。而有更大之目的。其在時間。必於現在安富尊榮之外。而有更大之目的。夫如是乃能日有進步。緝熙於光明。否則凝滯而已。墮落而已。個人之么匿體如是。積個人以爲國民。其拓都體亦復如是。歐美人高尚之目的不一端。以吾測之。其最重要者。則好美心其一也。希臘人言德性者以眞善美三者爲究竟吾中國多言善而少言美惟孔子謂韶盡美又盡善孟子言可欲之謂善充實之謂美皆兩者對舉此外言者甚希以比較的論之雖謂中國爲不好美之國民可也　社會之名譽心其二也。宗教之未來觀念其三也。泰西精神的文明之發達。殆以此三者爲根本。而吾中國皆最缺焉。故其所營營者只在一身。其所孳孳者只在現在。凝滯墮落之原因。實在於是。此不徒海外人爲然也。全國皆然。但吾至海外而深有所感。故論

及之。此其理頗長。非今日所能畢其詞也。

此外中國人性質不及西人者多端。余偶有所觸。輒記之。或過而忘之。今將所記者數條叢錄於下。不復倫次也」。

西人每日只操作八點鐘。每來復日則休息。中國商店每日晨七點開門。十一二點始歇。終日危坐店中。且來復日亦無休。而不能富於西人也。且其所操作之工。亦不能如西人之多。何也。凡人做事。最不可有倦氣。終日終歲而操作焉。則必厭。厭則必倦。倦則萬事墮落矣。休息者實人生之一要件也。中國人所以不能有高尚之目的者。亦無休息實尸其咎。

美國學校每歲平均只讀百四十日書。每日平均只讀五六點鐘書。而西人學業優尙於華人。亦同此理。

華人一小小商店。動輒用數人。乃至十數人。西人尋常商店。惟一二人耳。大約彼一人總做我三人之工。華人非不勤。實不敏也。

來復日休息。洵美矣。每經六日之後。則有一種方新之氣。人之神氣淸明。實以此。中國人昏濁甚矣。即不用彼之禮拜。而十日休沐之制。殆不可不行。

試集百數十以上之華人於一會場。雖極肅穆毋譁。而必有四種聲音。最多者爲咳嗽聲。爲欠伸聲。次爲嚏聲。次爲拭鼻涕聲。吾嘗於演說時默聽之。此四聲者如連珠然。未嘗斷絕。又於西人演說場劇場靜聽之。雖數千人不聞一聲。東洋汽車電車必設唾壺。唾者狼藉不絕。美國車中設唾壺者甚希。即有亦幾不用。東洋汽車途間在兩三點鐘以上者。車中人假寐過半。美國車中雖行終日。從無一人作隱几臥。東西人種之强弱優劣可見。

舊金山西人常有遷華埠之議。蓋以華埠在全市中心最得地利。故彼涎之。抑亦藉口於吾人之不潔也。使館參贊某君嘗語余曰。宜發論使華人自遷之。今夫華埠之商業。非能與西人爭利也。所招徠者皆華人耳。自遷他處。其招徠如故也。遷後而大加整頓之。使耳目一新。風氣或可稍變。且毋使附近彼族。日日為其眼中釘。不亦可乎。不然。我不自遷。彼必有遷我之一日。及其遷而華埠散矣云云。此亦一說也。雖然。試問能辦得到否。不過一空言耳。

舊金山凡街之兩旁人行處。（中央行車）不許吐唾。不許拋棄腐紙雜物等。犯者罰銀五元。紐約電車不許吐唾。犯者罰銀五百元。其貴潔如是。其厲行干涉不許自由也如是。而華人以如彼淩亂穢濁之國民。毋怪為彼等所厭。

西人行路。身無不直者。頭無不昂者。吾中國則一命而傴。再命而僂。三命而俯。相對之下。真自慚形穢。

西人行路。脚步無不急者。一望而知為滿市皆有業之民也。若不勝其繁忙者然。中國人則雅步雍容。鳴琚佩玉。真乃可厭。在街上遠望數十丈外有中國人迎面來者。即能辨認之。不徒以其軀之短而顏之黃也。

西人數人同行者如雁羣。中國人數人同行者如散鴨。

西人講話。與一人講。則使一人能聞之。與二人講。則使二人能聞之。與十人講。則使十人能聞之。與百人千人數千人講。則使百人千人數千人能聞之。其發聲之高下。皆應其度。中國則羣數人坐談於室。聲或如雷。聚數千演說於堂。聲或如蚊。西人坐談。甲語未畢。乙無儳言。中國人則一堂之中。聲浪稀亂。京師名士。或以搶講為方家。真可謂無秩序之極。孔子曰。不學詩無以言。不學禮無以立。吾友徐君勉亦云。中國人未曾會行路。未曾會講話。真非過言。斯事雖小。可以喻大也。

## （四十一）

吾國人留學於卜技利大學者十餘人。大率皆前此北洋大學堂之學生也。每來復日輒渡海來談。聯牀抵足。亦一快事也。此間本有一學生會。凡姓名籍貫年歲及所在校皆備載於會籍。余攜其一冊。擬爲此遊記材料。及理叢稿時。不知何往。今不能備錄。至可惜也。今就所記憶者錄如下。其非自內地來者不載。

| （姓名） | （籍貫） | （學校） | （所在地） | （專門） | （費別） |
|---|---|---|---|---|---|
| 陳錦濤 | 廣東南海 | 耶路大學 | 紐海文 | 政法數學 | 北洋官費 |
| 王寵惠 | 廣東東莞 | 耶路大學 | 紐海文 | 法律 | 北洋官費 |
| 張煜全 | 廣東南海 | 耶路大學 | 紐海文 | 政治 | 北洋官費 |
| 薛頌瀛 | 廣東香山 | 卜技利大學 | 舊金山附近 | 經濟 | 自費 |
| 王寵佑 | 廣東東莞 | 卜技利大學 | 舊金山附近 | 礦務 | 北洋官費 |
| 陸耀廷 | 廣東 | 卜技利大學 | 舊金山附近 | 工程 | 北洋官費 |
| 胡朝棟 | 廣東 | 卜技利大學 | 舊金山附近 | 工程 | 北洋官費 |
| 譚天池 | 廣東 | 卜技利大學 | 舊金山附近 | 農務 | 遊學會費 |
| 王建祖 | 廣東 | 卜技利大學 | 舊金山附近 | 農務 | 遊學會費 |
| 吳桂齡 | 廣東新安 | 斯丹佛大學 | 舊金山附近 | 電學 | 北洋官費 |

| | | | | | |
|---|---|---|---|---|---|
| 嚴錦鎔 | 廣東東莞 | 哥倫比亞大學 | 紐約 | 政法 | 北洋官費 |
| 徐建侯 | 廣東香山 | 私立大學 | 紐比佛 | 工商 | 自費 |
| 章宗元 | 浙江烏程 | 卜技利大學 | 舊金山 | | 杭州官費 |
| 稽芩蓀 | 江蘇 | 卜技利大學 | 舊金山 | | |
| 濮口口 | 浙江 | 卜技利大學 | 舊金山 | | |
| 程　斗 | 廣東香山 | 私立學校 | 芝加高 | | 自費 |
| 程　耀 | 廣東香山 | 私立學校 | 芝加高 | | 自費 |
| 黃　旭 | 廣東香山 | 私立學校 | 抓李抓鏬 | | 自費 |
| 梁啓勳 | 廣東新會 | 私立學校 | 芝加高 | | 自費 |
| 薛錦琴女士 | 廣東香山 | 中學校 | 卜技利 | | 自費 |
| 薛錦標 | 廣東香山 | 中學校 | 卜技利 | | 自費 |
| 康同璧女士 | 廣東南海 | 高等學校 | 哈佛 | | 自費 |
| 李國波 | 廣東鶴山 | 中學校 | 費城 | | 自費 |
| 張　謙 | 廣東新會 | 中學校 | 費城 | | 自費 |

以上舉吾所記憶者．其餘滿略尚多復有學生會所收得報告一紙由該會員寄贈者．

（姓名）　（籍貫）　（年歲）　（所在地）

| | | | |
|---|---|---|---|
| 施兆祥 | 浙江錢塘 | 二四 | 遏沙加 |
| 故永其 | 安徽桐城 | 二四 | 遏沙加 |
| 黄子靜 | 安徽無爲 | 二八 | 遏沙加 |
| 黄子靜夫人 | 安徽無爲 | | 遏沙加 |
| 方　和 | 福建侯官 | 十九 | 華盛頓 |
| 孫多鈺 | 安徽壽州 | 二十 | 華盛頓 |
| 孫元芳 | 安徽壽州 | 十九 | 華盛頓 |
| 孫季芳 | 安徽壽州 | 十七 | 華盛頓 |
| 孫裕芳 | 安徽壽州 | 十七 | 華盛頓 |
| 孫震芳 | 安徽壽州 | 十六 | 華盛頓 |
| 繼　先 | 滿洲 | 十七 | 華盛頓 |
| 陶德琨 | 湖北襄陽 | 十九 | 波士頓 |
| 盧靜恆 | 湖北鄖陽 | 十九 | 波士頓 |
| 姚臣鏊 | 湖北漢陽 | 二十二 | 維布拉罕 |
| 朱啓烈 | 湖北荆州 | 二十二 | 維布拉罕 |
| 劉慶雲 | 湖北漢陽 | 二十一 | 遏沙加 |

| | | | |
|---|---|---|---|
| 楊恩湛 | 江蘇武進 | 二十 | 渴沙加 |
| 張繼業 | 湖北鄖陽 | 二十 | 華盛頓 |
| 梁應麟 | 廣東香山 | | |
| 黃日升 | 廣東香山 | | |
| 梁賚圭 | 廣東南海 | | |
| 陳耀榮 | 廣東番禺 | | |
| 鄭　垣 | 廣東香山 | | |
| 蔡國藻 | 廣東香山 | | |
| 容　彭 | 廣東香山 | | |
| 林　鐸 | 廣東香山 | | |

美洲遊學界。大率刻苦沈實孜孜務學。無虛囂氣。而愛國大義。日相切磋。良學風也。前北洋大學堂諸君現皆已卒業。得學位。尚皆留校研究。其餘或有學級稍低者。七八年後總可皆在大學卒業云。

遊學會者。北洋大學堂留學諸君所發起也。現徐君建侯爲會長。譚天池王建祖兩君。即該會所供養云。

關於遊學之事。美國遊學指南一書。言之詳矣。茲不贅。惟余之意見復有數端。一曰其程度非有足以入大學之資格者不可妄去。一曰女學生不可妄去。一曰宜學實業。若工程礦務農商機器之類。勿專騖哲學文學政治。一曰勿眩學位之虛名。宜求實在之心得。鄙意如是。願以還諸留學者。

加罅寬尼省兩大學。卜技利斯丹佛進步甚速。駸駸乎有比肩東部之勢。吾國遊學者來此甚便也。

斯丹佛大學校長佐頓氏邀余至其校演說。縱覽一周焉。佐頓氏大才桀桀。斯丹佛之進步。皆由其力云。

偕留學諸君遊卜技利大學一週。未嘗驚動其校長。粗覽而已。卜技利大學最壯觀者爲一戲園。閒仿古羅馬劇場式云。上無覆瓦。而在臺上演說。不須用力。而萬數千之座衆皆能聽之。西人學校學生常自編戲劇演之。文學上一高尚之業也。

屋崙者。舊金山之隔海。與卜技利毗連者也。華人數百。有維新會。規程嚴整。會中多青年向學之士。余亦往演說一次。歡迎甚盛。

## 由舊金山至羅省技利

### （四十二）

九月初五日由大埠入沙加免圖。

沙加免圖者。華人俗稱二埠。實加罅寬尼省政府所在也。華人約六七百。維新會新成。余在此三日。返舊金山。隨往羅省技利。初十日至焉。

羅省者。美國第三十六大都會。而加罅寬尼省之第二大都會也。人口十萬二千五百五十五。華人約四千餘。維新會成立已數年。至是大擴張。各埠歡迎之盛。以此爲最。蓋西人特別相敬禮。余未至時。市會長預備行市民歡迎之典。以馬兵一隊。軍樂一隊。迎於驛站。市會長陪乘。先繞市一周。所至沿途西人觀者如堵。咸拍掌揮巾致敬。

余亦不解其何故。惟一路脫帽還禮不迭而已。

華人之熱誠。尤致可敬。以無合式之演說場。特趕蓋一綵樓於街心。以供演說之用。

十三日羅省技利市舉行市民歡迎典結綵於市會堂。全市名譽紳商咸集。市會長演說言兩年前。一歡迎前大統領麥堅尼。一歡迎現大統領盧斯福。此爲第三次云。余演說一時許。復有繼續演說者。禮畢。乃赴茶會。西人中有數將官最相敬禮。其一少將李氏。乃前此南北戰爭時著名之李將軍南軍大將與格蘭德將軍齊名之猶子也。其熱心於中國。視吾輩殆尤甚。其一皮將軍。嘗在菲律賓轉戰二年餘。健將也。彼語余云。美國人之克菲律賓。藉菲人之力者居其半。蓋經彼手嘗練八萬餘之菲兵云。卽以菲兵還攻菲人。英滅印度之故技也。由此觀之。菲律賓之名譽。不逮波亞矣。豈東洋人之奴性。終不可免耶。皮氏又言。凡菲兵有一美人督隊。則全軍俱勇。否則甚怯云云。亦一奇也。

羅省華人西人皆苦留。依依不相捨。余以歸期迫。留九日。遂行。

行經斐士那。其地華人二千餘。舊未有維新會。余至演說兩次。會遂成。復入顯佛演說一次。二十日復返於舊金山。

# 歸途

## (四十三)

九月初五日。遂自舊金山首塗歸亞洲。余本擬乘「高麗」輪船經檀島西返。適高麗船開罪於檀島之華人。我同胞與之斷交通以挾制之故吾不便附焉歸後乃知檀人預備歡迎意盛且厚吾深媿無以對檀人也遂由舊金山經屋崙、沙加免圖、尾利允、砵侖、舍路、復至溫高華乘中國皇后船返日本所經諸市諸同志皆至車站握手依依余亦有餘戀焉惟砵侖小住一日乃行

余在美所見美國政俗其感觸余腦者甚多叢稿滿篋欲理之爲一美國政俗評匆匆未能卒業姑述其略若夫全豹願以異日

今年美國大統領盧斯福巡行全國所至演說有常用之一言焉曰『剗除村落思想』此實美國厲行帝國主義日趨中央集權之表徵也然盧斯福何以斷斷爲此言是又美國至今日猶未能剗除村落思想之表徵也何也村落思想者實美國人建國之淵源經百餘年之進化而至今猶未能脫其範圍者也

吾儕以尋常之眼瞥覩美國見其有唯一之元首（大統領）有唯一之政府有唯一之國會（上下議院）且也其外交上有唯一之宣戰媾和訂盟結約之機關其外形與他國無所異於是心目中惟有一聯邦政府吾儕遊美國者自舊金山上岸經芝加高費爾特費以達紐約凡六七千餘里四五日汽車然始終用同一之貨幣同一之郵政途中無稅關淹滯之事亦無復言語衣服習俗之不同亦謂在一國內之旅行例應如是耳夫孰知此車聲轔轔汽烟勃勃之間已經過十一個之共和自治國而不自知也

美國之政治實世界中不可思議之政治也何也彼美國者有兩重之政府而其人民有兩重之愛國心者也質而言之則美國者以四十四之共和國而爲一共和國也故非深察聯邦政府與各省政府之關係則美國所以發達之跡終不可得明其關係奈何譬諸建築先有無數之小房其營造不同時其結搆不同式最後乃於此小

房之上。爲一層堂皇輪奐之大樓房以翼蔽之。而小房之本體。毫無所毀滅。毫無所損傷。蓋小房非恃大樓而始存立。大樓實恃小房而始存立者也。設或遇事變而大樓忽亡。則彼諸小房者。猶依然不破壞。稍加繕葺。復足以蔽風雨而有餘。故各省政府。譬則小房也。聯邦政府。譬則大樓也。各省政府之發生。遠在聯邦政府以前。雖聯邦政府亡。而各省還其本來面目。復爲多數之小獨立自治共和國。而可以自存。此美國政治之特色。而亦共和政體所以能實行能持久之原因也。

故他國之國家。皆以國民之一原素組織而成。美國之國家。則以國民及國民所搆造之小國家。凡兩原素組織而成。故美國國會之兩議院。各代表此兩原素之一。其下議院。則代表國民也。美國憲法第一章第三節云下議院議員每三萬人以上舉一人其上議院。則代表國民所搆造之小國家也。第三節云上議院議員自各省之立法院舉出每省二人

論者動曰。美國人民離英獨立而得自由。此知其一不知其二也。謂美國人之自由。以獨立後而始鞏固則可。謂美國人之自由。以獨立後而始發生則不可。世界無突然發生之物。故使美國人前此而無自由。斷不能以一次之革命戰爭而得此完全無上之自由。彼法蘭西以革命求自由者也。乃一變爲暴民專制。再變爲帝政專制。經八十餘年。而猶未得如美國之自由。彼南美諸國。皆以革命求自由者也。而六七十年來。未嘗有經四年無暴動者。始終爲蠻酋專制政體。求如美國之自由者。更無望也。故美國之獲自由。其原因必有在革命以外者。不可不察也。

法儒盧梭言。欲行民主之制。非衆小邦相聯結不可。德儒波倫哈克亦言共和政體之要素有數端。而其最要者曰國境甚狹。吾觀於美國而知其信然矣。彼美國者。非徒四十四個之小共和國而已。而此各小共和國之中。又

有其更小焉者存。即以新英倫海岸一帶論之。（新英倫者今之馬沙諸些干揑底吉洛愛蘭紐亨布士亞威綿米因六省之總名也）當時如披里門士如沙廉如查里士湯各自爲獨立之殖民地。而不屬於洛愛蘭若菩列摩士若紐肸若婆羅域達士若紐海文各自爲獨立之殖民地。而不屬於馬沙諸些及干揑底吉。諸如此類。不可枚舉。自十六世紀殖民以來。即已星星點點。爲許多之有機體。立法行法司法之制度具備焉。純然爲一政府之形。故美國之共和政體。非成於其國而成於組織一國之諸省。又非成於其省而成於組織一省之諸市。必知此現象者。乃可以論美國之政治。必具此現象者。乃可以效美國之政治。

（四十四）

竊觀美國建國之困難。有深可驚歎者。當殖民時代各小共和團體之分立也。其所恃以聯合統一之之原質無一物。藉曰有之。不過曰同用一國語。同爲英王之臣屬而已。及其不堪英之虐政也。以同病相憐故。不得不協力以相抵抗。於是一七六九年始由九殖民地各派代表人開公會於紐約。及一七七四年復由十二殖民地各派代表人開公會於費城。翌年十三殖民地復會議。是爲聯合之第一著。雖然當時此公會者。不過暫時設立之革命團體。其法律上之人格毫無所存也。及一七七六年。此公會宣告獨立。翌年又置一永久一致之條款。一七八一年。各殖民地之政府皆批准此款。是爲聯合之第二着。始略帶法律上之性格。雖然彼時之公會。謂之爲各政府之同盟體則可。謂之爲一政府則不可。何也。彼各省者。（即各殖民地）無大無小。皆有同一之投票權。不相統屬。純爲羣龍无首之氣象。而此中央公會者。對於一市民曾無有裁判權。曾無有徵稅權。中央之行政機關無有也。中央之司法機關無有也僅恃各省之捐款以充國用而各省所捐又皆緩怠時或無有至各省及其所屬之市民有不奉中央公會之命令者公會無如之何也此何以故彼等實視公會爲贅疣甚或視之爲毒物故其所以生此妄見奈何彼等(指各省)當抗英王而自立之時誓不欲復戴一權力於彼所固有之權力之上即其所自擇者亦不願戴故故當獨立軍未告成功以前此公會之指揮既已不靈讀華盛頓傳觀其軍中屢次兵變公會種種不相接應其竭蹶情形殆可想見及一七八三年和議成後外患既消而內訌乃益甚各省或不派代表人於公會即派者亦往往後期不至公會毫無威力不惟不能使人服從亦且不能使人起敬商業上交通上生種種障礙各省又或濫發不換之鈔幣或以金銀以外之物品爲通貨舉國皇皇不知所措故華盛頓有言惡政府固惡也猶瘉於無政府不圖吾儕以八年血戰易此無政府之氣象其言愾乎有餘痛矣是時美國之危間不容髮幸也彼盎格魯撒遜民族根基甚深經失敗之試驗遂能幡然謀補救之方一七八六年五省之代表人開會議於米里侖省之安拿坡里謀所以整頓通商之法遂乘此機作一報告書極言現時彫敝之情及將來危險之象遂乃倡議以明年開大會議再謀聯合之鞏固迨翌一七八七年五月十四日遂開憲法會議於費爾特費是爲聯合之第三著自茲以往而美國始得謂之一國家矣嗚呼破壞固不易建設良亦難以美國之本來有無數小房者從而加一大樓於其上而其層累曲折也尚若此苟非有羣哲之靈與諸國民之肅則彼美者將不亡於戰敗之時而亡於戰勝之後也噫亦危矣

此次憲法會議以華盛頓爲議長各省代表人凡五十三員皆一時之俊也凡經五月之久苦心焦慮乃以祕密會議成彼七章二十條之憲法論者謂此舉之困難實十倍於獨立軍云其所難者不徒在創前此所未有而已

彼離羣獨立之十三共和國各有其利害各有其習慣地方上種種感情不能相容彼此以恐怖嫉妒之念相見於此而欲調和之難莫甚焉故哈彌兒頓（本華盛頓之書記官聯邦成後爲戸部大臣當時第一流人物也憲法草案半成於其手）嘗云『當甲兵收息之後乃能以國民全體之同意制定憲法實可稱一異事吾蓋戰戰兢兢至覩其成效而乃稍自安云爾』諒哉斯言猶幸也此憲法成於祕密會議也苟公議之則今之所謂合衆國者其終不可得建憲法草案既布之後各省議論蠭起以爲立此强大之中央政府則諸省之權利與市民之自由將彼此而危其言曰自由將亡我輩以血以淚從佐治第三手中所奪回之自由將亡於其子孫之手曰中央集權滅各省政府滅地方自治此等輿人之誦囂囂徧於國中其最重要之省若馬沙諸些若紐約其反對爲最力使當時若如今日者以普通投票法取決之（現今美國若有改定憲法之事須由全國人民投票取決）則憲法之實行終無望耳幸也彼時未知用此法各省皆以其代表人決事而所舉代表人皆適當之人物能知大勢之所嚮毅然任之時草案所定謂此憲法經九省認可後即便施行而紐約省威治尼亞省猶且徘徊遲疑雖他九省既已公認之後猶自恃其省分之大良久不從直至千七百八十八年始晝諾焉嗚呼輿論之不可恃也久矣誰謂美國爲全體人民自由建立之國吾見其由數偉人强制而成耳以久慣自治之美民猶且如是其他亦可以戒矣

## （四十五）

美國政治進化史有獨一無二之線路焉即日趨於中央集權是也語其階級則自初殖民以至革命會議時而進一步至憲法成立華盛頓爲大統領而進一步至林肯爲大統領南北戰爭時而進一步至麥堅尼爲大統領

西班牙戰爭後。而進一步。此其最著者也。其餘百端施設。皆著著向於此而進行。不及備述。但美國支配政界之實權者政黨也。吾今請略語其政黨。

美國百餘年來之政治史。實最有力之兩大政黨權力消長史而已。兩大政黨何自起。卽起於會議憲法時也。當會議之際。而兩政見之相戰。已非一日。兩政見者何。其一則重學家所謂離心力。其二則所謂向心力是也。蓋一則務維持各省自治之勢力。一則務擴張中央政府之威嚴。賴華盛頓之調和。憲法案乃僅得就。及華盛頓任大統領。網羅一時之賢俊。以組織內閣。而閣員之中。兩派生焉。卽戶部大臣哈彌兒頓爲集權派之魁。國務大臣美國之國務大臣殆立憲君主國之首相譯其本名則云聯邦之書記也 Secretary of States 惟性質全與宰相異其職兼掌外交遮化臣爲分權派之桀。旗鼓相當。各不相下。初次召集議院。而國會中之此兩黨。已劃然分明。及法國大革命以後。哈彌兒頓派鑑彼覆轍。益覺中央權力之不可以已。持之愈堅。遮化臣怨華盛頓之袒哈氏也。率其同志退出內閣。以各省獨立地方（案）指各省所屬之市鄉獨立個人獨立三大義爲揭櫫。號呼於國中。及華盛頓退職後。而兩黨之形遂成。哈氏所率者曰「菲的拉里士」黨。譯言聯邦之意卽今之「利帕壁力根」黨是也。遮氏所率者曰「利帕壁力根」黨。譯言共和之意卽今之「丹們奇勒」黨譯言民主之意是也。是爲美國有政黨之始。

質而論之。則遮黨者自由之木鐸也。而哈黨者秩序之保障也。此兩義之在政治界。如車之兩輪。鳥之雙翼。缺一不可。而美國卒以此兩者之相競爭相節制相調和。遂以成今日之治。而國民對於此兩黨之感情。亦隨時爲轉移。當遮氏之初退出內閣也。熱心鼓吹其自由主義。民多聽之。時以華盛頓左袒哈氏之故。乃至謗言雲起。昔也尊之曰國父。今乃嘲之曰國之繼父云。其激烈可見一斑矣。（附注）華盛頓實不偏於兩黨當時敵黨以嫉哈氏故波及之耳雖然。哈黨之根據地在新英蘭諸省。爲美國最有勢力之地且承華盛頓之散民思慕之故。華盛頓八年退任之後。繼任者爲約翰亞丹實哈黨也。及千八百年選舉之際。遮化臣以其辯才及其伎倆卒能被舉爲大統領（哈彌兒頓副焉）復再舉共任八年。退職後其黨人馬丁遜繼之者八年。門羅復繼之者八年。於是凡二十四年間。政權歸於利帕璧力根黨。而苐的拉里士黨於一八一〇一八一四年間。累失敗。以失敗而遂至滅亡。雖然利帕璧力根黨之所以能獨占政權。非其才力之果能如是。實緣苐的拉里士黨失去首領而後此無復英才足以繼之也（附注）當遮化臣再任大統領時其黨人有名布爾者妒哈彌兒頓之能乃挑之決鬪遂斃哈氏全美國無不痛惜此實美國政黨史不可磨滅之恥辱也嗚呼以最文明最自治之美國民猶有此等舉動完全民政成立之難如是耶 至是而美之政黨一衰。

凡生息於自由政體之下之國民。其萬不能無政黨者勢也。故舊黨一滅。而新黨直隨之而生。至千八百三十年。復有兩黨者起。一曰丹門奇勒黨。即受持舊利帕璧力根黨之主義者也。一曰利帕璧力根黨。即受持舊苐的拉里士黨之主義者也。其時所爭者爲奴隸問題。南方諸奴隸省皆丹黨。北方諸自由省多利黨。而丹黨復制勝者十餘年。及千八百六十年之選舉。丹黨南北分裂。內訌以爭候補者。於是利黨乘此機舉林肯爲大統領。至此而哈彌兒頓之靈魂始復繼續。利黨之勢。披靡全國。而南方十一省遂相率脫聯邦以謀自立。遂有南北之戰。而此兩大政黨及其黨名。遂繼續以至今日。

要而論之。則美國建國以來之歷史。可中分之。其上半期爲地方分治黨得意時代。其下半期爲中央集權黨得意時代。雖然尚有一事宜注意者。即遮化臣派所楬櫫之主義。謂節制中央政府之權力也。然及其得政也。固亦知集權之不可以已。且決爲有利而無害。故彼黨柄政數十年間。人民此等僻見亦漸化去。至林肯時而全局已大定。兩政黨所爭者已非復國權省權之問題矣。此後所爭者。則自由關稅保護關稅其一也。用金用銀其二也。侵略主義平和主義其三也。此皆南北戰爭以後之大問題也。自林肯以還其黨勢力繼續以至於今。（中間雖亦有十數年政歸丹黨者然總可謂之利黨時代）近今之麥堅尼盧斯福。皆利帕壁力根黨員也。利黨之大多數爲資本家丹黨之大多數爲勞動社會。現今之美國對於內而實行干涉主義。對於外而實行帝國主義。皆利帕壁力根黨之最新政策抑亦其最舊政策也。蓋自哈彌兒頓以來。其精神傳於今日者。殆相一貫也。二十世紀之天地純爲十九世紀之反動力所謂自由平等之口頭禪已匿跡於一隅。吾料利帕壁力根之黨勢正未艾也。

（四十六）

美國政治家之貪黷。此地球萬國所共聞也。吾昔求其故而不可得。今至美。悉心研究此問題。質諸彼地之口碑。參以書報之論斷。今所略發明者如下。

凡認報國之義務以投身於政治界者。各國中固亦有其人矣。雖然鳳毛麟角。萬不得一焉。其餘大多數則皆有所利而爲之者也。其所利若何。則社交上之特權。其最歆者也。而此物固非美國之所能有。其最可歆之一端已失矣。而彼美國之政治都會與職業都會常分離。一國之首都與各省之首府。皆在一僻陋之小市。苟投身於政治。勢不能兼從事於他職業。其視歐洲政家之營業自由者。迥殊趣矣。以此諸因。故高才之士。常不肯入政治界。（其說詳見華盛頓篇）且美國政治家之種類。與歐洲亦異。歐洲政黨所競爭者。大率在政府之諸大臣國會之諸議員而已。

而美國大小官吏率由民選。且任期甚短。故選舉頻繁。一投身政黨。勢不得不以全力忠於本黨。終歲爲此僕僕。毫無趣味。故上流人士多厭之。除一黨中數十重要人物之外。其餘黨員皆碌碌之輩也。而此重要人物者。又勢不得不藉彼碌碌輩以爲後援。而此碌碌輩果何所利而爲一黨供奔走乎。既無社交之特權。亦非有可歆之名譽。然則所藉以爲餌。官職而已。官職所以能爲餌者。廉俸而已。故美國殆無無俸之官。歐洲則此等名譽職多有此卽所以驅策中下等人之具也。

美國自一八二八年以後。至一八八三年以前。其任用官吏法。殆如一市場。每當大統領易人之年。則聯邦政府所屬官吏。上自內閣大臣各國公使。下及寒村僻縣之郵政局長。皆爲之一空。使新統領而與舊統領同黨派也。則猶或不至此甚。若屬異黨。則眞如風吹落葉。無一留者。此實千古未聞之現象也。此例自昃臣氏爲大統領時一八二八年始開之。一就任卽易官吏五百餘人。前此華盛頓在任八年中所免黜官吏不過九人自遮化臣至門羅爲大統領二十年間免黜者不過六十人以酬選舉時助己者之勞。此風一開。遂成爲例。故大統領林肯嘗云。『區區白宮（案）卽大統領官邸遂將爲請謁者（案）謂之要求者所蹋倒。』而某氏稗史記大統領加弗自就任以至被弑時。凡七月間。除應酬黨員之索官者更無他事。綱紀泯棼。至是而極。蓋數十年間。美國之官吏成一拍賣場耳。

專制國之求官者則諂其上。自由國之求官者則諂其下。專制國則媚茲一人。自由國則媚茲庶人。諂等耳。媚等耳。而其結果自不得不少異。雖然。以之爲完全之制度。則俱未也。

英國亦有政黨。英國之政黨亦競爭。然其弊不如美國之甚者。何也。竊嘗論之。英國政黨之戰。惟有大將有參謀有校尉而已。美國政黨之戰。則並有無量數之兵卒。兵卒者何。卽吾前所謂碌碌之中下等人物是也。此輩於生計上學業上皆不能自樹立。而惟以政治爲生涯。其盡瘁於黨事也。以是爲衣食之源泉也。故此輩者實政界之蝨也。

論者或以此爲民主政治之弊。以余論之。則此弊實緣美國之地理上習慣上而生者。（參觀華盛頓篇「第一流人物何故不入政界乎」諸節）使美國而易他種政體。其腐敗亦當若是。使民主政體而行於他國。其腐敗或亦不至若是。雖然。美國國民何故默許此等舉動乎。此不得不謂爲迷信共和之所誤也。當晏臣氏之破壞舊章而任其私人也。乃宣言曰。官職之屢屢更迭。是共和政治之原理也。於是國民咸翕然信之。流弊遂至於此極。此又與選大統領好用庸材同一迷見者也。

官職屢屢更迭之不利於國家。近今政治學者如伯倫知理波倫哈克輩言之詳矣。夫一國中重要諸職屢屢更迭。猶且不利。而況於各種之實務乎。官如傳舍。坐席不煖。人人有五日京兆之心。事之所以多凝滯也。英國每次更易政府。其所變置之職位。僅五十員內外耳。（大率皆中央政府各部重要之地位。日本諸國亦然。）而美國乃至舉全體而悉易之。此實共和政治之最大缺點也。迨千八百八十三年。改正官吏登庸法案。其弊稍減。然猶未能免。

歷代大統領中雖多庸材。然其以貪黷聞者。尚無一人。蓋大統領總算一黨中上流人物。終知自愛也。而其最腐敗者。莫如市政。据布黎氏美國政治論所記。紐約一市。平均每年選舉費（選舉時投票場中建置監督各費用）二十九萬元。係由各候補人所擔任者。（無論何人欲自爲候補人可也。但無論入選不入選。必須擔任選舉費之一部分。兩候補者爭選舉。則兩人分任之。十候補者爭選舉。則十人分任之。）然公費之外。尚有各黨派之運動費。共約四十餘萬元。合公費計之。六七十萬元。（美金）（附注）布氏書千八百九十年出版。近日不知有增否。）其勢不得不皆出諸入選得官之人。而此輩者豈其自傾私囊以易此無足重輕之官也。其究也。仍取償之於市而已。故市中極閑散之官吏、率皆受極厚之廉俸、得官者例須割其廉俸之一部分還諸黨中、以爲下次爭選舉之用、是市也者、以己之公產扶持己之虐主、使其勢力愈積久而愈鞏固也、而其濫用職權蹂躪公益、又事勢之相因而至蔑不能免者矣、故美國諸大市中、如紐約費爾特費等、常爲黑闇政治之淵藪、非無故也。（附注）此布黎氏著書時之現象也、近屢改良

布氏又論美國選舉之頻數、舉阿海和省爲代表而論之、

第一種聯邦官職
- 大統領……每四年一回
- 下議院議員……每二年一回

第二種本省官職
- 公共土木委員……每年一回
- 高等法官……每年一回
- 本省總督及政府各大臣……各每二年一回
- 代表本省之聯邦上議院議員……每二年一回
- 本省學務委員及高等法院書記……各每三年一回
- 本省財政檢查委員……每四年一回

第三種各府官職
- 巡行裁判官……每二年一回
- 民事裁判所法官……每二年一回
- 本省評定物價委員……每十年一回
- 縣長及縣委員……各每年一回

**第四種各縣官職**

醫院理事人……每年一回
縣會計員及驗屍員……各每二年一回
本縣財政檢查委員、登錄者、測量家、民事裁判所書記官、遺產裁判所委員、等……各每年一回

**第五種各市官職**

警察委員……每一年一回
醫院理事員……每一年一回
水道委員……每一年一回
市長市書記及市財政檢查委員……各每二年一回
下等法官及警察署附屬法官……各每二年一回
街道委員及工師……各每二年一回
救火局委員……每二年一回

今以該省中最大之市先絲拿打爲代表。其市中之投票所。則每一年所行之選舉凡七次。每二年所行之選舉凡二十一至二十六次。每三年所行之選舉凡八次。每四年所行之選舉凡二次。每五年所行之選舉凡一次。每十年所行之選舉凡一次。合計每年平均所行選舉約共二十二次。夫以歐羅巴各國每年平均所行選舉不過三四次。最多至五次而極矣。而美國乃四五倍之。無論其人民政治上之知識若何發達。若何高尚。終不能舉二十二種之人物而識別之。確信某甲宜於某職。某乙長於某才。此事之至易見也。於是乎不得不以政黨運動員

爲蝦。而自爲其水母。（案）余所見美國選舉多有同時並選數職者各政黨自印刷出許多投票用紙上將某職舉某甲某職舉某乙印出投票者直取其紙而用之耳此大政黨所以獨霸政界之原因一也。又如上所陳選舉費運動費如此其浩繁。其黨派非有大力者。斷不克任。且不敢妄充候補人。此大政黨所以獨霸政界之原因二也。質而言之。則美國之政治史。實其黨派史之合本而已。

以上所論。言美國民主政治之缺點居多。雖然。以赫赫之美國。豈其於政治上無特別善良之處。而能致有今日者。其所長者多多。固不待問。余亦稍有所心得。但今以編輯之無餘裕。姑略之以俟異日。

## （四十七）

西人有恆言曰。欲驗一國文野程度。當以其婦人之地位爲尺量。然耶否耶。凡遊美者皆謂美國之風。女尊男卑。卽美國人亦自謂然。以余觀之。其實際斷非爾爾。不待辯也。雖然。謂美國婦人之地位。在萬國中比較的最高尚者。則余信之。觀其表面之現象。則凡旅館凡汽車以及諸等遊樂之具。往往爲婦女設特別之室。其華表遠過於男室。道中男子相遇。點頭而已。惟遇婦人。必脫帽爲禮。在高層之升降機室中。一婦人進。則衆皆脫帽。街中電車坐位既滿。一婦人進。諸男必起讓坐。（此風在東方諸市如紐約波士頓等不甚行）繁文縟節。如見大賓。然此不徒對於上流社會爲然也。卽尋常婦女亦復如是。此實平等主義實行之表徵也。至其內容實權。亦有甚進步者。其在專門高等之職業。日與男子相爭競。如女醫生女律師女新聞主筆女訪事女牧師女演說家。皆日增月盛。其他如各官署各公司之書記。各學校之敎師。尤以女子占最大多數。男子瞠乎後焉。其法律上之權利。各省雖小有異同。然其大端不相遠。大抵一切私權。皆與男子立於同等之地位。無論既婚未婚之婦人。皆有全權自管理其財産。夫死之後。皆得爲其子女財產之代理人。此實美國婦人權利優於他國者也。（附注）美國當一八九六年以前猶未許婦人爲子女之代理人 婦人選舉權之議。自初建國時卽有倡之者。及放奴功成之後。其運動益盛。蓋据獨立檄文人類平等之大義。白黑種之界限既除。則男女性之界限亦不可不破。此其理想之源泉也。自茲以來。北部及西部諸省多數之國民熱心此事。屢以婦人選舉權法案提出於本省立法部。且頻議修正聯邦憲法。加入此條。然此修正案殆未易得可決。惟威阿明天達華盛頓三省之本省憲法曾許可之。而天華兩省旋改正廢棄。今美國諸省中惟威阿明省尙有此權云。實則婦人干涉政治。在今日之社會實利少而弊多。伯倫知理輩論之詳矣。其法案之久不能通過也亦宜。（附注）澳洲之紐西命過得力西澳忒斯米尼亞諸省皆有婦人選舉權前十年紐西命會有一婦人被選爲市會長男子皆梗其號令不久遂辭職云 其學務委員之選舉權被選權則現今有十四省許諸婦人者。然彼等大率放棄此權。不知寶貴。聞有某市人口二十萬。當選舉學務員投票時。婦人至者不過二三百。又馬沙諸些省初行此例時。婦人至者甚衆。其後年減一年云。由是觀之。婦人之加入政界。非徒不可抑。亦不能矣。

美國勞力者之地位。亦日高一日。『勞力者神聖也。』此言殆美國通用之格言也。其原因蓋由社會黨自爭權利之思想日熾。亦由上流社會慈善事業之日盛。兩者相提攜而得此進步。其庸率既日漸增高。而各大公司又往往多建房屋貸諸職工。而不徵其廛稅。又或設特別之學校及遊戲運動場者。以教育其職工之子女。此所謂富而好行其德者非耶。各市中之鐵道電車。大率凡勞力者僅收車費之半額。各遊戲場之景物。須納錢乃得入觀者。勞力家大率皆減半焉。要之美國之優待勞力者。大率如日本之優待軍人。彼勞力者亦商戰國最重要之軍人也。其特別優待之也亦宜。

其餘瑣屑風俗有趣味者頗多。叢稿盈篋。檢閱眼花。太費時日。茲並略之。讀者諒焉。

## （四十八）

初八日復至砵侖。會所已遷。煥然一新。留一夕與諸同人作長夜談。歡可知矣。翌日行。

初十日復至加拿大之溫高華。新建之會所。已於一月前落成矣。輪奐堂皇。整齊嚴肅。令人起敬。加拿大爲維新會起點之地。而其內部之發達進步。亦爲各市冠。今次以會所新成。合七省選舉議員。以十一月開議會。各議員由會員全體投票公舉。純用文明國自治制度。卷端所列第二十八圖。卽其議場也。（原圖闕）

十二日遂乘中國皇后船返亞洲。其日接到各市同志送行電報九十六通。桃花潭水深千尺。不及汪倫送我情。至可感也。午後登舟。送行於海岸者百餘。爆聲巾影。綿亘一時許。夜間至域多利。未登岸遂行。翌日晨起。回望新大陸。青山一髮。微橫海天際而已。

廿三日至橫濱。翌日諸同志開歡迎會於大同學校。

# 附錄一　記華工禁約

## (一)其歷史

華工之往美。實由美人招之使來也。當加鏈寬尼省初合併美國之時。急於拓殖。而歐洲及本國東部之移民。憚其遼遠。來者不多。資本家苦之。及覓得金礦。盛開鐵路。而勞傭之缺乏更甚。是以渡海而求之於中國。今者加鏈寬尼之繁盛。實吾中國人血汗所造出之世界也。何也。無金礦。無鐵路。則無加鏈寬尼。而加鏈寬尼之金礦鐵路。皆自中國人之手而開採而築造者也。

同治七年。卽千八百六十八年。中美續訂通商條款第五條云。

大清國與大美國切念人民互相來往。或願常住入籍。或願隨時來往。皆須聽其自由。不得禁阻。

第六條云。

中國人至美國。或遊歷各處。或常行居住。美國必須按照相待最優之國所得遊歷與常住之利益。俾中國人一體均沾。

彼條約實最自由最平等之條約也。然其時往者顧不甚衆。吾遊舊金山。有七十餘齡之父老。爲余述彼初至時美人歡迎之狀。雖神明不如也。其後聞風而往者日盛一日。至光緒初年。而每歲移住之人民。殆十餘萬。夫以吾東方產業之萎靡。工價之低廉。以與彼寶藏新闢。需工若渴之地相較。則吾民趨之。若水赴壑。亦固其所。然自茲以來。東部工人聞西方之極樂。爭走集者亦歲增。於是美工與華工之衝突漸起。千八百七十七年。（光緒三年）加罅寬尼之產業界忽入於恐慌時代。（生計學家言凡生計界往往有恐慌時代或十餘年而一見或數年而一見蓋人民醉於投機事業以牽動全局也其理長不具論）一切股票盡皆下落。全省騷然。貿易不振。工事頓乏。所有工價隨而暴跌。美國工人以其所入不敷事畜。而中國以勤儉之性質。且移住者率無家屬。以低廉工價。亦足自給。不惜稍貶以相遷就。故資本家益用中國人而美工得業愈少。於是相妒相憎相仇之念。益磅礴於彼等之胸中。全省騷然矣。未幾遂有所謂沙地黨者起。

沙地黨之首領。曰奇亞尼。實市井一無賴也。薄有積蓄。因投機全歸失沒。乃發憤學演說。欲投身於政治界。其年之末。（一八七七年）適必珠卜市有同盟罷工之事。全國工人多表同情。奇亞尼乃煽惑加省之工人。設立一工黨。在舊金山港口西方沙際一空地集衆演說。故當時以沙地黨得名。奇亞尼指天畫地。肆口嫚罵。忽得下等社會大多數之歡心。來者日衆。政府以其妨害治安。逮捕之。訟解得免。自是名愈高。黨愈盛。馴至選舉之際。「底門奇勒」「利巴別里根」兩大政黨全失其勢。而沙地黨遂爲加罅寬尼省政界之中樞。（按民主政治之弊即在是此亦其一例也言政者不可不深察）於是新被選之議員。遂提出改正本省新憲法案。以普通投票質諸全省人民。竟得大多數之贊成。所謂千八百七十九年之新憲法是也。

沙地黨之所最仇視者。則資本家與中國人也。故其新憲法之關於排斥中國人者。大略如下。

（一）凡各公司不許用中國人。卽有前此經與中國人定合同者。亦作爲廢紙。

（二）凡中國人不許有選舉權。不許受雇於公家職業。

(三)議院須定條例以罰招致華工之公司。

(四)中國人在美國者當設種種例規限制之。苟不遵例。卽逐出境。

自此憲法之成立。而舊金山所謂唐人埠者。遂爲暴民橫行之地。拋磚擲石。乾唾熱罵。毆辱頻仍。刼掠相續。蓋彼時加鐔寬尼省。幾陷於無政府之地位。而我華民始不聊生矣。如是者一年有奇。未幾市民飽聽奇亞尼之邪險演說。而覺其所益於己者。不足以償所害也。旣漸厭之。至千八百八十年之市會選舉。兩大政黨相提攜。得占全勝。而沙地黨遂亡。雖然侮辱華人之結習。終不克去。

當時華盛頓政府。固未嘗有所惡於華人也。而已漸爲輿論所動。始漸謀限制之法。乃與中國公使商議。令我政府以自願限禁之名義。定一條約。卽光緒六年西曆千八百八十年北京條約是也。其第一款云。

大清國與大美國公同商定。如他時大美國查華工前往美國並在境內居住等。倘有妨礙美國之利益。或有騷擾境內居民等情。大清國准大美國議暫止。或定人數。或限年數。並非盡行禁絕。總須酌中定限。此是專指華人續往美國承工者而言。其餘別等華人。均不在限制之列。所有定限辦法。凡續往美國承工者。必須按限進口。不得稍有淩虐。

其第二款云。

凡中國商民及學業生徒遊歷人等。與及跟隨僱用之人。兼已在美國境內居住之華工。均可任其往來自便。同沾優待各國最厚之利益。

此約以光緒七年互換。光緒八年實行。實行以後。美國以是年西曆五月六日由議院頒限禁華人例案。凡十五款。光緒十年再改正增加凡十七款（其款繁不備錄摘其要者爲表附於下節）是爲設禁之始。

設禁之始。原訂以十年爲期。及光緒二十年。即千八百九十四年。美政府要求續限。我政府我公使不與較。禁約遂續。今擇錄其條約第一第二第三第五款如下。

第一款　茲彼此議定以此約批准互換之日起計。限十年爲限。除以下約款所載外。禁止華工前往美國。

第二款　寓美華工。或有父母正妻兒女。或有產業値銀一千圓。或有經手帳目一千圓未清。而欲自美回華。由華回美者。不入第一款限禁之列。但華工於未離境之前。須先在離境口岸詳細縷列名下眷屬產業帳目各情。報明該處稅務司。以備回美之據。該稅務司遵現時之例。或嗣後所定之例。發給該華工按此約章應得回美執照。但所立之例。不得與此約相悖。倘查出所報各情屬僞。則該執照所准回寓美國之權利盡失。又例准回美之權利。限以一年爲期。以離美之日起計。倘因疾病或別有要事。不能在限期內回美。則可再展一年之期。但該華工須將緣由稟報離境口岸中國領事官。給與憑批。作爲妥據。以期取信於該華工登岸處之稅務司。該華工如不在稅關呈驗回美執照。無論其由陸路水路回美。均不准入境。

第三款　此約所定限制章程。專爲華工而設。不與官員傳教學習貿易遊歷諸華人等現時享受來寓美國利益有所妨礙。此項華人倘欲自行申明例准來美之利益。可將中國官員或出口處他國官員所給執照。並經出口處美國公使或領事官簽名者呈驗。作爲以上所敍例准來美之據。茲又議允華工來往他國。仍准假道美境。惟須遵守美國政府隨時酌定章程。以杜弊端。

第五款　美國政府爲加意保護華工起見。一千八百九十二年五月五號。美國議院定例。一千八百九十三年十一月三號。此例又經修改。凡在定例以前。所有美國境內一切例准住美之華工。須照例註冊。中國政府現聽美國辦理。美國政府亦應聽中國政府定立相類條例。凡一切美國粗細工人。（商人亦如議院定例不計）寓居中國無論是否在通商口岸均令註冊。概不收費。又美國政府允准自此約批准互換之日起。於十二個月內將寓居中國無論是否在通商口岸之一切他項美國人民（包括教士在內）之姓名年歲行業居址。造册報送中國政府以後每歲報册一次惟美國公使人員或一切奉公官員在中國駐紮或遊歷及其隨從僱用人等。不入此款。

自茲以往續訂禁例日出不窮。法如牛毛。民無適從。於是華人往美之路遂將斷絕。

## （二）禁例

光緒二十年條約第二款。有『遵現時之例及嗣後所定之例』一語。第三款。有遵守美國政府隨時酌定章程一語此皆外交家狷黠之手段明欺我中國。爲推翻兩國公權實行自立私例之地步也。我國外交家。不知其用意之所存。漫然許之。自茲以往。雖有千百苛例。而莫得與之爭。此所謂合九州鐵鑄一大錯也。今將美國政府所頒禁例之年月及款目。略列一表如下。

| （年月） | （款目） | （附考） |
| --- | --- | --- |
| 一八八二年五月 | 十五款 | 此爲最初禁例。 |
| 一八八四年七月 | 十七款 | 將一八八二年之例改正增加。 |

| | | |
|---|---|---|
| 一八八八年九月 | 十五款 | |
| 同　年十月 | 四款 | |
| 一八九二年五月 | 九款 | |
| 一八九三年十一月 | 二款 | 增訂一八九二年之例。 |
| 一八九四年八月 | 一款 | |
| 一八九八年七月 | 一款 | 此例因檀香山隸美後加入禁例而設。 |
| 一九〇二年四月 | 四款 | 此例因菲律賓羣島隸美後加入禁例並賽會防禁法而設。 |
| 一九〇二年五月 | 九十三款 | 此乃戶部將前此所有禁例彙列且加增訂頒行者。 |
| 一九〇三年七月 | 六十一款 | 此乃美國新在工商部設立管理外人入境委員。更由該委員增訂苛例頒行者。 |

美國禁例。非特內地人瞠乎未聞也。即旅居彼中數十年者。尚或茫然不能窮其形。因定例既已煩苛。而例之外復有案。一案之行。而後此復援以爲例。其稅關及司法之人。任意上下其手。而我莫能與校。故案之多益不可思議。欲盡紀之。常累數萬言。今爲悉心排比分類列之。以淸眉目。關心民瘼者。庶一省覽焉。

（甲）華人之有入美權利者。

（一）官吏（及其隨僕）

（二）傳敎。（學校敎師亦歸此項）

（三）遊學。
（四）商人。
（五）遊歷。
以上五項皆光緒二十年條約所訂明者。
（六）商人之妻及子女。
（七）工人有當千八百八十二年以前已至美國經在稅關註册且有合例之憑据者。則可以復來美。其合例憑据如下。
（一）有父母妻子女現在美國者。
（二）有實業值銀一千元以上在美國者。
（三）有債權值銀一千元以上在美國者。
以上二項乃一八八四年禁例所許者。
（乙）華人之許暫入美境者。
（一）假道（如往加拿大、墨西哥西印度羣島、及中美洲南美洲等處。必須由美國假道者。）
（二）賽會（來觀博覽會或辦貨物來賽會者。）
（丙）合例華人入境之限制。
（一）護照　甲款所列七項合例之華人。必須持有合式之護照。乃得來美。其所謂合式者如下。

(一)須由出口之港埠領有該地方官認可之護照．其有權發給此護照之人如下．

(一)中國各海關道．

(二)香港華民政務司．

(三)英屬加拿大稅務司．

(四)在外國經商之華商．能向該國政府求得護照認可者．亦作合例．

(附注)其禁例注明不得發給護照之人如下．

(一)中國駐美領事．不得發給．

(二)中國駐各國領事．不得發給．

(三)墨西哥政府．不得發給．

(二)領得護照後．須經由該港埠之美國領事簽名蓋印認可．

(三)其護照中必須有本人照相．

(四)其護照中所列各款目．務須一一注明．不得少有欠缺．

(二)入境口岸　甲款所列七項人．除官吏外．不許由下列各口岸以外之地方入美境．（下所列諸地皆有專理華人入境委員駐紮）

一　舊金山　　六　砵黨順　　十一　森亞士

二　砵崙　　七　律注潤　　十二　參巴

三　波士頓　　八　聖亞路便士　　十三　山姐故
四　紐約　　九　摩鸞　　十四　檀香山
五　紐柯連　　十　博芙爐

（按）一九○二年（卽去年）戶部所頒之例。尚有廿二口岸准入境者。今年新例。裁餘十四耳。

（丁）例中之挑剔苛禁。

（一）普通之苛禁。

（一）雖攜有合式之護照。但於護照所列各款。有漏注一條者。卽不准入境。（按）上海天津各處所發給之護照。多有因此致梗者。余所聞有某大吏之子遊學者。緣此阻延數月。不得入境。

（二）雖攜有合式之護照。至入境時。仍由該稅關委員查詰口供。若口供有一語不合。則作爲冒認。不許入境。（按）華人以此被撥回者。不計其數。

（三）雖攜有合式之護照。若經醫生考察。認爲有傳染病者。卽不許入境。（按）此乃今年美國所新頒之海外移民法案特著者。其例本不專爲華人而設。惟行諸華人者。特加嚴酷。今年五六月間。有北洋大學堂學生某君。到美。醫生謂其有眼疾。可以傳染。遂遞解回籍。

（二）對於遊學者之苛禁。

（一）執遊學之護照入境。既入境後。查有作工等弊。卽驅逐回籍。（按）此例其阻礙於我學界前途者最甚。美國寒士。其且工且學者。殆十而六七。日本在美之私費學生。大率皆半歲作工。半歲讀書。以供學費。此例行。使我國苦學界。永不能擴充於美國也。

(二)非習高等學問者。不許入境。今年七月新發之禁例云。所謂學生者。專指欲來美習高等學問。或專門學因在故國無從學習者。(按)此例最苛。此後非持有本國中學卒業文憑者。當不准入美。

(三)必預備學至卒業時所需之費用。其費用。或以現銀。或以匯票。或由某店號擔保。經稅關委員驗明屬實。乃得入境。(按)此例亦今年七月新立。要之總不許我國寒士得求學於美國耳。

(三)對於商人之苛禁。　其法律嚴密。不可思議。今更類分之。

(一)商人之資格。

(一)惟鋪店之股東。乃謂之商。其餘店中所雇用之人。若總辦人。若管銀人。若買手。若賣手。若書記。若管數人。若代理人。若學生意者。一概不得有商人之資格。(按)此等例所謂無理取鬧者也。安有以一鋪之大。而僅一東家能兼諸役者。然則名爲禁工。其實並禁商也。彼謂以工人庸廉爭利之故。然則華人店鋪中所用夥伴。亦豈爭美工之利耶。要之欲絕吾人往美之路而已。

(二)凡開酒樓、餐館、開呂宋煙紙煙工廠、開製靴製帽廠、開裁縫店者。皆不得有商人資格。(按)彼立此例之口實。以此等業需用工人也。然業此者其每年與美人貿易。消美貨最多。此而禁之。孰謂平情。

(二)在美華商之返國復來者。

(一)華商欲回國者。須於出口時覓得華人以外之證人二名。矢誓證明其人曾在美國經商一年以外者。(華人不得作證。)

(二)其證書必須誓明從前並未作過工業。除經商外並無別業。
(三)欲返國者須於一個月以前報名呈請護照。其護照限一年可以復來。一年以外。則所持之證券。作爲廢紙。(或有疾病及本人不能趨避之事故者。可以展限一年。惟須求得前由美國出口處之中國領事發給憑紙證明。)
(四)對於註冊華工之苛禁。　中美所訂禁約。本有並非將華工盡行禁絕一語。故美政府於千八百八十二年。令現在已到美境之華工。報名註册。其攜有册籍者。許住美國。並可以歸國復來。然其額外之苛禁。亦有種種。
(一)必須在美國有未斷之關係者。(如甲款第七項所列)
(二)所謂有妻在美國者。須爲合例結婚。並已娶一年之久者。
(三)所謂債權。必須屬於未妥之數目。非復到美不能索取者。並非債務者同到裁判所證明認欠。(以上兩條參觀甲款第七項。)
(四)註册之華工欲返國再來者。可以求所在地之稅關發給護照。其法如下。
(一)繕寫切實口供。註明或眷屬或欠項或產業若干。矢誓無虛。
(二)將身材高矮面目顏色肥瘦輕重四肢長短及面龐上有何特別之痣認。一一註明護照中。
(三)須照相兩片。一正面一側面。帖於護照中。
(四)欲取護照須於三個月以前報名呈請。

(五)護照限用一年。過期不復來作爲廢紙。

(五)對於外籍華人之苛禁。

(一)美籍者。

光緒二十年之條約。聲明中國人不得入美籍。此事半由美國政府之意。半由中國政府之意。至華童產於美國者照例不以華人論但亦立種種苛例其欲回國而復來美者。大約亦與回國之華商無異。

(二)他國籍者。

禁例中聲明凡入加拿大英籍入墨西哥籍者。皆以華人論。如欲入美。一須遵從禁例。

(戊)堵截來路。　華人欲入美者。必有所自來之路。從此處堵之。正本清源簡易直捷其手段爲最辣。今列其方法如下。

(一)堵截船車。

(一)一八八四年改正禁例第二款云。凡船隻由外國港口來美。其船主若有意接載華工來美。或令或幫或准華工登岸。議監禁罰款。每帶一人罰款五百元或監禁一年。(惟或因避風駛入美港或順經美港以入他國之船隻。不在此例。)

(二)一九〇二年戶部所頒禁例第十九款云。火車若載有不合例之華人入美境。其罰例與船隻同。

(三)一八八四年禁例第八第十款云。凡船隻由外國港埠來美。其船未抵埔之先。船主要將所載華客名數及其護照所塡履歷。繳交稅務司。若船主有意抗犯此例。卽將其船充公歸爲美國管業

（二）堵截偷關。

一八八四年禁例第十一款云。凡人或有意或幫助或引帶不合例入美之華人由岸而入或由船而登美境者。議監禁罰款。每帶一人罰款一千元或監禁一年。

（己）過關虐詰　美政府定例。雖持有合式護照之華人到境。仍須盤問口供。屬實乃能過關。故種種苛待情狀。半由此而生。今舉其例。此等例非明著於公布之法律者惟親至其地能見之求諸法文無有也

（一）木屋監禁。

丙款第二項所列之十四口岸。皆各設有一木屋。其湫隘狠籍。甚於狴犴。凡華人到關者。無論合例不合例。一概先撥入此木屋候審。（大抵搭一二等客艙且經埠上有名望人保證者。僅可免木屋之辱）

（二）審問延遲。

已入木屋者。常或延遲至二三十日始行開審。

（三）審問違法。

（一）審問者非由司法官。不過任憑稅關委員之意。上下其手。

（二）審問時。無陪審人。亦不許旁聽。大反於文明國讞獄之通例。

（三）未審問以前。雖本人之父母親友。亦不許探問。待之虐於重囚。

（四）審問之口供。不許鈔錄宣布。（按）此其立心何在耶。故稅關員之若何搗鬼。雖通美國之法律家。無從知之。無從非難之。

（五）經關員批斷謂不合例者。本人若不服。欲翻案上控。必須仍經該關員之手。呈於工商部。惟上控只許一次。又批斷後經三日不上控者。以後卽無復上控之權利。

（四）用罪囚法量身。

此法所用名巴太連量身機器。乃法國人名巴太連者所創。現歐美各國獄中所通用以量囚徒者。蓋囚徒屢有逃獄之弊。故用此法先照其相全身半身正面背面左側面右側面。復以機器量其頭骨若干闊。眼耳鼻口之距離各若干。身長若干。手足長若干。肩與肘肘與腕股與膝膝與脛距離各若干。伸臂而量之復屈臂而量之。雙立而量之復亍立而量之。（其量時皆裸體）又指節趾節長若干。無一不纖悉登錄。所以使罪囚逃獄者。雖在千里外。猶無從漏網也。今華工來美者未嘗有罪。而辱之若囚徒。非徒蔑視我國家之尊榮。抑亦蹂躪人類之權利。美之野蠻舉動。至是而極。聞是而不髮指眦裂。泣數行下者。尙得爲有人心耶。（此例乃今年七月新例所定。現僅用之註册華工及假道華工。其甲款前六項所列之人等尙未受此虐待。）

（五）防疫苛禁。

若遇香港等處有疫症時。則所有華人。須到港外之瘟房。裸體用硫磺水薰浴。然每年防疫之月。殆及半數。行旅大苦之。

加拿大各屬。亦同此例。前張蔭桓賀英皇加冕時。一切參贊隨員。同受此辱。

（庚）暫入美境者之苛待。

(一)賽會人員。

從前芝加高賽會時。華人因緣以入境者不少。今値明年聖路易博覽會將開。故今年七月。特頒禁例如下。

(一)凡欲入美國賽會者。要將合例可信之憑據。遞交入口關員。內要表明得有賽會値理批准利權憑據或表明乃係得批准者雇用在會場宜用之工人。

(二)要將本人影相三紙呈關員。且遵從該員量度以爲證認。(此殆亦用巴太連機器)

(三)准入境後要直往會場。不得中途停止。在會場中要做入境時所認做之工藝

(四)賽會畢限三十日內要從直路卽回日前入口之關。搭最先開行之船。期速離美境。

(五)每人必具保單銀五百元。(美金)或由有責任之人。或由保單公司。具備交該入口處關員。(按)余初至華盛頓時。適値中國政府所派往聖路易預備賽會做工之人將到。該關員照例索每人五百元保單。我公使與外部交涉數次。請由公使作保。該關員仍多方駁詰。僅乃得許。嘻。公使之言。竟不如五百金之重耶。可嘆可憤。

(六)由關員派出差役若干。到賽會場。監守此等華人。以防逃走。

(二)假道人員。

華工假道美境往別國。本由光緒二十年和約所訂明。而美政府亦設防禁諸例如下。

(一)凡假道者。須將所買得直過美國所到之地或船紙或車紙。遞呈關員。

(二)凡假道者。或由本人。或由有責任之人。或由給彼船紙車紙之公司。具保單銀五百元。

(三)凡假道者。必須用巴太連機器量度身材。(非工人者不在此例)

(辛)雜例。

(一)冊紙。

凡現在居美國之華工。如未攜有一八八二年政府所給之冊紙。卽作爲偷關入境。查得者卽驅逐回籍。

(按)此例近一兩年內到處嚴行。派偵員查冊。備極騷擾。余在美數月。所見坐此撥出境者。無慮數百人。

(二)雜工。

凡非假道之華人。如船上所用水手廚役諸工。皆不得以保單登岸。

以上所列。雖或未能具備。然罣漏亦罕矣。此篇乃搜輯美國前後例案十數。通由中西文比較參考。分類列出者。排比校勘。頗費日力。讀者鑒之。

## (三)旅美華人人數統計

吾欲求四十年來旅美華人人數統計表。不能得其材料。僅舉一九零二年(卽去年)之統計。則

| | |
|---|---|
| 美國本部 | 九萬八千八百六十三人 |
| 檀香山 | 二萬五千七百六十七人 |
| 亞拉悉加(美國所屬海島以捕魚爲業者) | 三千一百一十六人 |
| 海陸軍所雇用者 | 三百〇四人 |

合　計　　十二萬八千〇六十人（菲律賓羣島在外）

以上册籍。或不免尙有罣漏。大率現今華人在美國本部者。當在十萬至十二萬內外。是爲確數。

訪諸華人故老之口碑。則當南北戰爭之時（一八六〇年）華人始有至者。及同治四年。而舊金山大埠華人。忽多至及萬。蓋同治二三年。洪秀全敗潰於金陵。其餘黨以海外爲逋逃藪云。故三合會之盛於美國。其原因亦頗在是。及同治七年。卽西曆一八六八年。美國公使巴靈龢與我續訂條約。其目的在於招工。許我民與白人享同等之權利。且有招工公司。在香港極力兜攬。自是來者日衆。至八九十等年間。每月來者約五六千。及光緒元二年間。僅舊金山一埠。已有七萬餘人。僅新寧一縣。已有十七萬人在美云。其時旅美華人總計當不下三十餘萬人。至光緒八年始議禁十年。而實行二十年而再禁。自此以往。日減一日矣。略舉其消長之數。則

| | |
|---|---|
| 咸豐末年（一八六〇年） | 初至極少數 |
| 同治四年（一八六五年） | 約萬人 |
| 光緒元年（一八七五年） | 約二十餘萬 |
| 光緒九年（一八八三年） | 約三十餘萬 |
| 光緒十九年（一八九三年） | 約二十餘萬 |
| 光緒廿九年（一九〇三年） | 約十餘萬 |

以是觀之。則當初禁時（光緒九年）有三十餘萬人。及禁例行之十年。至續禁時。（光緒十九年）減至二十餘萬。續禁行之十年。至現今第二次禁約將滿時。減至十萬餘人。大約禁例以後。每年減少一萬人之比例也。故

及今不議所以抵抗禁約更展限十年。則芒芒新大陸。無復我黃帝子孫一人之足跡。可斷言矣。

華人至美者。大率在太平洋沿岸諸省。愈東則愈少。今得西部諸省二十年來華人統計省別表錄如下。

| | （一八九〇年） | （一九〇〇年） |
|---|---|---|
| 加罅寬尼省 | 七萬二千四百七十二人 | 四萬五千七百五十三人 |
| 柯利根省 | 九千五百四十人 | 一萬零三百九十七人 |
| 華盛頓省 | 三千二百六十人 | 三千六百二十九人 |
| 汶天拿省 | 二千五百三十三人 | 一千七百三十九人 |
| 埃地荷省 | 二千〇〇七人 | 一千六百四十七人 |
| 彌巴達省 | 二千八百三十三人 | 一千三百五十二人 |
| 亞里孫拿省 | 一千一百七十人 | 一千四百一十九人 |
| 可羅辣陀省 | 一千三百九十八人 | 五百九十九人 |
| 新墨西哥省 | 三千六百十二人 | 三百四十一人 |
| 維明省 | 四百六十五人 | 四百六十一人 |
| 夭達省 | 八百〇六人 | 五百七十二人 |

由此觀之。以最近統計美國本部華人總數九萬八千八百六十三人中。而西部十一省居六萬七千九百二十九人。實爲全數三之二有奇。故西部之人。其對於華人嫉妒厭賤之念。更深一層。亦固其所。

## (四)美人排斥華人之論據

美國人相抵排之言洋洋盈耳。不可殫舉。今年紐約尊奴盧報有加孫氏所作一論題爲「禁逐華人之原理者」。凡臚列二十款。最爲詳備。頃耶路大學留學生張君煜全譯出原文寄登舊金山大埠文興報中。茲轉載之並略加案語如下。

華人應擯於美國外者有二十端。

(一)彼等來此非爲美國國民也。不過欲成一中國殖民地耳。

案此論未免太高視華人。若我同胞果有此思想則已非美人所能禁逐矣。

(二)彼等非因避苛虐政府而來美國。不過圖富足榮旋耳。

(三)彼等來美强半爲辦華工入口商會之產物。其居留之時。卽爲該商會之奴隸也。(譯者原案語云此殆專指辦客者而言)

案此論殆欲以激起國民使想及前此放奴問題。以爲斥逐之義憤也。其實此論不當。華人雖有以辦客爲生計者。但其客入境後。辦客者不復過問。所求者但其入口時之利耳。

(四)彼等不習美國之風俗。又不達美國道德之程度。

案此論誠當。但若此者。豈惟中國人。彼南歐諸國人豈其免此。

(五)彼國總人口之數。多於我國。如五六與一之比例。

(六)彼等中國儘有餘地可居。僅九十七人占一方里(英里)之地耳。若我紐約者。則每百二十六人占一方里矣．

案以中國全國統計．合滿蒙回藏而算之．其人口疏密之比例．固若是矣．若如東南沿海各省．其密率又豈讓紐約耶．至如美國之彌巴達省．每方里只合一人零六分者．又將何如．此不足爲論據也．

（七）彼等竭力而爲者．在得資財以寄返中國．四年半之間．由彼等寄出本國外者．實五千萬美金有奇．

案我政府而知此．則當思抵抗禁例之謀．不可以已矣．五千萬美金．當我一萬萬有奇．若往美路絕．國家從何處復得此一萬萬之流通泉幣耶．

（八）准華人移入之問題．加罅寬尼省亦嘗試驗矣．終不能有成效．當一八八五年政府調查委員之報告書．有云．唐人埠者．乃美利堅退化人類最繁生之藪也．

案華人之較白人退化．誠難爲諱．然謂加罅寬尼試驗無成效．試問不有華人．能有今日之加罅寬尼耶．況舊金山大埠．素稱爲美國下等社會之淵藪．其風俗之壞．不能專歸咎華人也．

（九）金山大埠唐人埠．歸官查閱之時．則有神廟十三所．堅守門戶之賭館百五十間．不秩序之屋（原案語云指妓館）百零五間．五萬之華人．其舉動固如此哉．

（十）屢試屢敗．而後證出華人萬不能敎以遵守潔淨之規也．初猶試之．乃屢試而屢敗．則其將來如何．可資確證矣．

案以上兩條．華人宜猛省．

（十一）以華人爲國民．其最下乎．當華人爲加罅寬尼省人數六分之一之時．其所納賦稅．僅四百分之一．

(十二)千八百八十五年。為華埠謀治安之費用一萬二千美金。過於所納賦稅多矣。

案此語若確。則彼之厭我也亦何足怪。

(十三)未有准華人入口。可以禁絕鴉片煙之害者。卽此一端。華人既當拒絕矣。

(十四)華人無論所操何業。輒減低工價與生計之程度。

案此實為華人致妒之最大根原。一切禁例皆起於是。雖然。彼年年自意大利、自澳洲、自愛爾蘭、自瑞典、來美之人。其工價低廉。亦與中國人不相上下。且或有更廉於我者。不妒彼而獨妒我也何居。

(十五)在華人衆多之埠。彼等卽不願與美國人同操工作。或且恐嚇之而使之畏懼。

案此在前者曾有與否不可知。今則斷無有。且於理勢亦不近也。

(十六)華人永不能受同化力。嘗有某證人對政府調查委員云。吾居加罅寬尼省三十年。未嘗見有一華人變革舊習者。

(十七)當一八七九年加罅寬尼省投票議禁華人之際。贊成者十五萬四千六百三十六票。反對者僅八百八十三票耳。

案此卽沙地黨得意時代也、今則沙地黨之無狀。誰不知之。

(十八)華人或可以破敗我民主國。如匈奴溫度兒人種之於羅馬帝國然。

案華人並選舉權而無之。由何道以破敗君家之民主國耶。公等不懼拉丁民族而懼我耶。誤矣。

(十九)以最守舊之華人而來最進步之美國。躐等甚矣。如華人必欲來此。可令其借徑俄羅斯奧大利日耳曼與英吉利先居以上之國最少一千年而後可來。
案此虐謔眞難堪矣我國民能忍受之否雖然華人雖極頑下不猶愈於黑種耶美人以平等正義自詡異爲放奴一舉爲其歷史上之光榮然則禁華人一舉不亦爲歷史上之汚點耶若果擧全國九百餘萬黑人悉依華人例放逐之則吾心服無異言矣。

(二十)凡人類最高之責任在能保存發達世界最高之物以美國人目點觀之莫有高於二十世紀之文化者其文化之根基則實學也商務也創製也民政主義也使我大開其門戶以招徠此四百二十兆之人彼固鄙惡我文明者也是豈不因我解釋大難題於將來而可以敗我二千年來貴重之物乎譯者案語云悉照英文直譯

以上所譯美國反對黨對於我華人之感情可見一斑矣大抵禁例之來起於美國人之强權者半起於吾國人之自招者亦半其美國之部分由於相妒者半由於相厭者亦半其中國人之部分由於政府漠視者半由於僑民不自愛者亦半詩曰他山之石可以攻錯我同胞亦宜鑒於仇我者之言而一自省焉有則改之無則加勉不然日日怨美人責政府猶無當耳

雖然美國輿論除工黨外其持華人不可禁之說者亦不少今年上議院之禁例問題委員長摩頓氏嘗揚言於國會云『近者太平洋沿岸諸省利源日闢需用勞傭亦日多然所以致此之由實前此藉華人之力有以啓闢之其功決不可沒』云云此亦可見公論之尙在人心也

近年來西部諸省對於日本人之嫉妒亦囂囂盈耳然以日本政府强有力之故其議案卒不敢提出於國會嗚呼人生世上勢位富厚顧可以忽乎哉

## (五)華人對於禁約之運動

十年續禁之期瞬又將滿故旅美商民咸汲汲研究此問題九月間集議於舊金山中華會館者數次欲瀝訴苦況以求政府官吏之助力遂共陳意見爲一公稟今將其稟稿全文錄下

具稟人旅居美國商民等稟爲美國禁約將次期滿懇請籌策抵制力爭以全 國體而順輿情挽利權而培邦本事竊商民等僑居海外遠沐 國恩身雖居於重瀛心常縈於故國孳孳勤動於茲有年惟美國自光緒十年卽西曆一千八百八十四年與中國訂定禁工之約訂以十年期滿迨光緒二十年卽西曆一千八百九十四年復再展限其約以西曆二月十一日在美京簽押以西曆十一月七日互換實行聲明再以十年爲期如有不滿意當由滿期前六個月先行知會等因計此二十年來美政府所頒苛例日新月異法如牛毛僑民之困莫可名狀此中隱況想久在 賢明洞鑒之中現察美國政府之意嚮民間之輿論一若中國政府必默許此約之繼續無俟再更者續頒苛章方日出而未有已商民等竊計 朝廷關心民瘼軫念僑氓斷無漠焉不校之理諒既早經擘畫具有權衡 碩謨宏遠固非商民等所能仰窺外交謹嚴尤非商民等所容參議特以事中之甘苦每身受者言之較詳彼族之情形亦習處者能窺其隱況 聖世每採輿人之誦河岱不辭涓壤之微是用不揣疏逖謹集衆議試籌挽救之策爲我 王爺 中堂大人陳之竊查美國禁工之議本起於西方加罅寬尼省之沙地黨不過一無賴市儈欲煽惑愚民以徼權利一唱百和吠影吠聲舉國若狂每下愈況彼美國者民政之國也上自總統政府下及各省庶僚必順民情乃獲選舉以故工黨之勢愈横則禁約之

立愈密雖然禁華工之議持之最力者西方一二省而東方諸省未甚以爲意也妬我最深者爲下等工人而官吏紳商殊不與同情也即以工人而論其眞正美產者尙不肯太爲已甚其最叫囂强暴無禮者大率從歐洲新來入籍之意大利人猶太人德意志人耳彼等驟入膏腴之新地分茲餘潤而其作苦及其技巧皆不逮我華人故因劣生忌因忌生淩禍源之起皆由彼輩試問彼輩之專橫於上流殷實之人果有利乎彼輩以聯盟挾制爲不二法門日索增其工價日索減其時刻稍有不遂立刻罷工全國紳商病之久矣幸有華人不隨波逐易就範圍故紳商之歡迎華工非特昔日惟然即至今未或有改也而國中立法行政諸人皆所謂上等紳商者乃竟甘舍其所利而就其所害何也則以工黨之勢頗大國中兩大政黨恆視其所加以爲輕重緣其所附以爲升沉故無或有一黨焉敢大拂其意且相率以仇視華人爲取悅彼輩之一法門爲擁護黨勢之一捷徑此即禁約之所由來也夫彼所藉爲口實以禁華工者豈不曰奪美工之業乎哉然意大利人及其他拉丁民族之人歲入美國者殆八十萬彼工黨何以不憂彼之奪而顧日尋瘢索垢於區區歲進不滿千百之華人則以彼等入境後旋即入籍入籍後即有選舉權而爲工黨傅翼故耳知此病源則我國所以乘閒抵隙以圖補救者殆亦非無道矣其道云何則利用其上等紳商使爲我助而已或曰彼紳商昔既受制於工黨不惜就其所害而助彼以禁我今昔等耳而何從易之此又不然夫工黨雖橫而國中兩大政黨固非事事仰其鼻息聽其指揮也時或出全力以制之苟遇重大事件而兩政黨各出全力以制工黨工黨終非兩政黨之敵也顧其於他事則制之而於華工之事獨順之者何也我國既不與力爭然則有華工焉不過其一人一公司稍覺便利禁之則稍損焉爾而於大局無害也故彼中政治家不惜以此區區權利讓諸工黨而借以買其歡心。

苟中國非挾持一物牽動其全國之休戚者則無以轉移其輿論於此而欲彼兩政黨中有一袒我者而必不可得何也甲黨一袒我而乙黨將乘其隙挾工黨以掩襲之也然則所謂牽動其全國休戚之一物維何以商民之愚竊謂關稅問題可以當之矣夫關稅問題我國向來不甚以爲意而各國動斷斷而爭之者蓋主國藉此以保護本國之工業而使利不外流客國藉此以推廣工業於他國而使利可龍斷也今美國已由農國而進爲工商國有旭日初升之勢其工商業能制勝地球與否全視其能推廣於中國與否故中美關稅問題美國一國休戚所由繫也夫今日之中國殆非與美國爭稅則之時也雖然或可借此以爲弛禁約之地步焉商民等之愚竊謂莫如趁此與美國定通商新約之時將禁約併爲一談由我外務部先行提議謂十年期滿請廢斯約彼政府必仍前十年之議謂華工多來有妨民業有害治安固也吾亦可反唇以稽之曰貴國既絕我民海外謀生之路貴國作俑各國效尤我民相率株困不得不圖擴張工業於本國以圖自存如是則我國必當爲保護關稅之策以蘇民困夫條約者必兩利而後可久者也貴國既大拂我損我以求自利則我亦宜求一保護我利我者以相償貴國可獨行其志以禁工我國亦可獨行吾志以加稅各爲內治計不能相難也如此則美國之輿論必大譁囂而禁約之轉機必伏於是此所謂圍魏救趙之謀也夫關稅輕故美貨賤美貨賤故多銷於中國美貨多銷於中國故土貨滯土貨滯故吾民失業失業故貧貧故求餬口於外然則今既禁我而我加關稅爲補救理之至順者也美廷不能難我者一也藉曰華工奪美工乎則歐洲各國貧民歲至者以數十萬何以彼不奪而惟我爲奪且更何以解於日本人之源源而至也美廷不能難我者二也論者或曰以吾今日國勢之弱他國不有挾以要求我亦云幸矣我安能復有挾以要求人萬一以此再傷邦交禍將不測

矣。夫國威未張。則外交無一事不棘手。此中曲折。雖商民等之愚。亦能窺見一二。　朝廷愼重邦交之苦心。早已爲薄海所共諒。雖然。商民等竊聞弱國之待强國。非徒以順從而能買其歡也。時亦以强立而能起其敬。子產有言。國不競亦陵。何國之爲。以鄭之弱。而時能左右晉楚。亦視其所以利用之者何如耳。夫關稅內治也。各國常以此爲抵制權利之衡樞。此近今數見不鮮之通例。亦彼中政治家所習聞也。歐洲列國。其弱小於我什伯倍者何限。未聞懾於他人之强。而於此事不敢提議也。英國之屬地。疇昔且以施諸母國矣。豈其中國而獨憚之。且今日之美國。昌言以保東亞平和自任。其斷不至因此以傷我邦交。又昭昭明甚矣。然商民等之獻此議。抑非謂欲以我政府之提議。而抵制彼政府也。實欲以我政府之提議。而使彼政府及上等紳商有所以藉口以抵制工黨人。以商民等考之。東方諸省之紳商。其本心實袒禁華工之議者。百不得一焉。卽西方一二省。素以仇視華人著名。而其紳商之袒此者。亦十不得一焉。若夫上下議院之議員。卽以是爲比例。至如輪船公司鐵路公司。亦一國之最有力者也。而其袒華人則明目張胆矣。凡此皆我　欽憲　領憲所熟知而無異言者也。而彼尸立法行政之職者。往往作違心論何也。我國旣無所要求。而彼忽袒我。則工黨集矢。無辭以自解免。而誰肯爲之。我若堅持關稅問題。則紳商有辭矣。曰是一國利害所關也。此議旣發自紳商。則兩大政黨皆共之。工黨不能藉詞以獨傾一黨。是可望決勝之道也。蓋自禁工以來。彼紳商受種種損失。厭之已久。商民等間與彼輩交接。往往相語曰。貴政府殆已默許此約之永行乎。窺其意若深爲中國惜者。又若欲援手而無從著力者。歎惋之聲。溢於言表。比比然矣。故商民等以爲我　外務部果有所挾以求。則美國人挺全力以相助者。必接踵起。無可疑也。若能一面提議。一面特派名望素著。且嫻習西語諳練美例之人。遊歷全美。到處演說。

陰相聯絡。則力更倍蓰。而事立就矣。凡此所陳一得之見。未必有當。或久爲賢明所洞知。無俟喋陳。位卑言高。自知其罪。但獻曝之誠不敢自外。抑亦切膚之病難已於言。觸犯　威嚴。敢求　憫鑒。抑商民等更欲有言者。自互市以來。漏卮日甚一日。近年出入口貨不相抵者。歲且四五千萬。似此朘削。何以克堪。夫商務之尾閭既已若此。而民間彫敝尚未至遠甚於前者。賴有海外華僑取諸彼者稍足以相償也。僑美人數不過十萬餘。而每年匯歸本國之工銀。尚可及千五百萬。其辦華貨入美口者。所值亦將千萬。若華工絕跡於美國。則華商亦不能自存。彼之千五百萬既喪。而此之千萬者亦隨減。是流通國中之泉幣歲缺二千五百萬矣。溯光緒八九年間。旅美華人三十餘萬。迨禁約行後。至光緒十八九年間。銳減至二十萬。今光緒二十九年。餘十萬人耳。以此比例推之。苟禁約不廢。則十年以後。全美國無一華人足跡。有斷然矣。況美例既行。各國紛紛效尤。前年澳洲既已禁絕。近則英屬加拿大加抽入口人頭稅至美金五百元。明年西曆正月一日實行此例之後。加拿大之路斷矣。雖以墨西哥新闢之地。數年前殷殷求立約招華工。近且效尤翩反。而古巴檀香山菲律賓皆同美例。苛章日施。率此以往。則茫茫大地。竟無復我華人託足之區。數年以後。諸路皆絕。則我國每年損失殆不下五六千萬。夫一國通寶而驟減於今日五六千萬。民生之彫敝尚可問耶。況入口貨之率年增一年。數歲以後。漏卮必又倍蓰於今日。加以償款本息每年攤派。是歲輦一百兆以上之金錢。瀉洩於外國。國力幾何。何以堪此。民苟非窮。必不肯餬口於四方。餬口路絕。勢不得不還歸於本國。當彫敝之際。而復增百數十萬失業之民。麕聚於一隅。不餓莩卽盜賊耳。此又不徒爲商民等一人一家之近憂。抑亦一國之隱患也。故商民等以爲此事所關。似小實大。雖　朝廷稍費周折。猶當爲之。失今不圖。禁限再展十年。大局已不可問。爲此不避僭越。竭

盡其愚忱惟　王爺　中堂大人公忠體國視民如傷碩畫嘉謨當更有進商民等生長市廛不學無術區區芻蕘何足以瀆　清聽獨是上念　宗社下撫身家急切屛營罔知所措是以連合全美百餘埠僑民公同商議計惟有直抒所見以呼籲於　賢父母之前冀　垂哀憐　俯加采擇除專稟　欽憲外理合具稟瀝陳商民等壹得之見是否有當伏乞　王爺　中堂大人鈞鑒謹稟

於正稟之外更有附片一通條陳必須駁之苛例十八條所謂不得已而思其次也今並錄之

再稟者議約之際若能藉　國家之威稜當軸之碩畫竟廢全約聿奏膚功此所謂如天之福也但近今外交之難辦商民等亦略知一二豈敢好爲大言不求實際或不得已而思其次則禁約雖不克全廢亦當有所要挾廢其續增條例之已甚者以爭回權利於萬一謹再將鄙見爲我　王爺中堂大人瀆陳之

(一)禁例本起自美國迨檀香山菲律賓改隸美版相繼照辦華僑益困無路可行今縱不能逕廢全約則檀菲兩島必須力爭以期豁免夫檀島以糖業爲出產最大宗自禁華工以來糖商大窘財政日絀此檀人所同病也菲律賓士人難用美國新經營此區非有華工不能得力此又美國報紙所常論及也況美國本境白人居多華工分彼工之利故工黨持之最堅若夫檀香山所爭者則日本人之工耳菲律賓所爭者則該士人之工耳本於美國工黨無甚大關係其所以仍禁我者不過以是爲國例所在云爾故若吾國以此等實情指明抗辯持之稍堅美廷必讓步無疑矣

(一)美國禁例本爲工人而設然則凡非工人皆在例外明矣查光緒二十年條約第三條內載除官吏商家教習遊學遊歷各人員皆許入境云云夫此五種以外之人其非傭工者尙多多也約僅禁工乃幷此而禁之

其悖戾於論理莫大焉。推原立約之始。美國作此含糊字面。實以爲藉口舞弊之地也。商民等以爲若能徑廢全約最善也。就令不能。亦宜與之斷定界限。凡工人之外。一切不禁。所謂工人。亦須指明某項某項資格。如鐵路坭工洗衣工洋廚工等數項。作爲工人。凡在此外者。即以非工論。庶幾界線分明。不至礙及他色人等。

(一)美廷禁例。日新不可思議。其意非徒欲將未來者拒之不使來也。實欲將已來者驅之使盡去。彼見夫通商有約。凡爲商者不能拒絕也。於是乎務縮窄商字之範圍。自光緒廿四年以後。而開酒食館者。謂爲非商矣。迨至今年。而開捲煙廠織帶廠縫衣廠者。皆欲謂爲非商矣。以前此等諸商。可以不取冊紙。可以取商照來往華美。今乃强辭厲禁。冤抑孰甚。夫酒食館裝修之費。動數萬元。中西紳商往來。入口貨物。充斥稅關。歷歷可稽。至如華人所開捲煙廠縫衣廠。其大者每歲向西店購買煙葉絨布等類。以爲原料。所值動以百萬計。此而猶謂爲非商。則商之名義。謂何矣。充此類也。則華人雖集千數百萬之公司來美。開大機器廠。謂之非商焉可也。此實强詞奪理之甚矣。其故皆由條約中語句不分明。未嘗云於工之外不禁。而馴至於彼五等人以外皆禁故也。故劃清界限爲議此約第一義。酒食館爲東方大利源所在。捲煙織帶縫衣諸廠爲西方大利源所在。應請實力保護。庶安僑氓。

(一)條約中載明。凡合例來美者。經地方官吏發給文憑。由該處美國領事簽名蓋戳。即可入境。乃近年以來。美國屢設苛禁。多方留難。在各稅關建設木屋。凡華人到者。無論持何種文憑。皆須拘禁屋中。遲至一月半月。方始提審。審時若供詞稍有牴牾。便撥回原籍。似此苛制。實出情理之外。夫領事者。政府之代表人也。美領事既已簽名蓋印。則是已認此人爲合例。是不啻美政府之認此人爲合例矣。然則其人持照抵境時。只須辨認領事之名及印之眞贋焉可耳。苟非贋矣。則其人雖不合例。亦非其人之咎。實美領事之咎。亦不啻美政府之咎也。此而留難。孰謂合情。應請我國政府與美廷申定前約。再加切實。凡華民來美。其在本國出口者。經地方官發給文憑。美領事簽名。其在別國屬地出口者。經該處華民政務司發給文憑。美國領事簽名。則到境時驗照屬實。卽便放行。無得留難。稅關木屋。制同犴狴。玷辱　國體。莫此爲甚。應請力爭。務求撤去。卽有疑竇。或須審問。只得取保上岸。隨時到案。

(一)條約原文。凡已居美國之華人。可以隨時來往華美。惟須由關吏給以憑據。爲復來時登岸之證。乃近年以來。亦復多方留難。當領憑之時。動須候三四十日始回覆准否。持據復來。仍拘木屋中待訊。費時誤事。其害實深。應請申明前約。凡有在美境領憑者。務須立卽給與。如光緒八年所出鷹紙一樣。俾隨時出口。其持此憑復來美者。不論從何處稅關登岸。皆要准入。不得阻延至二十四點鐘以外。又該華民回國。不拘久暫。但持有此據。卽能隨時任意回美。

(一)歷次條約。皆聲明已居美境之人。美國一律保護。與最優待之國同例。乃近年以來。復有查册之例。溯原此例之起。所藉以爲口實者。因光緒十九年　前欽憲楊許其以前入境之工人一律註册。此後無册者。卽撥回原籍。開此厲階。至今爲梗。近一二年。因無册之故。押令出境者。每月以百數計。致使我民騷擾。驚皇岌岌顧影。病民之政。莫此爲甚。夫當註册之時。其例必須註者。不過工人耳。則其餘非工者。自應無册也明甚。而美吏尋瘢索垢。無論工與非工。動輒逮捕。況工人之册。亦容有遺漏。遺漏之後。則雖合例。而亦不准居矣。甚至本年八月間。使署參贊瀛車途中。亦以査册爲名。橫遭盤詰。其辱我　國體。孰甚焉。查美廷所以嚴設此例之意。殆以爲我華人時有不合例而私逸入境者故爲此以相驅除也夫立約只禁其來既來之則安之若有偷漏攔入是不過該關吏之不愼耳只當自咎而烏可以波及無辜之人平等優待之謂何矣此例爲現在華僑人人切膚之痛懇乞持理力爭務求劃除不然不及數年全美華民將盡驅以去矣

(一)華民有從美國假道往別國屬地者或往英屬加拿大或往墨西哥或往哥林比亞或往西印度羣島或往祕魯或往智利皆以美國爲孔道勢不得不經過其間或搭火車或候火船總須踏入美境但其人所往既非美屬則必當准其來往無得阻留美員亦無權可以審問之昭昭然也乃近年種種盤詰干預甚或以供詞一言之誤强撥回籍其損吾民身體自由之權利實甚應請與美廷訂約凡有此弊竇致我民失時損財許向美政府要求賠償損害之費

(一)近年又往往以傳染病爲詞雖合例亦不准登岸其甚者如本年七月間有學生江某由北洋大學堂卒業持有合例遊學護照乃竟謂有眼疾恐致傳染强撥回華夫眼疾傳染誠前古所未聞也似此上下其手非特條約所無抑亦例案所未有推此以往則雖　朝廷官憲前來苟欲拒絶何患無辭蓋近來苛例類此者更僕難數此不過其一端耳推原其朔實由光緒六年十月十五日北京條約許美國有隨時限制華工之權所以日出日新而我無以爲難懇乞將前約修改凡此等語句務請刪除淨盡卽云禁也亦當有一定之法律範致朝令暮改使我民迷惑無所適從

以上八條皆所謂不得已而思其次者也縱不能逕廢全約苟爭得此數事者亦可稍爲補苴以得所慰藉苟王爺　中堂大人始終堅持以商民等度之事未有不濟者也若更不得已而再思其次焉則猶有數條萬不

可以不爭者。且如入口時審問之例必不能免也。則外國審問罪囚。猶有定例。有律師以爲之抗辯焉。有陪審員以爲之判證焉。乃現在美國關員。盤問入境華人之口供。不許一人在旁知狀。苟非最野蠻之國。其訟庭未有若此者也。應請凡遇此等案。必須許我　使署領署人員臨場聽審。許聘律師代辯。此萬不能不爭者一也。又近例華民到埠。其父母妻子親朋到船探問。一概不准。據美國刑律。雖罪犯極等。猶許親友入獄問訊。華人何辜。而待之苛於死囚。曾是公理而若茲耶。此萬不能不爭者二也。又西例審案。凡有被屈不服者。例得上控。求再審。今華人入口之案。除持美國土生護照外。其餘各種人一經寃屈批駁。即便撥回。不准上控。不公實甚。此萬不能不駁者三也。且如查冊之例。終不能免也。則萬不得已。亦宜將現在所有工人重新再給冊一次。以後無冊者。乃作爲違例。不然。前此失去冊紙之人。既有許多。濫肆逮捕。何太强暴也。此萬不能不爭者四也。雖然。此舉不過暫救一時。而貽患於後日者方長。苟能稍進。似斷不應行此下策。又光緒八年。美國初行禁例之時。每工人發照一張。名爲鷹紙。許其持此復能返美。此種紙連發至光緒十二年。乃忽戛然而止。計前後所發凡萬餘張。及十二年五月。有工人五百餘持此紙來。稅關不認。强撥回國。以一國政府而失信如此。豈謂合情。應請持理與辯。凡前此鷹紙。務准復來。此萬不能不爭者五也。又近日美國新例。雖持合例護照以入境。其入境之時。關員即將其護照留下。不再給與。然則其人甫離岸數武。萬一有陰狩之者。指爲無冊。縶之而去。彼人無憑據以自明也。此係最新之例。行之不過兩月餘耳。其所以設此例之故。立心殆不可問。此萬不能不爭者六也。又今年新例。凡入口之華人。由關員特設量身機器。將其人全身骨節之長短。乃至耳目口鼻肘指膝脛之距離。一一度之。此種機器。乃法國所創。今日歐美諸國專用之於獄中。以防囚徒逃逸者也。今吾民之來美。

爲經商也。爲作工也非罪人也。烏得以此而汚衊我。此萬不能不爭者七也。又如學生。或屬寒士。不能全備學費往往於晨間晚間。或暑假之時傭工以自給。此其志之可嘉亦甚矣。漢之丁寬明之王艮爲世大儒皆從此起。日本學生在美者數百人其且傭且學者十而七八。卽美國學生類此者亦十五六。斯亦可謂天下之達例矣。而美廷於中國學生。或有持遊學護照前來。不得已借此以自給者。則從而逮之曰是工人也。其冤孰甚。夫中國今日亟思變法。而苦乏才。則遊學歐美之人愈多愈妙。無待言矣。官派既難於籌費。私家又每多寒士。得此一途。庶可補助於萬一。若復塞之。是杜絕全國之生機也。應請訂明凡有我國學生。經在某校肄業者。雖其晨暮及暑假時爲人傭工。不得以工人論。此萬不能不爭者八也。又男女居室人之大倫。査美國現例。惟商人許攜妻來住。其餘工人一概不准。夫既在美國之工人。美已準其居住。則何能使其夫婦離羣。號稱文明之國。似不應爾。此萬不能不爭者九也。又華商店鋪中皆應有管庫買賣手等種種職員。此等人不能以工人論。今美例凡此等人皆入禁中。然則一鋪店中僅有店東一人。遂足乎。如此禁法。實何異制華商之死命也。此萬不能不爭者十也。以上所陳。略舉大概。自餘煩苛苦擾之情形。雖更數僕難悉數焉。要而論之。苟能力持全廢禁約之一大事。則前此之八端。不爭而自除。卽不得已而能爭前此之八端。則後此之十事。亦不解而自破。若他不能得而惟於茲區區小節相辨難焉。是孟子所謂放飯流歠而問無齒決也。卽能得之。亦百步與五十步耳。雖然。今日外交艱難。商民等具有天良。亦豈敢過於求備。誠恐我　賢父母於僑民困苦之狀。雖哀之而未能盡得其情。萬一所求廢約之一大事。稍有所窒礙。而不能行。更思小小補苴以蘇民困於一二。而又不知實情。無從按條批駁。則憾莫甚焉。是以不辭冗沓。縷述下情。伏惟　王爺　中堂　大人哀憐焉而一援手之僑民幸甚。大局幸甚。抑商民等更有一言。竊聞天下事理。求其上者僅得其中。求其中者必得其下。故今日之約非從大處落脈。不足以收功。就令僅欲補苴一二。似仍當以徑廢全約提議。搓磨之極。雖極不得手。猶足以爭回種種之權利。況美國上等紳商有可以利用之道。而廢約之事實非空懸奢望者耶。此則　王爺　中堂大人自有權衡。無俟商民等再爲詞費者矣。商民等焦灼下情。干瀆　淸聽。伏惟　鈞鑒。謹附片陳明。旅居美國商民再稟

此稟稿由美屬百數十埠十餘萬人聯名上遞。凡所遞者七處。

一外務部

二商務部

三駐美京梁公使誠

四上海議商約大臣

五前任駐美公使伍侍郎廷芳

六兩湖總督張制軍之洞

七兩廣總督岑制軍春煊

若當道者果能一省。則此事未必不可挽救於萬一。但斯區區一紙。果足以動袞袞諸公之垂顧否耶。則非吾之所敢言矣。

檀香山新中國報總撰述陳君儀侃。建議謂不可仰鼻息於政府。惟我民以自力抵制之。其論尤爲痛快直捷。今

節錄如下。（全文曾登新民叢報第三十八九號合本中故不全錄）

（前略）今之所謂駁例者吾知之矣。彼其意以爲禁約受虧。故苛例百出。今縱未能盡除。宜去其太甚者。而存其稍輕者。慰情聊勝於無。卽鄙人之初意。亦若是已矣。然條約中所謂以最優之國相待。固久矣視爲隨例之文章。而別見於他款者。則又孑孑矛盾。大相逕庭。然則此等條約。無勢力以護持之。則有約與無約等耳。卽幸而駁除淘汰略盡。而以自爲刀俎之美人。而視我魚肉之中國。不旋踵而別出一途以相難。其事愈酷。其毒亦愈甚。我華人又將何以處此。矧無理可言。今日之花旗人。有理不能言。今日之中國人。其必不能得志者乎。駁例者固極天下之有心人也。而皆知吾國之弱。不能遽然廢約。遷就其詞。而曰駁之云爾。庸詎知惟國弱之故。則愈不能駁。且無所用其駁。遷就其詞者。盍反而思之。然則今日聽此約之續行乎。曰烏乎可。我有國民。而我自禁其出境。如今日之日本政府。所謂權自我操也。我不自禁。而人禁我。且組織慘毒之例法以禁我。主權何在。國體何在。有心人所爲痛哭而流涕也。藉曰華人不知主權。不爭國體。惟試問禁例已行以來。華僑之財產失喪者幾何。華人之生命傷害者幾何。工黨鼓其無滋他族滅此朝食之蠻氣。無端而寸地可之警告來。無端而望淺拿之惡耗至。無端而查册。無端而毒打。紛紛擾擾。倉倉皇皇。昨日今朝。眼內心頭。亦既飽嘗之而飫聞之矣。禁約何物。此而續行。又何事不可行。

吾今正言以告我華僑同胞曰。禁例不能廢而必廢之。廢之之道將奈何。曰抵制之。夫美國强國也。中國弱國也。船不堅。砲不利。何從而抵制。曰美人之禁華人也。亦以其敢爲而已矣。太平洋之海軍未調。鋼快砲之準頭未施。以一紙空文。而百數十萬之華旅將死。而二十行省之政府被縛。外交受其害。生計蒙其災。則亦曰敢爲之而已矣。然則我行我法。則此抵制之術。爲今日獨一無二之法門。抵制之術奈何。曰辦貨者不辦美人之貨。用物者不用美人之物。爲辦此抵制之術之絕妙宗旨。而傭力於碼頭者。惟美貨則不起。買賣於市上者。於美貨則有禁。爲辦此抵制之術之絕妙政策。（下略）

此論誠簡易直捷之一法門也。雖然。今者吾政府之力固薄弱。而吾民間之力之散渙。亦與之相埒。然則此策遂果能實行乎。吾不能無疑。聞檀香山華人已派陳君往美遊說聯合。並派人歸國運動云。此事若成。亦國民對外思想發達之一先聲矣。

# 附錄二　夏威夷遊記（舊題汗漫錄又名半九十錄）己亥

余鄉人也。於赤縣神州有當秦漢之交。屹然獨立羣雄之表數十年。用其地與其人稱蠻夷大長。留英雄之名譽於歷史上之一省。於其省也有當宋元之交。我黃帝子孫與北狄賤種血戰不勝。君臣殉國。自沈於崖山。留悲憤之紀念於歷史上之一縣。是卽余之故鄉也。余自先世數百年棲於山谷。族之伯叔兄弟且耕且讀。不問世事。如桃源中人。余生九年乃始遊他縣。生十七年乃始遊他省。猶了了然無大志。夢夢然不知有天下事。余蓋完全無缺不帶雜質之鄉人也。曾幾何時。爲十九世紀世界大風潮之勢力所簸盪所衝激所驅遣。乃使我不得不爲國人焉。浸假將使我不得不爲世界人焉。是豈十年前熊子谷（熊子谷吾鄉名也）中一童子所及料也。雖然。既生於此國。義固不可不爲國人。既生於世界。義固不可不爲世界人。夫寧可逃耶。寧可避耶。又豈惟無可逃無可避而已。既有責任。則當知之。既知責任。則當行之。爲國人爲世界人。蓋其難哉。夫既難矣。又無可避矣。然則如何。曰學之而已矣。於是去年九月。以國事東渡。居於亞洲創行立憲政體之第一先進國。是爲生平遊他國之始。今年十一月。乃航太平洋。將適全地球創行共和政體之第一先進國。是爲生平遊他洲之始。於是生二十七年矣。乃於今始學爲國人。學爲世界人。曾子曰。任重而道遠。吾今者上於學爲人之途。殆亦如今日欲遊阿美利加而始發軔於橫濱也。天地悠矣。前途遼矣。行百里者半九十。敢不懼歟。敢不念歟。昔賢旅行。皆有日記。因效其體。每日所見所聞所行所感。夕則記之。名曰汗漫錄。又名曰半九十錄。以之自證。且貽同志云。其詞蕪。其事雜。日記之體宜然也。光緒二十五年己亥十一月十八日。

(天)

西曆十二月十九日即中曆十一月十七日（以後所記皆用西曆）始發東京昔人詩曰客舍并州已十霜歸心日日憶咸陽無端更渡桑乾水卻望并州是故鄉吾於日本眞有第二個故鄉之感蓋故鄉云者不必其生長之地爲然耳生長之地所以爲故鄉者何以其於己身有密切之關係有許多之習慣印於腦中欲忘而不能忘者也然則凡地之於己身有密切之關係有許多之習慣印於腦中欲忘而不能忘者皆可作故鄉觀也吾自中日戰事以來即爲浪遊甲午二月如京師十月歸廣東乙未二月復如京師出山海關丙申二月南下居上海十月遊杭州十二月適武昌丁酉二月復還上海十月入長沙戊戌二月復如京師八月遂竄於日本九月初二日到東京以至於今凡居東京者四百四十日自浪遊以來淹滯一地之時日未有若此之長者也此四百四十日中師友弟子眷屬來相見者前後共五十六人至今同居朝夕促膝者尚三十餘人日本人訂交形神俱親誼等骨肉者數人其餘隸友籍者數十橫濱諸商同志相親愛者亦數十人其少年子弟來及門者以十數其經手所辦之事曰清議報曰高等學校此外有關係之事尚數端倡而未成成而未完備者亦數端又自居東以來廣搜日本書而讀之若行山陰道上應接不暇腦質爲之改易思想言論與前者若出兩人每日閱日本報紙於日本政界學界之事相習相忘幾於如己國然蓋吾之於日本眞所謂有密切之關係有許多之習慣印於腦中欲忘而不能忘者在也吾友葉湘南以去年十月東來今年七月一歸國十月復來語余曰鄉居三月殆如客中惟日日念日本如思家然湘南且然況於余哉孔子去魯遲遲吾行去齊接淅而行孟子之去齊則三宿而後出晝亦因其交情之深淺而異耳吾之遊美期以六月今背秋涉冬始能成行濡滯之誚固知不免愛根未斷我勞如何是夕大同學校幹事諸君餞之於校中高等學校發起人諸君餞之於千歲樓席散與同學諸君作竟夕談於清

議報館。

或問曰：子中國人也，作日記而以西曆紀日，毋乃無愛國心乎。答之曰：不然。凡事物之設記號，皆所以便人耳。記號之種類不一，如時月日度量衡之類皆是也。乃至於語言文字，亦記號之繁而大者耳。記號既主於便人，則必以畫一爲貴。孔子大同之學，必汲汲於協時月正日同律度量衡是也。(吾昔有紀年公理一篇論此義)當各人羣未交通之時，各因其習慣而各設記號，此是一定之理。及其既交通之後，則必當畫一之。不然，有十羣於此，則一事物有十記號；有百羣於此，則一事物有百記號。如是，恐人類之腦筋將專用之於記此記號而猶且不給矣。然則畫一之不可以已，無待言。雖然，此羣彼羣，各尊其所習慣，將一於誰氏乎。曰：是有兩義。一曰强習俗以就學理，以公議比較其合於公理最簡易者而用之是也。一曰强少人以就多人，因其已行之最廣者而用之是也。既知此義，則無論何羣之人，皆不可無舍己從人之識量，夫然後可引其綫以至於大同也。且亦使各羣之人皆留其有用之腦筋以施之它事也。如彼太陽曆者，行之於世界既最廣，按之於學理亦極密。故吾不惜舍己以用之。且吾今所遊者，乃行用西曆之地，吾若每日必對繙中曆乃錄日記，雖此些少之腦筋，吾亦愛惜之也。抑所謂愛國云者，在實事不在虛文。吾國士大夫之病，惟爭體面，日日盤旋於外形；其國家之實利實權，則盡以予人而不惜；惟於毫無關輕重之形式與記號，則出死力以爭之，是焉得爲愛國矣乎。吾則反是。

二十日正午，乘香港丸發橫濱。同人送之於江干者數十人，送之於舟中者十餘人，珍重而別。午後一點，舟遂展輪。

二十一日。風浪漸惡。船搖胃翻。偃臥一牀。蜷伏不敢動。經一日。大覺其苦。因自思我去年本九死之人。脫虎口者幸耳。若就法場時。其苦較今日何如。卽不爾。在縲絏中。坐臥一漆室。與蟣蝨爲伍。其苦又較今日何如。乃强起行船面。然遂苦吐。終蜷伏將息之。

是夕嚮晦卽睡。沈沈然至明日午飯時乃醒。償數日前之睡渴也。其夜風大作。船簸蕩如箕。上下以百尺計。然竟不知之。毫不覺其苦也。因觸悟三界惟心之眞理。蓋暈船者非船之能暈人。人之自暈也。六祖曰。非風動。非旛動。仁者心自動。因此可以見道。

二十二日。風益惡。濤聲打船如巨礮雷。浪花如雪山脈千百起伏。激水達桅杪。船如鑽行海心者然。忽焉窗戶玻片。爲衝浪擊碎。水噴射入數斗。牀氈衣服書籍俱溼。强起啓篋易服遷他室。暈濾不可支。舟人以木板徧護窗外。室中白晝然電燈者兩日。

嚮晦。船忽停輪。盤旋良久。詢之。則舟中服役一日本人。爲浪所捲落於海也。汨浴於海面者。殆兩刻之久。然遂不能救。聞之驚惋久之。嗚呼。古人曰。死生有命。諒哉。苟其不死。雖日日投身於硝烟彈雨之中。不死自若也。苟其死也。則何地無巖牆。何日無虎疫。又豈獨今之一舟子哉。死而可避。則此生存競爭之劇場中。無薾足而立之隙地矣。其以避而不死者。必其未至死期。未得死所者也。然則直多此一避耳。觀於此。使人冒險之精神。勃然而生。

其明日船員爲死事者募恤孤之金。附者咸有所贈。余亦贈十金。

二十三日。風如故法。既已安之。能飲食行坐。無大苦。因思人聰明才力。無不從閱歷得來。吾少時最畏乘船。每過數丈之橫水渡。亦必作嘔。數年以來。奔走燕齊吳越間。每歲航海必數次。非大風浪。則如陸行矣。此次之風色爲生平所僅見。然不數日已習而安之。知習之必可以奪性也。歷觀古今中外許多英雄豪傑。少年皆如常兒耳。董子曰。勉强學問。勉强行道。吾因此可以自慰。可以自厲。

二十五日。風稍定。如初開船之日。數日來偃臥無一事。乃作詩以自遣。余素不能詩。所記誦古人之詩。不及二百首。生平所爲詩。不及五十首。今次忽發異興。兩日內成十餘首。可謂怪事。余雖不能詩。然嘗好論詩。以爲詩之境界。被千餘年來鸚鵡名士（余嘗戲名詞章家爲鸚鵡名士。自覺過於尖刻）占盡矣。雖有佳章佳句。一讀之似在某集中曾相見者。是最可恨也。故今日不作詩則已。若作詩。必爲詩界之哥侖布瑪賽郎然後可。猶歐洲之地力已盡。生產過度。不能不求新地於阿米利加及太平洋沿岸也。欲爲詩界之哥侖布瑪賽郎。不可不備三長。第一要新意境。第二要新語句。而又須以古人之風格入之。然後成其爲詩。不然。如移木星金星之動物以實美洲。瑰偉則瑰偉矣。其如不類何。若三者具備。則可以爲二十世紀支那之詩王矣。宋明人善以印度之意境語句入詩。有三長具備者。如東坡之溪聲便是廣長舌。山色豈非清靜身。夜來八萬四千偈。他日如何舉似人之類。眞覺可愛。然此境至今日。又已成舊世界。今欲易之。不可不求之於歐洲。歐洲之意境語句。甚繁富而瑋異。得之可以陵轢千古。涵蓋一切。今尚未有其人也。時彥中能爲詩人之詩。而銳意欲造新國者。莫如黃公度。其集中有今別離四首。又吳太夫人壽詩等。皆純以歐洲意境行之。然新語句尚少。蓋由新語句與古風格。常相背馳。公度重風格者。故勉避之也。夏穗卿、譚復生。皆善選新語句。其語句則經子生澀語。佛典語。歐洲語雜用。頗錯落可喜。然已不備詩家之資格。試舉其一二。穗卿詩有帝殺黑龍才士隱。書飛赤鳥太平遲。民皇備矣三重信。人鬼同謀百姓知等句。每一句皆含一經義。可謂新絕。又有有人雄起瑠璃海。獸魄蛙魂龍所徒等句。苦不知其出典。雖十日思不能索其解。復生贈余詩云大成大闢大雄氏。據亂昇平及太平。五始當王訖獲麟。三言不識乃雞鳴。人天帝網光中現。來去雲孫腳下行。莫共龍蛙爭寸土。從知教主亞洲生。又有眼簾繪影影非實耳鼓有聲聲已過等句。又虛空以太顯諸仁等句。其意語皆非尋常詩家所有。復生本甚能詩者。然三十以後。鄙其前所作爲舊學。晚年屢有所爲。皆用此新體。甚自喜之。然已漸成七字句之語錄。不甚肖詩矣。吾既不能爲詩。前年見穗卿復生之作。輒欲效之。更不成字句。記有一首云。塵塵萬法吾誰適。生也無涯知有涯。大地混元兆螺蛤。千年道戰起龍蛇。秦新殺翳應陽厄。彼保興亡識軌差。我夢天門受天語。玄黃血海見三蛙。嘗有乞爲寫之。且注之。注至二百餘字乃能解。今日觀之。可笑實甚也。眞有以金星動物入地球之觀矣。其不以此體爲主。而偶一點綴者。常見佳勝。文芸閣有句云。遙夜苦難明。它洲日方午。蓋夜坐之作也。余甚賞之。邱倉海題無懼居士獨立圖云。黃人尙昧合羣義。詩界差爭自主權。對句可謂三長兼備。邱星洲有以太同胞關痛癢。自由萬物競生存之句。其界境大略與夏譚相等。而遙優於余。鄭西鄉自言生平未嘗作一詩。今見其近作一首云。太息神州不陸浮。浪從星海狎盟鷗。共和風月推君主。代表琴樽唱自由。物我平權皆偶國。天人團體一孤舟。此身歸納知何處。出世無機與化遊。讀之不覺拍案叫絕。全首皆用日本譯西書之語句。如共和、代表、自由、平權、團體、歸納、無機、諸語。皆是也。吾近好以日本語句入文。見者已詫贊其新異。而西鄉乃更以入詩。如天衣無縫。天人團體一孤舟。亦幾於詩人之詩矣。吾於是乃知西鄉之有詩才也。吾論詩宗旨大略如此。然以上所舉諸家。皆片鱗隻甲。未能確然成一家言。且其所謂歐洲意境語句。多物質上瑣碎粗疏者。於精神思想上未有之也。雖然。卽以學界論之。歐洲之眞精神眞思想。尙且未輸入中國。況於詩界乎。此固不足怪也。吾雖不能詩。惟將竭力輸入歐洲之精神思想。以供來者之詩料可乎。要之支那非有詩界革命則詩運殆將絕。雖然。詩運無絕之時也。今日者革命之機漸熟。而哥侖布瑪賽郎之出世。必不遠矣。上所舉者皆其革命軍月暈礎潤之徵也。夫詩又其小焉者也

二十七日三日來風雖稍息。然舟尚甚簸。日往船樓望海吸新空氣。神氣殊旺。詩興既發。每日輒思爲之。至此日共成三十餘首。余生平愛根最盛。嗜欲最多。每一有所染。輒沈溺之。無論美事惡事皆然。此余愛性最短處也。卽如詩之爲道。於性最不近。生平未嘗一染。然數日來忽醉夢於其中。廢百事以爲之。自觀殊覺可笑也。禹飲儀狄之酒而甘之。遂疏儀狄。吾於今乃始知鸚鵡名士之興趣。不及今懸崖勒馬。恐遂墮入彼羣中矣。乃發願戒詩。幷錄其數日來所作者爲息壤焉。

二十八日風復大作。船頭之桅爲折。晝然電燈者又兩日。浪浸灌船中。水深數寸。船主自言航太平洋數十年。未見有遇風亙九日之久如此次者也。余既戒爲詩。乃日以讀書消遣。讀德富蘇峯所著將來之日本及國民叢書數種。德富氏爲日本三大新聞主筆之一。其文雄放雋快。善以歐西文思入日本文。實爲文界別開一生面者。余甚愛之。中國若有文界革命。當亦不可不起點於是也。蘇峯在日本鼓吹平民主義。甚有功。又不僅以文豪者。

三十日風已盡息。海平如鏡。時已入熱帶界線。天氣炎燠。如廣東七八月之交。余在東京首途前一日。雨雪尺許。汽車中御重裘。猶懔慄。海行十日。間日輒易服。至是御單袷矣。

三十一日舟抵檀香山。午後兩點登岸。此行在舟中。余以不解英語之故。頗爲寂寥。幸有耶穌教士二人。久在甘肅傳教者。善操北語。日夕相談。且屢爲余通譯。余甚感之。船主英人。溫厚懃懇。善人也。船員前島彌君。乃前島密之子。途中爲余照料一切。殷勤備至。同舟有德國將官一人。曾在膠州兩年者。其餘白人尚五六人。日本人四五

人。舟將及岸。忽聞島中新有黑死疫病。經過之客。不許登岸。而埠中華人。不許越雷池一步。余之登岸也。埠中同志無知者。一人獨行。言語不通。甚苦之。於是投亞靈頓客寓中暫居。是日即往見日本領事齋藤君。適外出。未得見。見副領事田中君而歸。夕間同志已聞余之來。其不在禁限內者。有數人來談。

西曆一千九百年正月一日寓亞靈頓旅館。島中同志來訪者十餘人。相見。咸驚喜出意外。午間偕十餘人同往觀華童學校。校中生徒七十餘人。土人數名。其餘皆我百粵子弟也。校爲耶穌教會所設。掌教者牧師化冷爹文。美國人而老於廣東。能操粵語。其夫人尤嫻熟。相見握手如鄉人。二日復往見日本領事齋藤氏。相偕往晤本島外務大臣慕士蔑氏。吾邦領事某聞余之來。驚懼失措。移文外務。請放逐。即不爾。亦請監察。不許有舉動。外務辭以無名。蓋檀島近已歸美屬。一切從美例。凡足跡踏本島之地者。即應享有本島人一切之自由權。非他人之可侵壓也。見外務畢。一遊覽其公署而歸。

四日數日以來。埠中鄉人紛紛咸集。詢問國事。日不暇給。

中國人旅居此島者。凡二萬人之間。而熱心國事好談時局者。殆十而七八。風氣之開。冠於海外各埠。余推原其所以能致此者。蓋亦有故。蓋此島雖小。昔固儼然一國也。而今華人所居號稱正埠者。則其國都也。（都名漢挪路盧）此都十年以來。經三次倡革命。卒倒舊朝。興新政府。其事歷歷接於吾邦人之眼簾。印於吾邦人之腦膜。故政治思想比他處人爲優焉。觀於此而知法國大革命之風潮。其影響所及。披靡全歐者數十年。決非無故也。觀於此而可識改鑄國民腦質之法矣。重學之公例曰。凡物有永靜性者。非加以他力使之動。則雖歷千萬年不能動焉。吾國民之永靜也久矣。雖然其中非無有能動之性質存。特視乎轉捩之外力何如耳。

檀山全島。統名夏威。凡爲連珠形大小八島。其首府則漢挪路盧都城也。其次爲夏威（又爲八島之一專名）。爲道威。爲茂宜。爲莫洛雞。爲蘭尼。爲卡富拉威。爲尼孝。而華民所居。以夏威爲最多。漢挪路盧道威茂宜次之。其餘各埠皆不過數百人。海港惟漢挪路盧（即俗稱正埠）一處。故商務咸集於斯。其餘各小埠皆由此轉運者也。華人業種蔗製糖植穀者最多。其商務則皆販運土物供工人之用者也。與西人爭利者甚稀。近者開設數個有限公司。以機器製糖作米鋸板。頗見起色。自全島歸美屬以來。百物騰踴。需用日繁。商務日盛。故一兩年來商人受其益者。亦頗不少。而工價亦漸增。昔時種植之工。月給最厚者十八圓（美國銀）。今漲至二十四圓。謀生者頗易。然自屬美後。美人布其國例。禁止華人登岸。今登岸之難。尚過於金山焉。而日本人來者日衆。每一船至。輒運載五六百人。今島中外國人民。以日本人爲最多矣。吾國外交官吏。能無媿死。

六日。同志諸君爲僦一屋於嘅嘛街。是日始遷寓。數人同居。護衛出入。

檀香山雖在赤道線內。而因有非常之高山。故地面之氣候變更殊多。產物因以極盛。而貿易風自大洋四面吹來不斷。比靈海峽之寒潮暗流。環繞於島。故其氣候比之他處同緯度之地。常低冷十度內外。平時華氏寒暑表大抵升降六十至八十之間。終歲御單夾衣。夜間蓋秋被。東坡在瓊州有句云。四時皆是夏。一雨便成秋。此二語可以移詠檀島。竹林果園。芳草甘木。雜花滿樹。遊女如雲。歐美人謂檀島爲太平洋中心之天堂。非虛言也。

七日。檀島政府以防疫故。始火我華民所居鋪屋。初議有病疫者之家則火之。其後則議一家有疫。殃及左右兩鄰。其後又議一家有疫。火其全街。禁令一日數變。又以防疫故。禁止集會。雖禮拜堂戲院。亦一概停止。故余到此經一來復之久。不能得演說之地。殊爲悵然。是日同志十餘人。集於保皇會總理黃君之宅。共議論國事。十日。從坊間購檀島志一部。譯讀之。

檀香山幅員不過六千六百四十英方里。其半徑之長。二千二百英里。而將來爲全地球上軍事商業一大關鍵之地。此天下有識者所共認也。當今萬國兵力商力。齊集太平洋。而此地實爲太平洋一中心點。故檀島之發達。實與太平洋之發達。形影相隨者也。風景之優美如彼。地形之要害如此。白種人之眈眈逐逐。日夜垂涎。務求必得之而後已。不亦宜乎。自一千七百八十八年。英人仮頓廓氏始到此地。至今百餘年。白種勢力逐漸擴張。近三十年來。法權教權財權。盡歸於美國之手。握其國之實權者皆白人也。本島土王。守府而已。至一千八百九十三年。遂紾其臂而奪之。行革命。改民主。九十五年。土人有倡義謀恢復者。事不就。爲白人所縶。投諸犴狴。而白種之主權遂定。九十八年。改隸美國。爲其一省。前者島中女王。今屛居華盛頓府。夷爲編氓。江山如此。坐付他人。月明故國。不堪回首。讀李後主眼淚洗面之詞句。旁觀猶爲傷心。不知彼婦獨居深念。何以爲情也。嗚呼。莫過烏衣巷。是別姓人家新畫梁。壯哉此夏威國之山河。美哉此太平洋之樂園。獨惜享受之者。非彼都之主人耳。今將全島戶口總數。列其國別。觀其數年間之比較。有可以令人劌心怵目者焉。

一千八百九十年人口統計表

| | |
|---|---|
| 夏威士人 | 三萬四千四百三十六人 |
| 半土人（即土人婦與黃人白人結婚所生之子） | 七千四百九十五人 |
| 中國人 | 一萬五千三百〇一人 |

| | |
|---|---|
| 日本人 | 一萬二千三百六十人 |
| 葡萄牙人 | 八千六百〇二人 |
| 美國人 | 一千九百二十八人 |
| 英人 | 一千三百四十四人 |
| 德人 | 一千〇三十四人 |
| 挪威人 | 二百二十七人 |
| 法人 | 七十人 |
| 其他外國人 | 一千〇〇五人 |

## 一千八百九十六年人口統計表

| | |
|---|---|
| 夏威士人 | 三萬一千〇十九人 |
| 半土人 | 八千四百八十五人 |
| 日本人 | 二萬二千二百二十九人 |
| 中國人 | 一萬九千二百八十二人 |
| 葡人 | 八千二百三十二人 |
| 美人 | 二千二百六十六人 |
| 英人 | 一千五百三十八人 |

德人　九百十二人
挪威人　二百十九人
法人　七十五人
其他外國人　八百三十三人

兩者比較。卽六年之間。全島人口總數共增二萬三千一百二十九人。內夏威土人減去二千四百十七人。而雜種之半土人增二千二百九十二人。其餘增高之律。以日本爲最速。中國及美國次之。近五年來調查新籍尙未出。島例每六年調查戶口一次。明年卽其期也。然其增減之率。可以推見矣。除中國人被禁登岸之外。其餘大率照前表比例之差也。惟土民之減少。聞更甚云。

嗚呼。當彼頓廓初到檀島時。此島土人之數。二十餘萬。曾幾何時。所餘者僅得十分之一。而以此十年間統計表觀之。每六年殆又減去十分之一。依此比例。則百年以後。全島中將無復一土人矣。今者以英語爲國語。卽土人中亦有過半不能解其祖父之鄉音者。自古之亡國。則國亡而已。今也不然。國亡而種卽隨之。殷鑒不遠。卽在夏威。咄彼白人。天之驕子。我東方國民。可不儆懼耶。自革命以來。島中商務日盛。謀生容易。彼蚩蚩之土民。方且自以爲得意。而豈知其絕種之禍。卽在眉睫間耶。生存競爭。優勝劣敗。天下萬世之公理也。彼白人者。豈能亡夏威哉。亦夏威人之自亡而已。

光緒二十五年冬先生由日本到夏威夷島居半年庚子夏將入美旋因義和團之變知友促速返國匆匆東歸後遊南洋澳洲各地又到日本至光緒二十九年始遊美舊有夏威夷遊記之作收入文集玆附於新大陸遊記後以類相從記其歲月先後如右　編者識

# 附錄三　遊臺灣書牘　辛亥　宣三

## 第一信

編輯部諸君鑒。僕等以二月二十四日成行矣。茲遊蓄志五年。今始克踐。然幾止者且屢。若再荏苒。則彼中更炎歊不可住。又當期諸一年以後。故毅然排萬冗以行。首塗前蓋數夜未交睫也。吾茲行之動機。實緣頻年居此。讀其新聞雜誌。盛稱其治臺成績。未嘗不愀然有所動於中。謂同是日月。同是山川。而在人之所得乃如是也。而數年以來。又往往獲交彼中一二遺老。則所聞又有以大異乎前。非親見又烏乎辨之。此茲行所以益不容已也。大抵茲行所亟欲調查之事項如下。

一　臺灣隸我版二百年。歲入不過六十餘萬。自劉壯肅以後。乃漸加至二百餘萬。日人得之僅十餘年。而頻年歲入三千八百餘萬。本年預算。且四千二百萬矣。是果何道以致此。吾內地各省若能效之。則尚何貧之足爲憂者。

二　臺灣自六年以來。已不復受中央政府之補助金。此四千餘萬者。皆臺灣本島之所自負擔也。島民負擔能力。何以能驟進至是。

三　臺灣政府前此受其中央政府補助數千萬金。又借入公債數千萬金。就財政系統言之。則臺灣前此之對於其母國。純然爲一獨立之債務國。今則漸脫離此債務國之地位矣。此可謂利用外債之明效大驗也。

吾國外債可否論方喧於國中。吾茲行將於茲事大有所究索。

四　臺灣爲特種之行政組織。蓋沿襲吾之行省制度而運用之極其妙也。吾國今者改革外官制之議。方曉曉未有所決。求之於彼。或可得師資一二。

五　吾國今後言殖產興業。要不能不以農政爲始基。聞臺灣農政之修冠絕全球。且其農事習慣多因我國。他山之石。宜莫良於斯。

六　臺灣爲我領土時。幣制紊亂。不可紀極。日人得之。初改爲銀本位。未幾遂爲金本位。其改革之次第如何。過渡時代之狀態如何。改革後之影響如何。於我國今日幣制事業。必有所參考。

七　日本本國人移殖於臺灣者。日見繁榮。今日我國欲行內地殖民於東三省蒙古新疆諸地。其可資取法者必多。

八　臺灣之警察行政。聞與日本內地系統不同。不審亦有可以適用於我國者否。我國舊行之保甲法。聞臺灣采之而卓著成效。欲觀其辦法如何。

九　臺灣之阿片專賣事業。自詡爲禁煙之一妙法。當有可供我研究者。

十　臺灣前此舉行土地調查。備極周密。租稅之整理。其根本皆在於此。何以能行而民不擾。又其所行之戶口調查。係適用最新技術。日人自誇爲辦理極善。今者日本本國將行國勢調查。即以爲法。欲觀其實際詳情如何。

吾茲遊所調查之目的略如右。其他則俟臨時當更有所觸發也。首塗以來。入夜必爲遊記。歸後當更布之。或亦

吾國治政聞者所急欲覩乎。舟次百不備。文蕪不可讀。惟亮察。　某頓首　笠戶丸門司舟次發

## 第二信

編輯部諸君鑒。昨二十八日抵臺矣。沿塗水波不興。雖深畏海行如明水先生者。亦飲啖勝常。致可喜也。前日舟掠溫臺界而南。遙望故國青山一髮。神往久之。占一絕云。

滄波一去情何極。白鳥頻來意似闌。却指海雲紅盡處。招人應是浙東山。

舟中設備極新。娛樂之具畢陳。日本人航海事業之發達。可驚也。已置無線電報。在舟中發行報紙。未至前一日。遺老林君獻堂。即以無線電報歡迎。且祝海行安善。亦占一絕云。

迢遞西南有好風。故人相望意何窮。不勞青鳥傳消息。早有靈犀一點通。

舟次多暇日。以詩自遣。得十數章。當以入遊記。不復鈔呈矣。

舟入雞籠。警吏來盤詰。幾爲所窘。幸首塗前先至東京。乞取介紹書。否則將臨河而返矣。臺灣乃禁止我國人上陸。其苛不讓美澳。吾居此十年而無所知。眞夢夢也。

雞籠舟次。遺老歡迎者十數。乘汽車入臺北。迎於驛者又數十。遺民之戀戀於故國。乃如是耶。對之惟有增慼。舍館甫定。匆匆奉布。不盡萬一。

某頓首　臺北日之丸旅館發

## 第三信

編輯部諸君鑒。首塗後奉兩書。計以次達。抵此已五日。日則詣各局所調查。夜則與遺老相晤對。無片晷得休息。也雖爲日尙淺。然已起種種異感。諺所謂百聞不如一見。不虛也。棖觸萬端。豈片紙所能述。俟諸異日耳。此間百無所有。惟有一總督府耳。總督天帝也。立憲國之君主。視之蔑如矣。其官吏別有一種習氣。居日本十年所不能覩也。吾至此不得不以禮往謁。乃適如昔人所謂因鬼見帝者。殊可一笑。三謁不得要領。卒辭以疾。殖民地之官吏。如是其尊大也。猶謝其派一通譯官爲嚮導。乃得徧歷諸局所調查。獲種種便利。此莫大之人情耳。劉壯肅所營故城毀矣。留其四門以作紀念。今屹然於西式堊室與東式木屋之間。日過其下。劌心怵目。故撫署今爲總督府。吾曾入之。歸而累欷。得一絕云。

幾處榱題敞舊椽。斷碑陊剝草成煙。傷心最有韓南澗。凝碧池頭聽管絃。

遺老之相待。有加無已。自顧何以當此。昨日乃集百餘輩大設歡迎會於臺北故城之薈芳樓。吾席間演說之辭。眞不知如何而可。屬耳在垣。笑罄皆罪耳。他日當以入遊記。此弗述也。夜歸賦長句四首以謝。今錄呈其一。傷心人讀此。應同茲懷抱耶。

遠遊王粲漫懷歸。却踏天涯訪落暉。花鳥向人成脈脈。海雲終古自飛飛。尊前相見難啼笑。華表歸來有是非。料得隔江諸父老。不緣漢節始沾衣。

明日將入臺中矣。懷抱殊惡。不罄百一。悉容續報。惟眠食自攝。　某頓首　臺北日之丸旅館發

## 第四信

編輯部諸賢鑒。吾茲行乃大失望。臺灣之行政設施。其美備之點誠極多。然此皆一般法治國所有事耳。不必求諸臺灣也。吾所爲殷然來遊者。徒以臺灣居民皆我族類。性質習俗同我內地。欲求其制度之斟酌此性習而立者。與夫其政術之所以因此性習爲利導之者。吾居此浹旬。而不禁廢然思返也。臺灣之足稱爲善政者。則萬國之公政。無論措之何地而皆準者也。若夫臺灣特有之施政。爲日本內地及他文明國所未行者。斯則非直吾國所能學。抑又非吾之所忍言也。吾旬日來劌心怵目。無淚可揮。擬仿白香山秦中吟爲詩數十章記之。今先寫三首奉寄。以當面語。

斗六吏

警吏陣斗六。數百如合圍。借問此何者。買地勞有司。赫赫糖會社。云是富國基。種蔗當得由。官價有程期。小人數畝田。死父之所遺。世守亦百稔。饘粥恆於斯。願弘一面仁。貸此八口飢。欲語吏先嗔。安取閑言辭。府令即天語。豈天乃可違。衆雛各有命。何不食肉糜。出券督畫諾。肘後吏執持。拇印失爛熳。甘結某何誰。昔買百緡強。今賣不半之。便願不取直。方命還見笞。一日買十甲。一月千甲奇。入冬北風起。餓殍闐路歧。會社大煙突。驕作竹筒吹。

墾田令

府帖昨夜下。言將理原隰。自今限名田。人毋過十甲。聞官方討蕃。境土日安集。墾草宜待人。官寧親畚鍤。官云汝母國。齒稠苦地陿。每每此原田。將以世其業。舊田不汝追。帝賚已稠疊。安得非分求。無厭若馮鋏。貴人于于來。生事須長鬣。汝能勤四體。自足丐餘汁。吁嗟討蕃軍。巨萬費楮帖。借問安所出。甿隸與蠶妾。舊田賣已空。新田取難饔。鬻身與官家。救死儻猶及。悠悠彼何人。哀哀此東溟。

公學校

道周逢羣童。人言是學生。借問何學級。所學何課程。此間有良校。貴人育其英。島民賤不齒。安得抗顏行。別有號公學。不以中小名。學年六或四。入者吾隸萌。所授何讀本。新編三字經。他科皆視此。自鄶寧足評。莫云斯學陋。履之如登瀛。學塗盡於斯。更進安所營。貴人豢我輩。本以服使令。豈聞擾牛馬。乃待書在楹。漢氏厲學官。自取壞長城。秦皇百世雄。談笑事焚阬。

右詩不過舉其一二事。卽一事亦不過舉其內容之百一。實則重傷累感。豈筆札所能傳者。臺灣自有所謂土地收用規則者。與日本現行之土地收用法迥別。凡官吏認爲公益事業所必要者。得任意强取人民之所有。而所謂行政訴訟行政訴願者。絕無其途。前年斗六廳下。至出警吏數百合圍强攫。猶其最著者耳。其他類此者。月有所聞。臺灣人之財產所有權。固無一時可以自信自安也。至於教育事業。則更如兒戲。詩中所言。乃其學制耳。若夫學校教授管理之內容。乃更有意想所萬不及者。（吾別有詩未成）要之。臺灣識字之人本少。更十年後。則非惟無識中國字者。亦將並無識日本字者矣。寄語國中父老昆弟。勿以亡國二字爲口頭禪。勿謂爲大國順民。可以耕食鑿飲也。懷抱萬千。書何能究。

某頓首　臺中丸山旅館發

## 第五信

編輯部諸公英鑒。奉手示。並蒭寄神州日報。已讀過。眞可發噱。吾在此方無限懊惱。無限憤抑。覩此亦不禁破涕爲笑也。彼言臺灣總督招我往。豈知我親往東京求介紹書。費爾許周折耶。豈知吾至雞籠。幾於臨河而返耶。豈知吾在臺時因鬼見帝之難耶。彼謂我將頌揚彼都功德。彼安知我頃者每夕所作之日記作何語者。又安知我懷抱無量數深痛隱恨。而爲遺老計投鼠忌器。猶不敢盡以形諸楮墨耶。前寄尊處數書。想已達。吾非萬不得已。又何苦居人國而非其大夫耶。曾是受人指使者而許作此等語耶。此種報紙。閉門造新聞。眞大省事。所惜者未免自汚損其價値耳。公等恚怒何等者。桀犬之吠。而與校耶。

顧吾有不能不一言者。吾茲遊本欲察臺灣行政之足爲吾法者。而記述之以告國人。今固大失望也。雖然。其中又豈竟無一二可師者。就中若改幣制、辦專賣、興水利、調查土地戶口、干涉衞生等。多有獨到之處。應用最新之技術。萬國所共稱嘆。吾又安能違心以詆之耶。吾國人又安可不虛心以效之耶。吾他日有所言。彼輩則將曰是劇秦美新也。是李完用也。天下有此無理取鬧之輿論耶。夫以現在無法律之中國爲報館者。安心欲誣陷一人。亦誰得捫其舌。但君子惜其太不自愛耳。

臺灣之治。其最可佩服者。在於整齊嚴肅。使其將外視本島民之一點除去。則眞官僚政治之極軌也。吾所最生感者。在其技師之多而賤。吾國欲效之。則養成各項技師最少亦須十年。眞不易哉。至此深有味乎南海之物質救國論也。今日清明。旅思增重。俯仰身世。云何可言。惟自愛千萬。

某頓首　臺中霧峯莊萊園發

## 第六信

編輯部諸君鑒。頃行矣。歸舟所滿載者哀憤也。舟中西望故國。豈惟慨嘆。直不寒而栗耳。此行所最生感者。則生許上之壓迫是也。一受此壓迫。殆永刦無擺脫之期。吾於全臺遊歷過半。見其一切日用品。殆無不來自日本。即如所穿之屐及草履。所食之麵及點心。皆然。舉其小者。大者可推矣。中國貨物殆杜絕不能進口。保護關稅之功用。其可畏有如此者。臺灣本絕無工藝品。而中國貨則稅率殆埒其原價。其舍日本貨外更無可用。亦宜。而日本貨之價。亦遠貴於日本本境。以物價比例於勞庸。則臺灣物價之昂。蓋世界所罕見也。以故臺灣人職業雖似加於昔。每日所得工錢雖似增於昔。然貯蓄力乃不見其增而惟見其減。就此趨勢推之。其將來豈堪設想。而還顧我祖國。其將來又豈堪設想也。

舟中檢點日來所爲雜詩。得十餘章。錄以奉覽。

臺灣雜詩

千古傷心地。畏人成薄遊。山河老舊影。花鳥入深愁。人境今何世。吾生淹此留。無家更安往。隨意弄扁舟。

九點齊煙外。蒼茫別有天。下田猶再熟。甘果不論錢。處處泉通脈。村村花欲然。歲時不改舊。信是漢山川。

故老猶能說。神功締造深。廢興三國志。戰伐百年心。幾鑿張騫孔。仍來陸賈金。早知成覆水。休誦白頭吟。臺灣先後爲荷蘭西班牙法蘭西三國所陷我族卒光復之日本人足跡前固未一履臺土也使鄭氏能保其世臺灣或不至有今日乎

桓桓劉壯肅。六載駐戎軒。千里通馳道。三關鞏舊屯。即今非我有。持此欲誰論。多事當時月。還臨景福門。劉壯肅治臺六年規模宏遠經畫周備後此日人治績率襲其舊而光大之耳雞籠至新竹鐵路二百二十餘里即壯肅舊物其他新闢容轍之道尚數百里雞籠滬尾澎湖諸礮臺皆壯肅手建臺北省城亦壯肅所營今毀矣獨留四門以爲飾景福門即其一也余頻過其下

幽尋殊未已。言訪北投泉。大壑陰陰轉。清流曲曲傳。玉膏溫弱荇。溪色澹霏煙。苦憶華清夢。無憀閉閣眠。北投山距

臺北府治二十里有溫泉，境殊幽遠，沿溪數里噴烟若霏霧，溫流中水藻遊魚生焉。

蕩蕩臺中府，當年第一州。桑麻隨地有，城郭入天浮。江晚魚龍寂，霜飛草木秋。斜陽殘堞在，莫上大墩頭。劉壯肅本擬建臺中爲省治，築城工未蕆而去位，今城亦毁，移城門一角於大墩頭公園。

曉破千峯霧，迢迢爆竹聲。重爲萬里客，又過一清明。舍館傳新火，兒童報晚晴。故山路幾許，南望渺縱橫。清明日客霧峯莊之萊園。

臺南南郭路，勝跡鄭王祠。肅肅海天晚，沈沈故國悲。簷花馴鳥雀，壁影護龍螭。落日懷名世，回風欲滿旗。鄭延平王祠在臺南府南門外，日人改稱開山神社。

三百年前事，重重入眼明。天開一柱觀，月照受降城。胡虜到今日，兒童識大名。孰非軒頊裔，哀此乞廛氓。赤嵌城俗稱王城，在安平之海隅，荷蘭人所築也。據舊志方廣二百七十六丈，高三丈有奇。鄭延平克荷蘭受降於此，今圮矣。受降時儀式，日本人猶傳以圖畫，吾曾見之。

五妃從死地，竹淚滿南州。銅輦成千古，冬青共一丘。珮環青冢月，蘭芷渚宮秋。愁絕思公子，靈旗肯少留。明隆武時以寧靖王朱術桂督鄭成功軍，永曆十八年王遂入居臺，鄭氏事以王禮。克塽降，王佩印綬殉國，五妃王氏、袁氏、荷姑、梅姑、秀姊從死。臺人既葬王於竹滬之元妃舊園，復在臺南府南門外之桂子山合葬五妃，即地建廟焉。

鹿耳山形壯，鯤身海氣麤。重關常北向，衆水總南趨。事去勞精衛，年深失湛盧。東風最無賴，綠到海桑無。七鯤身及鹿耳門皆臺灣八景之一，觀濤稱奇極。鄭延平進取時，荷蘭人沈舟塞鹿耳，一夜水驟漲，鄭軍飛渡，荷人詫爲從天而下也。

曾聞民主國，奄忽落人間。卽事眞如戲，呼天亦苦艱。薜蘿哀楚鬼，禾黍泣殷頑。暗記留蠶紙，愁來一洗顏。故老有以臺灣民主國之鈔幣及郵政局券相贈者。

西北濤頭起。故人曾獨來。徙薪謀議苦。橫海壯心摧。碧血隨青史。名山託古哀。欲尋僊槎迹。海雨長莓苔。死友譚壯飛於甲午前後曾兩渡臺欲有所建樹不得志而歸其所著仁學初題曰臺灣人所箸書

聞道平蠻使。追逋竟未休。網張隘勇線。器漆社蕃頭。弱肉宜强食。誰憐祇自尤。物情如可翫。不獨惜蒙鳩。日人頃方銳意犂掃生蕃廣張所謂隘勇線者蹙之於叢箐中戰略與名稱皆襲劉壯肅之舊也今殆廓清無孑遺吾遊博物館見藥漬生蕃頭纍纍然

暫掩新亭淚。相傾北海尊。春歸萬梅嶺。地闢一萊園。魚鳥忘賓主。杉松長子孫。不逢催課吏。或恐是桃源。萊園在霧峯之麓萬梅崦下逸民林獻堂所築以頤養重闈者極山水林木之勝余茲行獻堂實先後之連輿接席備極摯渥館余於萊園者旬日爲徧題池館而去獻堂爲剛愍公從子與諸昆並好學能文使人生故家喬木之感也

零落中州集。蒼茫野史亭。看花成壙埌。耽酒得沈冥。一夢風吹海。無言月過庭。只愁絃絕處。俛俯失湘靈。滄桑後遺老佗傺無所適相率以詩自晦所至有詩社萊園社之外汐社櫟社竹社南社等其最著也

慘綠相思樹。殷紅躑躅花。能消幾風雨。取次送年華。北首天將壓。南來日又斜。金仙行處斷。鉛淚滿天涯。

復有詞數闋。託美人芳草以寫哀思。並以寄上。試讀之。或可喻其言外之意耶。三年不塡詞。今又破戒矣。

蝶戀花　感春遊臺灣作

倚徧黃昏人瘦削。愁對陰陰。舊日閑池閣。燕子不來風動幕。是誰偷覷秋千索。　一雨做成新夢惡。夢裏羅衾。恰似郎情薄。早識金鈴成漫約。餘英悔不春前落。

別路屛山天樣遠。苦怨斑騅。不放人留戀。波底題紅餘片片。憑君量取愁深淺。　恨雨顰煙朝暮捲。便到春回。憔悴羞重見。何況夢中時鳥變。東風已共遊絲倦。

歲月堂堂人草草。數盡花風。冷透春懷抱。鎮日西園鶯不到。斷紅零粉誰知道。　多事庭燕青未了。和月和煙。牽惹閑煩惱。誰遣南雲音信杳。一年又見吳蠶老。

依約年時攜手處。謝却梨花。一夜廉纖雨。雨底蜀魂啼不住。無聊祇勸人歸去。　剗地漫天花作絮。饒得歸來。狠藉春誰主。解惜相思能幾度。輕軀願化相思樹。

莫怨江潭搖落久。似說年來。此恨人人有。欲駐朱顏宜倩酒。鏡中爭與花俱瘦。　雨橫風狂今夕又。前後啼痕。還耐思量否。愁絕流紅潮斷後。情懷無計同禁受。

臺人多有欲脫籍歸故國者。故第四首及之。其第五首則當英俄邊境正劇時。故不自覺其詞之哀。實則中國若亡。則吾儕將來之苦。況又豈止如臺灣人哉。

舟中復得詞一首。

浣溪紗　臺灣歸舟晚望

老地荒天閱古哀。海門落日浪崔嵬。憑舷切莫首重回。　費淚山河和夢遠。彫年風雨挾愁來。不成拋却又徘徊。

此行乃得詩八十九首。得詞十二首。眞可謂玩物喪志。抑亦勞者思歌。人之情歟。擬輯之題曰海桑吟。有暇或更自寫一通也。匆匆作茲遊。廢文課者浹月。所爲責任內閣論尚未賡續。其他銀行政策私議政黨論等皆亟亟欲成之者。遄返後當併日從事耳。不具。

某頓首　讚岐丸舟中發

# 飲冰室專集之二十三

## 歐遊心影錄節錄

### 歐遊中之一般觀察及一般感想

#### 上篇　大戰前後之歐洲

##### 一　楔子

民國八年雙十節之次日。我們從意大利經過瑞士。回到巴黎附近白魯威的寓廬。回想自六月六日離去法國以來。足足四個多月。坐了幾千里的鐵路。遊了二十幾個名城。除倫敦外。却沒有一處住過一來復以上。眞是走馬看花。疲於奔命。如今却有點動極思靜了。白魯威離巴黎二十分鐘火車。是巴黎人避暑之地。我們的寓廬。小小幾間樸素樓房。倒有個很大的院落。雜花豐樹。楚楚可人。當夏令時。想是風味絕佳。可惜我都不曾享受到得我來時。那天地肅殺之氣。已是到處彌滿。院子裏那些秋海棠野菊。不用說早已萎黃彫謝。連那十幾株百年合抱的大苦栗樹。也抵不過霜威風力。一片片的枯葉。蟬聯飄墮。層層堆疊。差不多把我們院子變成黃沙荒磧。還有些樹上的葉。雖然還賴在那裏掙他殘命。却都帶一種沈憂淒斷之色。向風中戰抖抖的作響。訴說他魂驚望絕。到後來索性連枝帶梗滾掉下來。像也知道該讓出自己所佔的位置。教後來的好別謀再造。歐北氣候。本來森鬱。加以今年早寒。當舊曆重陽前後。已有窮冬閉藏景象。總是陰霾霾的欲雨不雨。間日還要湧起濛濛黃霧。那太陽有時從層雲疊霧中瑟瑟縮縮閃出些光線來。像要告訴世人說他還在那裏。但我們正想要去親炙他一番。他却已躲得無蹤無影了。我們住的這避暑別墅。本來就不是預備御冬之用。一切構造。都不合現在的時宜。所以住在裏頭的人。對於氣候的激變。感受不便。自然是更多且更早了。歐戰以來。此地黑煤的稀罕。就像黃金一樣。便有錢也買不着。我們靠着取暖的兩種寶貝。就是那半乾不濕的木柴。和那煤氣廠裏蒸取過煤氣的煤渣。那濕柴煨也再煨不燃。吱吱的響。像背地埋怨。說道。你要我中用。還該先下一番工夫。這樣生吞活剝起來。可是不行的。那煤渣在那裏無精打彩的乾炙。却一陣一陣的爆出碎屑來。像是惡很很的說道。我的精髓早已搾乾了。你還要相煎太急嗎。我們想着現在剛是故國秋高氣爽的時候。已經一寒至此。將來還有三四個月的嚴冬。不知如何過活。因此連衣服也不敢多添。好預備他日不時之用。只得靠些室內室外運動。鼓起本身原有的熱力來抵抗外界的沍寒。我們同住的三五個人。就把白魯威當作一個深山道院。巴黎是絕跡不去的。客人是一個不見的。鎮日坐在一間開方丈把的屋子裏頭。傍着一個不生不滅的火爐。圍着一張亦圓亦方的棹子。各人埋頭埋腦做各自的功課。這便是我們這一冬的單調生活。趣味和上半年恰恰成個反比例了。我的功課中有一件。便是要做些文章。把這一年中所觀察和所感想寫出來。

## 二　人類歷史的轉捩

我想人類這樣東西。眞是天地間一種怪物。他時時刻刻拿自己的意志。創造自己的地位。變化自己的境遇。却又時時刻刻被他所創所變的地位境遇支配起自己來。他要造甚麼變甚麼。非等到造出來變出來。沒有人能彀事前知道。連那親手創親手變的人也不知道。等到創成變成一個新局面這新局面決非吾人所能料到。大家只好相顧失色。却又從這新局面的基礎上。重新又再創再變起來。一部歷史。便就是這樣的進化。見其進未見其止。試思數年以前。誰敢說那十九世紀初期轟轟烈烈的神聖三角同盟俄普奧三尊大佛。竟會在十幾個月內。同時嘩喇一聲。倒到貼地。誰敢說瑞士荷蘭等處鄉下地方。同時有幾十個大大小小的君主。在那裏做亡命客。吃盡當光。形影相弔。誰敢說號稱東方猛鷙偌大的一個俄羅斯國。竟會四分五裂。自己屏出國際團體以外。這回恁麼大的歐洲和會。簡直沒有他的分兒。誰敢說九十年前從荷蘭分出來的比利時。四十年前從土耳其分出來的塞爾維亞。竟成了兩個泱泱大國。在歐洲國際上占一極重要的地位。誰敢說二三百年來幾次被人分割的波蘭。乃至千餘年連根拔盡的猶太。居然還有一日把本號開張大吉的門條張貼起來。誰敢說那牢牢關住大門在家裏講門羅主義的美利堅。竟會大出風頭。管對面大海人家的閑事。誰又敢說從前書獃子搖筆弄舌講的國際聯盟。竟會一章一節的列出條文。由幾十個國家的代表共同簽認。誰又敢說當二三十年前。各國政府認作洪水猛獸的社會黨。到了今日。他在各國國會裏頭。都占最大勢力。各政府中。差不多都有了社會黨員了。誰又敢說各國時髦政治家公認爲無法無天的過激派列寧政府。報紙上日日咒他夭折。他却成了個不倒翁。支持了兩年。到今日依然存在。還有許多好奇探險的遊客。歌頌他明聖哩。誰又敢說我們素來認爲天經地義盡美盡善的代議政治。今日竟會從牆脚上築築搖動起來。他的壽命。竟沒有人敢替他保險。誰又敢說那老英老法老德這些闊老倌。也一個個像我們一般叫起窮來。靠着重利借債過日子。誰又敢說那如火如荼的歐洲各國。他那很舒服過活的人民。竟會有一日要煤沒煤。要米沒米。家家戶戶開門七件事。都要縐起眉頭來。以上所說。不過就我偶然想到的幾件犖犖大端隨手拈出。然而已經件件都足驚心動魄所以我覺得這回大戰還不是新世界歷史的正文不過一個承上起下的轉捩段落罷了。

## 三　國際上隱患

當戰爭中。大家總希望平和以後萬事復原。還有一種所謂永遠平和的理想。多少人想望不盡。如今戰事停了。兵是撤了。和約是簽了。元氣恢復。却是遙遙無期。永遠的平和。更沒有一個人能彀保險。試就國際上情形而論。各民族情感上的仇恨。愈結愈深。德國雖然目前是一敗塗地。但是他們民族種種優點。確爲全世界所公認。說他就從此沈淪下去。決無是理。現在改爲共和。全國結合益加鞏固。在四面楚歌之中。不能不拚命的闢一條生路。將來怎樣的變遷迸發。沒有人能知道。所以法國人提心弔膽。好像復仇戰禍刻刻臨頭。不然何必求英美定特別盟約。靠他做保標呢。因戰事結果。歐洲東南一帶。產出許多新建的小國。從前巴爾幹小國分立。實爲世界亂源。如今却把巴爾幹的形勢更加放大了。各小國相互間的利害太複雜。時時刻刻可以反目。又實力未充。不能不各求外援。強國就可以操縱其間。此等現象。爲過去戰禍之媒。戰後不惟沒法矯正。反有些變本加厲。從民族自決主義上看來。雖然是一種進步。但就歐洲自身國際關係情況而論。恐怕不算吉祥善事哩。各國對於俄國過激派。一面憎之如蛇。一面畏之如虎。協約國聯軍。幫着非過激派軍隊四面兜截。把維也納會議後神聖同盟各國對付法國革命黨那篇文章。照樣抄一遍。過激派的命運能有多久。雖不敢知。然而非過激派的首領不能統治全俄。是稍有常識的人都能判斷的。協約國這種心理。這種舉動。不但於收拾俄局絲毫無效。恐怕不免替歐洲更種一亂源罷。國際聯盟一事。當去冬今春之交。氣象如火如荼。我們對於他的前途。實抱無限希望。後來經過和會上幾個月的蛻變幾乎割裂得不成片段。就中威爾遜的根本精神原欲廢止祕密外交。打破歐洲合縱連橫的系統。其實此事何嘗做得到。不惟做不到。美國自身先已和別人合縱起來了。而且就法國方面看來。分明有個國際聯盟做平和保障。却兀自信心不過。必要從盟友裏頭拉出兩個來保自己的標。卽此一端。那國際聯盟將來的效力也就可以想見了。

以上所說。是國際上危險情形。照常理看來。歐洲經過這一回創鉅痛深的戰爭。驚魂初定。此後三五十年無大戰事。實在意中。所以國際上的杞憂目前暫且不必多管。却是各國內部的情形。眞乃令人驚心動魄。我試把他重要的幾點簡單說來。

## 四　各國生計及財政破產

說起這次戰爭。眞算得打一場傾家蕩產的大官司。輸家不用說是絞盡脂膏。便贏家也自變成枯臘。原來國民生計這樣東西也和個人生計一樣。若是一家之中生產抵不過所消費。甚或有消費而無生產。不出幾年。這家便要破產了。一國亦何莫不然。這回戰爭。據說直接間接死傷的人三千六百多萬。這些人都在壯年。一國的生產力就靠他做主腦。一旦失了許多。如何當得起。何況就是那些未死的丁壯。也都盡數送往戰場或軍用工廠。原來職業什有九要拋荒。生產的第一要素。比戰前減了大半。至於一切物品。大率千迴百轉。總轉到機器廠變做殺人器具。專殺那能殼生產的人。講到國民資本。各人將歷年所積貯的多半變做國債。國債却全數用在不生產的地方。當此物價飛漲之時。只好漸漸的坐食山空便了。所以戰前世界生計狀況。最苦的是資本過剩。生產過剩。如今這句話。或者美國人還配說說。若歐洲人。則資本及生產力差不多到了零度了。我們來歐已是停戰之後。戰中況味未曾領受。但在此一年已來。對於生存必需之品。已經處處覺得缺乏。麵包是要量腹而食。糖和奶油看見了便變色而作。因爲缺煤。交通機關停擺的過半。甚至電燈機器也商量隔日一開。我們是過慣樸素笨重生活的人。尙且覺得種種艱辛狼狽。他們在極豐富極方便的物質文明底下過活了多少年。那富人便有錢也沒處買東西。那窮人從前一個錢買的東西。如今三五個錢也買不着。這日子怎麼能過呢。

講到財政。歐洲各國自開戰以來。公債比從前加了幾百倍。將每年租稅等項收入來開銷。支出總有一個大大窟窿。紙幣日發日多。對於匯兌日落一日。市面上硬幣。驅逐得無蹤無影。物產過少和貨幣過多兩種原因湊合起來。物價飛騰。不知所止。美國有位大銀行家萬特立 Vanderlip 新近做一篇論文。說道歐洲現在已經完全破產。美國要借錢給他們。非監督財政不可。這話雖然有點過火。却不算絕對無稽哩。問他們救濟的方法。各國政客無論在朝在野。都說是靠獎厲國產擴充對外貿易。這是唯一的一條大路。誰不知道。但實行起來。恐怕也非容易。第一原料消耗太甚。生產無所取資。就中發動力必需的煤。成了稀世之寶。這等物件。許多要仰給於外。貿易逆勢。如何能挽回。第二壯丁缺乏。生產力當然減少。就中如人口遞年銳減的法國。這次戰爭失去壯丁百分之四十八。人口率的恢復。既是遙遙無期。生產力的恢復。恐也難哉戛戛。第三現在歐洲最流行的罷工風潮兩面大旗幟。就是減少工作時間和加增工價。這種要求是否正當。乃別一問題。但在目前說要多製造些廉價的國產在市場上和外國競爭。却是有些南轅北轍。第四就讓一步。算是國產有法能獎厲起來。那擴充對外貿易的問題。却也談何容易。因爲各國都同在元氣大虧之後。同是靠對外貿易來當一服補藥。你向我擴充。我向你擴充。結果還是相銷。若說擴充到美國。他不把歐洲市場吞盡罷了。歐洲人那裏配請教他的市場。若說擴充到中國等處。恐伯這些人銷費力着實有限。彀不上當一劑十全大補湯哩。以上所說情形。在戰敗的德奧等國。固然是加倍艱難。就是戰勝的英法等國。還不是一樣的荊天棘地。到底戰後的痛苦和戰時的痛苦孰輕孰重。我還不敢斷言哩。

## 五　社會革命暗潮

前段所說。是從對外的一個國民生計單位着想。覺得他們困難萬狀。再一轉眼將這單位的內部組織子細看來。那更令人不寒而慄了。貧富兩階級戰爭。這句話說了已經幾十年。今日却漸漸到了不能不實現的時代。這種國內戰爭。在人類進化史上的價值。絕非前四年來國際戰爭可比。但現在正當將發未發之時。好像大蛇要蛻殼一般。那痛苦實不難想像。原來歐洲去封建政治未久。各國土地多在貴族或教會手裏。法國大革命後。算是有幾國把這土地所有權稍爲均分。但內中還有許多國維持舊狀。如革命前的俄國。就是這樣。現在的英國還是這樣。這還不打緊。自從機器發明。工業革命以還。生計組織起一大變動。從新生出個富族階級來。科學愈昌。工廠愈多。社會偏枯亦愈甚。富者益富。貧者益貧。物價一日一日騰貴。生活一日一日困難。工人所得的工錢。彀喫不彀穿。彀穿不彀住。休息的時間也沒有。受教育的時間也沒有。生病幾天。便要全家綁着肚子。兒女教養費不用說了。自己老來的日子。還不曉得怎樣過活。回頭看那資本家。今日賺五萬。明日賺十萬。日常享用。過於王侯。他們在那裏想。同是上天所生人類。爲甚麼你就應該恁麼快樂。我就應該恁麼可憐。再進一步想。你的錢從那裏來。還不是絞着我的汗。添你的油。挖我的瘡。長你的肉。他們其始也是和中國人一般。受了苦自己怨命。後來漸漸明白。知道地位是要自己掙來。於是到處成立工團。決心要和那資本家挑戰。他們的旗幟。是規定最低限的工錢和最高限的做工時刻。而且這兩種限是要時時改變的。得一步便進一步。還有些有學問的人。推本窮源說這種現象都是從社會組織不合理生出來。想救濟他就要根本改造。改造方法。有一派還承認現存的政治組織。說要把生產機關收歸國有。有一派連現在國會咧政府咧都主張根本打破。親自耕田的人。准他有田。在那個廠做工的人就管那個廠的事。耕田做工的人舉出委員。國家大事就由他一手經理。各國普通社會黨大半屬前一派。俄國過激黨便屬後一派。前一派所用手段。是要在現行代議政治之下。漸漸擴張黨勢。掌握政權。現時在各國國會及地方議會。勢力都日增一日。好幾國機會已成熟。其餘的也像快要成熟了。至於後一派。俄國的火蓋已自劈開。別國也到處埋着火線。有些非社會黨的政治家。眼光銳敏。辦些社會主義的立法。想要緩和形勢。只是積重難返。補牢已遲。社會革命。恐怕是二十世紀史唯一的特色。沒有一國能免。不過爭早晚罷了。戰勝國人民一時爲虛榮心所掩。還沒有什麼法外行動。但過後痛定思痛。想起這些勝利光榮。還不是曇花一現。我們打了幾年仗。從戰場裏拾回這條殘命。依然是要穿沒穿要喫沒喫。還有那陣亡將士的孤兒寡婦。在這種百物騰貴時候。靠幾塊錢卹金過日子。只好坐以待斃。你們說獎勵國產。增進國富。是目前第一要義。我還要問一句。國富增進了。究竟於我有何好處。你們打着國家的旗號。謀私人利益。要我跟着你們瞎跑。我是不來的。這種思想。在戰勝國的勞働社會中。已是到處瀰滿了。那些資本家。却也有他的爲難。幾年戰爭。營業已衰落到極地。安能不謀恢復。那政府爲一時的國產政策起見。對於現在資本家所經營的事業。亦不能不加以保護。所以兩方面總是相持的多相讓的少。我們留歐一年。這罷工風潮。看見的聽見的每月總有幾次。其中最大的如九月間英國鐵路罷工。那裏是兩個團體競爭。簡直就是兩個敵國交戰。其實這事何足爲奇。如今世界上一切工業國家。那一國不是早經分爲兩國。那資本國和勞働國。早晚總有一回短兵相接拚個你死我活。我們準備着聽戰報罷。

## 六　學說影響一斑

從來社會思潮。便是政治現象的背景。政治現象。又和私人生活息息相關。所以思潮稍不健全。國政和人事一定要受其敝。從前歐洲人民。呻吟於專制干涉之下。於是有一羣學者。提倡自由放任主義。說道政府除保持治安外。不要多管閑事。聽各個人自由發展。社會自然向上。這種理論。能說他沒有根據嗎。就過去事實而言。百年來政制的革新。和產業的發達。那一件不叨這些學說的恩惠。然而社會上的禍根。就從茲而起。現在貧富階級的大鴻溝。一方面固由機器發明。生產力集中變化。一方面也因爲生計上自由主義。成了金科玉律。自由競爭的結果。這種惡現象。自然會演變出來呀。這還罷了。到十九世紀中葉。更發生兩種極有力的學說來推波助瀾。一個就是生物進化論。一個就是自己本位的個人主義。自達爾文發明生物學大原則。著了一部名山不朽的『種源論』。博洽精闢。前無古人。萬語千言。就歸結到『生存競爭優勝劣敗』八個大字。這個原則。和穆勒的功利主義。邊沁的幸福主義相結合。成了當時英國學派的中堅。同時士梯尼 Max Stirner 卞戛加 Soren Kiergegard 盛倡自己本位說。其敝極於德之尼采。謂愛他主義爲奴隸的道德。謂剿絕弱者爲强者之天職。且爲世運進化所必要。這種怪論。就是借達爾文的生物學做個基礎。恰好投合當代人的心理。所以就私人方面論。崇拜勢力。崇拜黃金。成了天經地義。就國家方面論。軍國主義。帝國主義。變了最時髦的政治方針。這回全世界國際大戰爭。其起原實由於此。將來各國內階級大戰爭。其起原也實由於此。

## 七　科學萬能之夢

大凡一個人若使有個安心立命的所在。雖然外界種種困苦。也容易抵抗過去。近來歐洲人。却把這件沒有了。爲什麼沒有了呢。最大的原因就是過信『科學萬能』。原來歐洲近世的文明有三個來源。第一是封建制度。第二是希臘哲學。第三是耶穌教。封建制度規定各人和社會的關係。形成一個道德的條件和習慣。哲學是從智的方面研究宇宙最高原理及人類精神作用。求出個至善的道德標準。宗教是從情的意的兩方面給人類一個『超世界』的信仰。那現世的道德自然也跟着得個標準。十八世紀前的歐洲就是靠這個過活。自法國大革命後。封建制度完全崩壞。古來道德的條件和習慣。大半不適於用。歐洲人的內部生活。漸漸動搖了。社會組織變更。原是歷史上常態。生活就跟着他慢慢蛻變。本來沒有什麼難處。但這百年來的變更。却與前不同。因科學發達結果。產業組織。從根柢翻新起來。變旣太驟。其力又太猛。其範圍又太廣。他們要把他的內部生活湊上來和外部生活相應。却處處措手不及。最顯著的就是現在都會的生活和從前堡聚的村落的生活截然兩途。聚了無數素不相識的人在一個市場或一個工廠內共同生活。除了物質的利害關係外。絕無情感之可言。此其一。大多數人無恆產。恃工爲活。生活根據。飄飄無着。好像枯蓬斷梗。此其二。社會情形太複雜。應接不暇。到處受刺戟。神經疲勞。此其三。勞作完了想去要樂。要樂未完又要勞作。晝夜忙碌。無休養之餘裕。此其四。慾望日日加高。百物日日加貴。生活日日加難。競爭日日加烈。此其五。以上所說。不過隨手拈出幾條。要而言之。近代人因科學發達。生出工業革命。外部生活變遷急劇。內部生活隨而動搖。這是很容易看得出的。內部生活本來可以憑宗教哲學等等力量。離去了外部生活依然存在。近代人卻怎樣呢。科學昌明以後。第一個致命傷的就是宗教人類本從下等動物蛻變而來。那裏有什麼上帝創造。還配說人爲萬物之靈嗎。宇宙間一切現象。不過物質和他的運動。那裏有什麼靈魂。更那裏有什麼天國。講到哲學。從前康德和黑格爾時代。在思想界儼然有一種權威。像是統一天下。自科學漸昌。這派唯心論的哲學。便四分五裂。後來岡狄的實證哲學和達爾文的種源論同年出版。舊哲學更是根本動搖。老實說一句。哲學家簡直是投降到科學家的旗下了。依着科學家的新心理學。所謂人類心靈這件東西。就不過物質運動現象之一種。精神和物質的對待。就根本不成立。所謂宇宙大原則。是要用科學的方法試驗得來。不是用哲學的方法冥想得來的。這些唯物派的哲學家。託庇科學宇下建立一種純物質的純機械的人生觀。把一切內部生活外部生活。都歸到物質運動的『必然法則』之下。這種法則。其實可以叫做一種變相的運命前定說。不過舊派的前定說。說運命是由八字裏帶來。或是由上帝注定。這新派的前定說。說運命是由科學的法則完全支配。所憑藉的論據雖然不同。結論却是一樣。不惟如此。他們把心理和精神看成一物。根據實驗心理學。硬說人類精神也不過一種物質。一樣受『必然法則』所支配。於是人類的自由意志。不得不否認了。意志既不能自由。還有什麼善惡的責任。我爲善不過那『必然法則』的輪子推着我動。我爲惡也不過那『必然法則』的輪子推着我動。和我什麼相干。如此說來。這不是道德標準應如何變遷的問題。眞是道德這件東西能否存在的問題了。現今思想界最大的危機。就在這一點。宗教和舊哲學。既已被科學打得個旗靡轍亂。這位『科學先生』便自當仁不讓起來。要憑他的試驗發明個宇宙新大原理。卻是那大原理且不消說。敢是各科各科的小原理。也是日新月異。今日認爲眞理。明日已成謬見。新權威到底樹立不來。舊權威卻是不可恢復了。所以全社會人心。都陷入懷疑沈悶畏懼之中。好像失了羅針的海船遇着風遇着霧。不知前途怎生是好。既然如此。所以那些什麼樂利主義強權主義越發得勢。死後既沒有天堂。只好儘這幾十年盡地快活。善惡既沒有責任。何妨盡我的手段來充滿我個人慾望。然而享用的物質增加速率。總不能和慾望的騰升同一比例。而且沒有法子令他均衡。怎麼好呢。只有憑自己的力量自由競爭起來。質而言之。就是弱肉強食。近年來甚麼軍閥甚麼財閥。都是從這條路產生出來。這回大戰爭。便是一個報應。諸君又須知我們若是終久立在這種唯物的機械的人生觀上頭。豈獨軍閥財閥的專橫。可憎可恨。就是工團的同盟抵抗。乃至社會革命。還不同是一種強權作用。不過從前強權在那一班少數人手裏。往後的強權移在這一班多數人手裏罷了。總之在這種人生觀底下。那麼千千萬萬人前脚接後脚的來這世界走一躺住幾十年。幹什麼呢。獨一無二的目的就是搶麵包喫。不然就是怕那宇宙間物質運動的大輪子缺了發動力。特自來供給他燃料。果眞這樣。人生還有一毫意味。人類還有一毫價値嗎。無奈當科學全盛時代。那主要的思潮。卻是偏在這方面。當時謳歌科學萬能的人。滿望着科學成功黃金世界便指日出現。如今功總算成了。一百年物質的進步。比從前三千年所得還加幾倍。我們人類不惟沒有得着幸福。倒反帶來許多災難。好像沙漠中失路的旅人。遠遠望見個大黑影。拚命往前趕。以爲可以靠他嚮導。那知趕上幾程。影子卻不見了。因此無限悽惶失望。影子是誰。就是這位『科學先生』。歐洲人做了一場科學萬能的大夢。到如今卻叫起科學破產來。這便是最近思潮變遷一個大關鍵了。

（自注）讀者切勿誤會因此菲薄科學。我絕不承認科學破產。不過也不承認科學萬能罷了。

## 八　文學的反射

要曉得時代思潮。最好是看他的文學。歐洲文學。講到波瀾壯闊。在前則有文藝復興時期。在後則推十九世紀。兩者同是思想解放的產物。但氣像卻有點根本不同之處。前者偏於樂觀。後者偏於悲觀。前者多春氣。後者多秋氣。前者當文明萌茁之時。覺得前途希望汪洋無際。後者當文明爛熟之後。覺得樣樣都試過了。都看透了。卻是無一而可。我如今且簡單講幾句百年來的思潮和文學印證出來。十九世紀的文學。大約前半期可稱爲浪漫忒派（即感想派）全盛時代。後半期可稱爲自然派（即寫實派）全盛時代。浪漫忒派承古典派極敝之後。崛然而起。斥摹倣。貴創造。破形式。縱感情。恰與當時唯心派的哲學和政治上生計上的自由主義同一趨向。萬事皆尚新奇。總要憑主觀的想像力描出些新境界新人物。要令讀者跳出現實界的圈子外。生一種精神交替的作用。當時思想初解放。人人覺得個性發展可以絕無限制。夢想一種別開生面完全美滿的生活。他們的詩家。有點和我國的李太白一樣。游心物表。塊然自樂。他們的小說每部多有一個主人翁。這主人翁就是作者自己寫照。性格和生活總是與尋常人不同。好寫理想的武士。表英雄萬能。好寫理想的美人。表戀愛神聖。結果全落空想。和現在的實生活。渺不相涉了。到十九世紀中葉。文學霸權。就漸漸移到自然派手裏來。自然派所以勃興。有許多原因。第一件。承浪漫忒派之後。將破除舊套發展個性兩種精神做個基礎。自然應該更進一步趨到通俗求眞的方面來。第二件。其時物質文明。劇變驟進。社會情狀。日趨繁複。多數人無復耽玩幻想的餘裕。而且覺得幻境雖佳。總不過過門大嚼。倒不如把眼前事實寫來。較爲親切有味。第三件。唯物的人生觀。正披靡一時。玄虛的理想。當然排斥。一切思想。既都趨實際。文學何獨不然。第四件。科學的研究法。既已無論何種學問都廣行應用。文學家自然也捲入這潮流。專用客觀分析的方法來做基礎。要而言之。自然派當科學萬能時代。純然成爲一種科學的文學。他們有一個最重要的信條。說道『即眞即美。』他們把社會當作一個理科試驗室。把人類的動作行爲。當作一瓶一瓶的藥料。他們就拿他分析化合起來。那些名著。就是極翔實極明瞭的試驗成績報告。又像在解剖室中將人類心理層層解剖。純用極嚴格極冷靜的客觀分析。不含分毫主觀的感情作用。所以他們書中的背景。不是天堂。不是來生。不是古代。不是外國。卻是眼面前我們所棲託的社會。書中的人物。不是聖賢。不是仙佛。不是英雄。不是美人。卻是眼面前一般羣衆。書中的事蹟。不是什麼驚天動地的大業。不是什麼可歌可泣的奇情。卻是眼面前日常生活的些子斷片。我們從前有句格言。說是『畫犬馬難於畫鬼神』這自然派文學。將社會實相描寫逼眞。總算極盡畫犬馬之能事了。諸君試想。人類既不是上帝。如何沒有缺點。雖以毛嬙西施的美貌。拿顯微鏡照起來。還不是毛孔上一高一低的窟窿縱橫滿面。何況現在社會變化急劇。構造不完全。自然更是醜態百出了。自然派文學。就把人類醜的方面獸性的方面。赤條條和盤托出。寫得個淋漓盡致。眞固然是眞。但照這樣看來。人類的價值。差不多到了零度了。總之。自從自然派文學盛行之後。越發令人覺得人類是從下等動物變來。和那猛獸弱蟲。沒有多大分別。越發令人覺得人類沒有意志自由。一切行爲。都是受肉感的衝動和四圍環境所支配。我們從前自己誇嘴。說道靠科學來征服自然界。如今科學越發昌明。那自然界的威力卻越發橫暴。我們快要倒被他征服了。所以受自然派文學影響的人。總是滿腔子的懷疑。滿腔子的失望。十九世紀末全歐洲社會。都是陰沈沈地一片秋氣。就是爲此。

## 九　思想之矛盾與悲觀

凡一個人。若是有兩種矛盾的思想在胸中交戰。最是苦痛不過的事。社會思潮。何獨不然。近代的歐洲。新思想和舊思想矛盾，不消說了。就專以新思想而論，因爲解放的結果，種種思想同時從各方面迸發出來，都帶幾分矛盾性，如個人主義和社會主義矛盾，社會主義和國家主義矛盾，國家主義和個人主義也矛盾，世界主義和國家主義又矛盾。從本原上說來，自由平等兩大主義，總算得近代思潮總綱領了，卻是絕對的自由和絕對的平等便是大大一個矛盾。分析起來，哲學上唯物和唯心的矛盾，社會上競存和博愛的矛盾，政治上放任和干涉的矛盾，生計上自由和保護的矛盾，種種學說，都是言之有故持之成理，從兩極端分頭發展，愈發展得速，愈衝突得劇，消滅是消滅不了，調和是調和不來，種種懷疑，種種失望，都是爲此。他們有句話叫做『世紀末』，這句話的意味，從狹義的解釋，就像一年將近除夕，大小帳務，逼着要清算，卻是頭緒紛繁，不知從何算起。從廣義解釋，就是世界末日，文明滅絕的時候快到了。

我們自到歐洲以來，這種悲觀的論調，着實聽得洋洋盈耳。記得一位美國有名的新聞記者賽蒙氏和我閒談，（他做的戰史公認是第一部好的）他問我『你回到中國幹什麼事，是否要把西洋文明帶些回去』，我說『這個自然』。他嘆一口氣說『唉，可憐，西洋文明已經破產了』。我問他『你回到美國卻幹什麼』，他說『我回去就關起大門老等，等你們把中國文明輸進來救拔我們』。我初初聽見這種話，還當他是有心奚落我。後來到處聽慣了，纔知道他們許多先覺之士着實懷抱無限憂危，總覺得他們那些物質文明是製造社會險象的種子，倒不如這世外桃源的中國還有辦法，這就是歐洲多數人心理的一斑了。

## 十　新文明再造之前途

諸君，我想諸君聽了我這番話，當下就要起一個疑問，說道『依你說來，歐洲不是整個完了嗎，物質界的枯窘既已如彼。精神界的混亂又復如此。還有甚麼呢。從前埃及中亞細亞乃至希臘羅馬。都曾經過極燦爛的文明。後來都是滅絕了或中斷了。不要這回歐洲又鬧這齣戲罷。我對於這個疑問。敢毅然決然答應道『不然。不然。大大不然。』歐洲百年來物質上精神上的變化。都是由『個性發展』而來。現在還日日往這條路上去做。他和古代中世乃至十八世紀前的文明。根本上有不同的一點。從前是貴族的文明受動的文明。如今卻是羣衆的文明自發的文明。從前的文明是靠少數特別地位特別天才的人來維持他。自然逃不了『人亡政息』的公例。今世的文明。是靠全社會一般人個個自覺日日創造出來的。所以他的『質』雖有時比前不如。他的『量』卻比從前來得豐富。他的『力』卻比從前來得連續。現在的歐洲。一言以蔽之。萬事萬物都是『羣衆化。』這種現象連我們有時也看得討厭。有人說。這不是叫社會向上。倒是叫社會向下了。其實不然。一面固是叫舊日在上的人向下。一面仍是叫舊日在下的人向上。然而舊日在下的人總是大多數。所以扯算起來。社會畢竟是向上了。這種步驟。英國人所經過的最爲明白。英國從前種種權利。都是很少數的貴族專有。漸漸拿出來給中級的人共享。漸漸拿出來給次中級又次中級乃至最低級的人一齊共享。不獨物質上的權利如此。就是學問上藝術上乃至思想上。他那由上而下由集而散的情形。也復如此。英國固然是最好的模範。其他各國也都是同一趨勢。所以他的文明。是建設在大多數人心理上。好像蓋房子從地脚修起。打了個很結實的樁兒。任憑暴風疾雨。是不會搖動的。講到他的思潮。當法國大革命後唯心派哲學浪漫派文學全盛之時。好像二十來歲一個活潑青年。思想新解放。生氣橫溢。視天下事像是幾着可了。而且不免馳騖於空華幻想。離人生的實際卻遠了。然而他這種自由研究的精神和尊重個性的信仰。自然會引出第二個時代來。就是所謂科學萬能自然派文學全盛時代．這個時代．由理想入到實際．一到實際．覺得從前甚麼善咧美咧．都是我們夢裏虛構的境界．社會現象．卻和他正相反．醜穢慘惡．萬方同慨．一面從前的理想和信條．已經破壞得七零八落．於是全社會都陷入懷疑的深淵．現出一種驚惶沈悶悽慘的景象．就像三十前後的人．出了學校．入了社會．初爲人夫．初爲人父．覺得前途滿目荊棘．從前的理想和希望．丢掉了一大半．十九世紀末葉歐洲的人心．就是這樣．雖然．他們並沒有入到衰老時期．怎見得呢．凡老年人的心理．總是固定的．沈滯的．但會留戀過去．不想開拓將來．他那精神的生活．也和他的肉體一樣．新陳代謝的機能．全然沒了．破壞性反抗性是絕不會發動了．現代歐洲人．卻不是那樣．他們還是日日求自我的發展．對於外界的壓迫．百折不回的在那裏反抗．日日努力精進．正像三四十來歲在社會上奮鬬的人、總想從荊天棘地中．建立一番事業．如今卻不比從前在學校裏發空議論了．他們人情世態甜酸苦辣都經過來．事事倒覺得親切有味．於是就要從這裏頭找出一個眞正的安身立命所在．如今卻漸漸被他找着了．在社會學方面．就有俄國科爾柏特勤一派的互助說．與達爾文的生存競爭說相代興．他是主張自我要發展的．但是人類總不能遺世獨立．大事小事．沒有一件不靠別人扶助．所以互相扶助．就是發展自己的唯一手段．他的論據．也是從科學上歸納出來．所以在思想界一天一天的占勢力．在哲學方面．就有人格的唯心論直覺的創化論種種新學派出來．把從前機械的唯物的人生觀．撥開幾重雲霧．人格的唯心論．由美國占晤士首倡．近來英美學者愈加發揮．從前唯心派哲學家．將『心靈』認作絕對的一個實體．和他對象的『世界』相對待．分爲兩橛．占晤士一派．用科學研究法．證明人類心的性能．實適應於外界而漸次發達．意力和環境互相提攜．便成進化．人類生活的根本義．自然是保全自己發展自己。但人人各有個自己．用『

自己』這個字稱呼通換不過來。所以給他一個通名。就叫做『人格。』這『人格』離了各個的自己。是無所附麗。但專靠各個的『自己』也不能完成。假如世界上沒有別人。我的『人格』從何表現。假如全社會都是罪惡。我的『人格』受了他的漸染和壓迫。如何能健全。由此可知人格是個共通的。不是個孤另的。想自己的人格向上。唯一的方法。是要社會的人格向上、然而社會的人格。本是從各個『自己』化合而成。想社會的人格向上。唯一的方法。又是要自己的人格向上。這就是意力和環境提攜。便成進化的道理。明白這個道理。那麼所謂個人主義社會主義國家主義世界主義。種種矛盾。都可以調和過來了。直覺的創化論。由法國柏格森首倡。德國倭鏗所說。也大同小異。柏格森拿科學上進化原則做個立脚點。說宇宙一切現象。都是意識流轉所構成。方生已滅。方滅已生。生滅相銜。便成進化。這些生滅。都是人類自由意志發動的結果。所以人類日日創造日日進化。這『意識流轉』就喚做『精神生活』。是要從反省直覺得來的。我們既知道變化流轉就是世界實相。又知道變化流轉的權操之在我。自然可以得個『大無畏』。一味努力前進便了。這些見地。能彀把種種懷疑失望。一掃而空。給人類一服『丈夫再造散』。就學問上而論。不獨唯心唯物兩派哲學有調和餘地。連科學和宗教也漸漸有調和餘地了。以上所述幾家學派。都是當本世紀初期早已句出萌達。但未能完成。未能普及。便碰着這回大戰。當戰爭中人人都忙着應戰。思想界的著述。實在寂寥。所以至今沒見甚麼進步。將來能否大成。和康德黑格爾達爾文諸先輩的學說。有同等的權威。轉移一代人心。也不敢必。但是歐人經過這回創鉅痛深之後。多數人的人生觀。因刺激而生變化。將來一定從這條路上打開一個新局面來。這是我敢斷言的哩。

## 十一　物質的再造及歐局現勢

人類只要精神生活不枯渴。那物質生活當然不成問題。譬之大病之後。元神未虧。雖然疲倦消瘦。培補亦易爲力前文所講各國財政生計上情形。誠然困難已極但按到實際他們國債雖多。外債是可以暫時不還的。內債利息散到民間。依然是供殖產興業之用貨幣價值低減對外滙兌喫虧固然是大問題。但有時亦可以借作獎勵輸出的一種手段這些聽他循生計上原則自然變遷。也屬無妨。現時最苦的是資本缺乏然而美國正苦資本過賸勢不能不以歐洲爲尾閭歐人只要善於利用。還不是取諸外府嗎。賸下最難解決的就是勞工問題。我想不出數年這問題定要告一段落或是社會黨柄政實行了社會主義幾個根本大原則。氣象自然一新。或是有些國家竟自繼俄國之後做一番社會革命雖一時大傷元氣過後反贏得意外發達也未可定所以我對於歐洲覺得他前途雖然是萬難。卻斷不是墮落至於分國觀察。或者有一兩國從此雄飛有一兩國漸行衰落這又是別問題了。

我這種拉拉雜雜講了歐洲這些情形。恐怕諸君有點聽得不耐煩了。今且總敘幾句作個收束。第一我想大戰的結果與俄瓦解中歐東歐各小民族紛紛建國。加以威爾遜將民族自決四個字大吹大擂民族主義（一民族一國家主義）越發光燄萬丈十九世紀後半期歐洲民族運動史總算告一段落。往後怕還要擴充到歐洲以外。雖然國際關係複雜天下更從此多事總算人類社會組織一進步第二這回戰爭協約國方面全恃『互助』得勝。給他們一個絕大的教訓。雖然理想的國際聯盟未見完成國家互助的精神已是日見發達質而言之世界主義要從此發軔了。第三協約各國拿『打破中歐軍國』做個旗號算是起了一回征討軍閥的十字軍。如今大功告成。專制主義四個大本營（俄德奧土）連根拔盡。民主主義自然變成政治上絕對的原則加以社會黨日益發展。『社會的民主主義』要漸漸成爲最中庸的一種政治。第四俄國過激派政府居然成立。居然過了兩年。不管將來結局如何。假定萬一推翻。他那精神畢竟不能磨滅。從前多數人嘲笑的空理想。卻已結結實實成爲一種制度。將來歷史價值最少也不在法國大革命之下。影響自然是及於別國。和前條所謂『中庸政治』相爭。還不知誰勝誰負哩。第五。一面雖是國內資本勞工兩階級鬭爭。一面各國仍競相獎勵國產。借此補償戰後疲敝。將來國際間產業戰爭。只有比前更劇。自由貿易主義。怕要作廢。就這一點看來。突飛的社會主義。或者暫時受些限制。第六。科學萬能說。當然不能像從前一樣的猖獗。但科學依然在他自己範圍內繼續進步。這回戰爭中各種發明日新月異。可惜大半專供殺人之用。經此番大創。國際上總有三幾十年平和可望。好好的拿來應用。物質文明。一定更加若干倍發達。第七。這回戰爭給人類精神上莫大的刺激。人生觀自然要起一大變化。哲學再興。乃至宗教復活。都是意中事。以上幾件。是我此行觀察所得的大概。如今假定世界大勢是在這種前提之下。我們做國際團體一分子的中國應該怎麼樣。我國民該走那條路。纔能把這國家在世界上站起來。待我略述愚見寫在下半篇。

## 下篇　中國人之自覺

### 一　世界主義的國家

第一。我們須知世界大同爲期尚早。國家一時斷不能消滅。而且各國戰後所耗元氣。都要取償於外。環顧宇內。就剩中國一塊大肥肉。自然遠客近鄰。都在那裏打我們的主意。若是自己站不起來。單想靠國際聯盟當保鏢。

可是做夢哩．雖然如此．我們卻不能將國際聯盟這件事看得毫無價值．還要盡自己的力量促他的進步．這回國際聯盟．總算世界主義和國家主義調和的發軔．把國家相互的觀念深入人心．知道國家意志並不是絕對無限．還須受外部多大節制．質而言之．國家與國家相互之間．從此加一層密度了．我們是要在這現狀之下．建設一種『世界主義的國家』．怎麼叫做『世界主義的國家』．國是要愛的．不能拿頑固褊狹的舊思想．當是愛國．因爲今世國家．不是這樣能彀發達出來．我們的愛國．一面不能知有國家不知有個人．一面不能知有國家不知有世界．我們是要託庇在這國家底下．將國內各個人的天賦能力．盡量發揮．向世界人類全體文明大大的有所貢獻．將來各國的趨勢．都是如此．我們提倡這主義的作用也是爲此．

## 二　中國不亡

第二．我們萬不可有絲毫悲觀．說中國要亡了．講到什麼財政困難生計困難．人家不知比我加幾十百倍．我們過這小小不順遂的日子．就垂頭喪氣．歐洲人只好相率跳大西洋了．若因軍閥專橫．政治腐敗．就說沒有辦法．請讀讀十九世紀上半期歐洲歷史．看是怎樣情形．英法兩國．現在不是公認做民主政治的模範嗎．從前閥族的專橫腐敗．還不是和我一樣．爲甚麼就能有今日呢．遠的不必說．現在資本階級的專橫．又何如．他們可是深根固蒂．足智多能．絕非我們那外强中乾的軍閥．和那依草附木的官僚．所能比並．我們說沒有辦法．他們大多數人也只好坐以待斃了．若因爲現在人心墮落．醜類橫行．便發生根本悲觀．這也是知其一不知其二．當過渡混雜時代．罪惡總浮到面上來．各國都是如此．何獨我國．一定說現在人心比從前墮落．這句話我卻不能承認．從前罪惡何嘗沒有．或者因觀念不同．不認他是罪惡．或者因社會輿論不管閒事．不發覺他的罪惡．即以政治論。民國政界固然混濁。難道前淸政界。又算得淸明嗎。不過前此沒有人理會他。醉生夢死的受他墮制。如今雖依然沒有脫了墮制。卻是把他的罪惡盡情暴露。所以看得來越發驚心動魄。像比從前還不如了。其他家庭上社會上罪惡都是這樣。其實昨今同一罪惡。所爭的只在揭破不揭破。感覺不感覺。既是罪惡質量相同。所以不能算是墮落。然而揭破和感覺。卻是一種進步。爲甚麼呢。因爲是國民自覺心的表現。古人有言。知病卽藥。從前我週身是病。卻全不知道。如今知道了。就從這知字上。自然會生出法子來。現在歐洲人日日大聲疾呼。說世界末日。說文明破產。不管他說的是否過當。就這一點憂危之心。便是他蘇生的左劵。一個人最怕是對於現狀心滿意足。如此。這個人只有退步沒有進步。只好當他死了。感覺現狀不滿足。自然生出努力。這努力便是活路。我們現在知道自己滿身罪惡。知道自己住的是萬惡社會。中國從此就開出一條活路來了。這是好現象。不是壞現象。只要知道病就趕緊去醫。不要因爲病就垂頭喪氣。把自己營衞的本能減掉。這病有甚麼要緊呢。我說天下從無沒辦法的事。不辦卻眞沒法。我們先把辭典上沒辦法三個字塗去。辦法卻多着哩。

## 三　階級政治與全民政治

第三。從前有兩派愛國之士。各走了一條錯路。甲派想靠國中固有的勢力。在較有秩序的現狀之下。漸行改革。誰想這主意完全錯了。結局不過被人利用。何嘗看見什麼改革來。乙派要打破固有的勢力。拿甚麼來打呢。卻是拿和他同性質的勢力說道。『你不行等我來』誰想這主意也完全錯了。說是打軍閥。打軍閥的人還不是個軍閥嗎。說是排官僚。排官僚的人還不是個官僚嗎。一個強盜不惟沒有去掉。倒反替他添許多羽翼。同時又在別方面添出許多強盜來。你看這幾年軍閥官僚的魔力。不是多謝這兩派人直接間接或推或挽來造成嗎。

兩派本心都是愛國愛國何故發生禍國的結果呢原來兩派有個共同謬見都是受了舊社會思想的錮蔽像杜工部詩說的『二三豪傑爲時出整頓乾坤濟時了』那裏知道民主主義的國家徹頭徹尾都是靠大多數國民不是靠幾個豪傑從前的立憲黨是立他自己的憲干國民甚麼事革命黨也是革他自己的命又干國民甚麼事好比開一瓶皮酒白泡子在面上亂噴像是熱烘烘的氣候一過連泡子也沒有了依然是滿瓶冰冷這是和民主主義運動的原則根本背馳二十年來種種失敗都是爲此今日若是大家承認這個錯處便着實懺悔一番甲派拋棄那利用軍人利用官僚的卑劣手段乙派也拋棄那運動軍人運動土匪的卑劣手段各人拿自己所信設法注射在多數市民腦子裏頭纔是一條蕩蕩平平的大路質而言之從國民全體下工夫不從一部分可以供我利用的下工夫纔是眞愛國才是救國的不二法門把從前做的一部分人的政治醒轉過來那全民政治纔有機會發生哩

## 四　着急不得

第四我們須知天下事是急不來的總要把求速效的心事去掉然後效乃有可言有人說時局危險到這地步不設法彌縫補苴暫時支持一旦亡了怎麼辦呢我說姑無論中國決不會亡別人想亡偌大一個國決非容易就是亡國也算不得什麼一回大事波蘭不是亡了幾百年嗎今日如何要知暫時支持這種字樣纔眞是亡國心理若要不亡只有紮硬寨打死仗之一法這個法兒卻是斷斷急就不來的我國民主主義在歷史上根柢本就淺薄在地理上更很少養成的機會所以比歐美諸國發達較遲如今突然掛起這個招牌好像驢蒙虎皮種種醜態如何能免但這些全不要緊因爲人類性能是活的不是死的只要需以時日下番工夫自然會把自己

蛻變．和環境適應起來．這卻要靠新出來的青年．不能責望老輩．我們並不是菲薄老輩．因爲他們在他的時代．只能做他適應的事業．如今老了．生理上心理上新陳代謝的功能．一齊停息了．如何能責備他和我們一樣．他的地位．卻也不久就要和現在的青年辦交代．他責任自然是輕鬆了．這些青年．卻是萬鈞責任壓到肩上．只要自己認明這責任．實踐這責任．天下總沒有辦不來的事．我信得過我們多數可愛的青年．這點見地這點志氣是有的．但現在未曾磨鍊完成．而且辦交代的時候．還沒有到．所以目前萬不可着急．便急也急不來．若要急時．做得好．不過苟且小成．做得不好．便要墮落斷送了．看透這一着．所以我們現在着手的國民運動．總要打二三十年後的主意．像區區這種年紀．是不指望看見成功的．其實二三十年光陰．在國史教科書上．不過占一葉半葉．算什麼呢．我們只管興會淋漓的做去便了．

## 五　盡性主義

第五．國民樹立的根本義．在發展個性．中庸裏頭有句話說得最好．『唯天下至誠爲能盡其性．』我們就借來起一個名叫做『盡性主義．』這盡性主義．是要把各人的天賦良能．發揮到十分圓滿．就私人而論．必須如此．纔不至成爲天地間一贅疣．人人可以自立．不必累人．也不必仰人鼻息．就社會國家而論．必須如此．然後人人各用其所長．自動的創造進化．合起來便成强固的國家進步的社會．這回德國致敗之原．就是因爲國家主義發達得過於偏畸．人民個性．差不多被國家吞滅了．所以碰着英法美等個性最發展的國民．到底抵敵不過．因爲『人自爲戰』的功用喪失了．所以能勝而不能敗．德國式的國家主義．拿國家自身目的做個標準．把全國人放在個一定的模子裏鼓鑄出來．要供國家之用．結果猶且不勝其敝．我國則並無所謂國家目的．徒以社會上畸形的組織。學說上惰性的權威。把各人的本能。從小就桎梏斲喪起來。如今人開口便說是中國民智不開。或說是人才消乏。誠然不錯。但又須知在這種舊社會束縛馳驟之下。才智是斷不能發生。因爲舊社會也有一個模子。將中國人一式鑄造。脫了模就要在社會上站不住。無論何人總要帶幾分矯揉的態度來遷就他。天賦良能。絕不能自由擴充到極際。近來中國人才智不逮歐西。都是爲此。今日第一要緊的是人人抱定這盡性主義。如陸象山所謂『總要還我堂堂地做個人』將自己的天才（不論大小人人總有些）盡量發揮。不必存一毫瞻顧。更不可帶一分矯揉。這便是個人自立的第一義。也是國家生存的第一義。

## 六　思想解放

第六要個性發展。必須從思想解放入手。怎樣叫做思想解放呢。無論甚麼人向我說甚麼道理。我總要窮原竟委想過一番。求出個眞知灼見。當運用思想時。絕不許有絲毫先入爲主的意見束縛自己。空洞洞如明鏡照物。經此一想。覺得對我便信從。覺得不對我便反抗。『曾經聖人手議論安敢到』這是韓昌黎極無聊的一句話。聖人做學問便已不是如此。孔子教人擇善而從。不經一番擇。何由知得他是善。只這個擇字。便是思想解放的關目。歐洲現代文化。不論物質方面精神方面。都是從『自由批評』產生出來。對於在社會上有力量的學說。不管出自何人。或今或古。總許人憑自己見地所及痛下批評。批評豈必盡當。然而必經過一番審擇纔能有這批評。便是開了自己思想解放的路。因這批評又引起別人的審擇。便是開了社會思想解放的路。互相濬發。互相匡正。眞理自然日明。世運自然日進。倘若拿一個人的思想做金科玉律範圍一世人心。無論其人爲今人爲古人。爲凡人爲聖人。無論他的思想好不好。總之是將別人的創造力抹殺。將社會的進步勒令停止了。須知那人若非經過一番思想。如何能創造這金科玉律來。我們既敬重那人。要學那人。第一件便須學他用思想的方法。他必是將自己的思想脫掉了古代思想和並時思想的束縛。獨立自由研究。纔能立出一家學說。不然。這學說可不算他的了。既已如此。爲甚麼我們不學他這一點。倒學他一個反面。我中國千餘年來學術所以衰落進步所以停頓。都是爲此。有人說。思想一旦解放。怕人人變了離經畔道。我說。這個全屬杞憂。若使不是經不是道。離他畔他不是應該嗎。若使果是經果是道。那麼俗語說得好。『眞金不怕紅爐火』。有某甲的自由批評攻擊他。自然有某乙某丙的自由批評擁護他。經一番刮垢磨光。越發顯出他眞價。倘若對於某家學說不許人批評。倒像是這家學說經不起批評了。所以我奉勸國中老師宿儒。千萬不必因此着急。任憑青年縱極他的思想力。對於中外古今學說隨意發生疑問。就是鬧得過火。有些『非堯舜薄湯武』也不要緊。他的話若沒有價値。自然無傷日月。管他則甚。若認爲彀得上算人心世道之憂。就請痛駁起來呀。只要彼此適用思辨的公共法則。駁得針鋒相對。絲絲入扣。孰是孰非。自然見個分曉。若單靠禁止批評。就算衛道。這是秦始皇偶語棄市的故技。能彀成功嗎。還有幾句打破後壁的話。待我說來。思想解放。道德條件一定跟着動搖。同時社會上發現許多罪惡。這是萬無可逃的公例。但說這便是人心世道之憂。卻不見得。道德條件本是適應於社會情形建設起來。（孔子所謂時中。時宜。最能發明此理。）社會變遷。舊條件自然不能適用。不能適用的條件。自然對於社會上失了拘束力。成了一種殭石的裝飾品。一面舊條件既有許多不適用。一面在新社會組織之下。需要許多新條件。卻並未規定出來。道德觀念的動搖。如何能免。我們主張思想解放。就是受了這動搖的刺激。想披荆斬棘求些新條件。給大家安心立命。他們說解放思想便是破壞道德。道德二字作何解釋。且不必辯。就算把思想完全封鎖起來。試問他們所謂道德。是否就人人奉行。舊道德早已成了具文。新道德又不許商榷。這纔眞是破壞道德哩。至於罪惡的發現。卻有兩個原因。第一件。是不受思想解放影響的。因爲舊道德本已失了權威。不復能拘束社會。所以惡人橫行無忌。你看武人政客土匪流氓。做了幾多罪惡。難道是新思想提倡出來嗎。第二件。是受思想解放影響的。因爲提倡解放思想的人。自然愛說抉破藩籬的話。有時也說得太過。那些壞人就斷章取義。拿些話頭做護身符。公然作起惡來。須知這也不能算思想解放的不好。因爲他本來是滿腔罪惡。從前卻隱藏掩飾起來。如今索性盡情暴露。落得個與衆共棄。還不是於社會有益嗎。所以思想解放。只有好處。並無壞處。我苦口諄勸那些關心世道人心的大君子。不必反抗這個潮流罷。

## 七　徹底

第七。提倡思想解放。自然靠這些可愛的青年。但我也有幾句忠告的話。『既解放便須徹底。不徹底依然不算解放。』就學問而論。總要拿『不許一毫先入爲主的意見束縛自己』這句話做個原則。中國舊思想的束縛固然不受。西洋新思想的束縛也是不受。一種學說到眼前。纔要虛心研究。放膽批評。但這話說來甚易。做到實難。因爲我們學問根柢本來甚淺。稍有價值的學說到了面前。都會發生魔力。不知不覺就被他束縛起來。我們須知拿孔孟程朱的話當金科玉律說他神聖不可侵犯。固是不該。拿馬克思易卜生的話當做金科玉律說他神聖不可侵犯。難道又是該的嗎。我們又須知現在我們所謂新思想。在歐洲許多已成陳舊。被人駁得個水流花落。就算他果然很新。也不能說『新』便是『眞』呀。我們又須知。泰西思想界。現在依然是渾沌過渡時代。他們正在那裏橫衝直撞尋覓曙光。許多先覺之士。正想把中國印度文明輸入。圖個東西調和。這種大業。只怕要靠我們纔得完成哩.我們青年將來要替全世界人類肩起這個大責任.目前預備工夫.自然是從研究西洋思想入手.一則因爲他們的研究方法.確屬精密.我們應該採用他.二則因爲他們思想解放已經很久.思潮內容豐富.種種方面可供參考.雖然研究只管研究.盲從卻不可盲從.須如老吏斷獄一般.無論中外古今何種學說.總拿他做供詞證詞.助我的判斷.不能把判斷權遜讓給他.這便是徹底解放的第一義.就德性論.那層解縛的工夫.卻更費力了.德性不堅定.做人先自做不成.還講什麼思想.但我們這德性.也受了無數束縛.非悉數解放.不能樹立.祖宗的遺傳.社會的環境.都是有莫大力量.壓得人不能動彈.還有個最兇狠的大敵.就是五官四肢.他和我頃刻不離.他處處要干涉我誘惑我.總要把我變成他的奴隸.我們要完成自己的個性.卻四面遇着怨敵.所以坐在家裏頭也要奮鬬.出來到一切人事交際社會也要奮鬬.不是鬬別人.卻是鬬自己.稍鬆點勁.一敗塗地.做了捕虜.永世不能自由了.青年人對於種種關頭.更是極難通過.因爲他生理衝動的作用.正在極強極盛時候.把心性功能壓住了.所以有時發揚得越猛.墮落得越快.在沒有思想的人固不足惜.有思想的人.結果得個墮落.那國家元氣.眞擱不住這種斲喪了.欲救此病.還是從解放着力.常常用內省工夫.體認出一個『眞我』.凡一切束縛這『眞我』的事物.一層一層的排除打掃.這便是徹底解放的第二義.

## 八　組織能力及法治精神

第八.我們中國人最大的缺點.在沒有組織能力.在沒有法治精神.拿一個一個的中國人和一個一個的歐美人分開比較.無論當學生.當兵.辦商業.做工藝.我們的成績.絲毫不讓他們.但是他們合起十個人力量.便加十倍.能做成十倍大規模的事業.合起千百萬個人力量.便加千百萬倍.能做成千百萬倍大規模的事業.中國人

不然。多合了一個人。不惟力量不能加增。因衝突掣肘的結果。彼此能力相消。比前倒反減了。合的人越發多。力量便減到零度。所以私家開個鋪子都會賺錢。股分公司什有九要倒帳。很勇敢的兵丁合起來做個軍隊都成敗類。立憲共和便鬧成個四不像。總之凡屬要經一番組織的事業。到中國人手裏。總是一塌糊塗了結。但是沒組織的社會和有組織的社會碰頭。直是擠不過去。結果非被淘汰不可。然則人家的組織能力從何而來。我們爲什麼竟自沒有呢。我想起來爭的只是一件就是有無『法治精神』的區別。一羣人爲甚麼能結合起來。靠的是一種共同生活的規條。大衆都在這規條的範圍內分工協力。若是始終沒有規條。或是規條定了不算帳。或是存了一個利用的心。各人仍舊是希圖自己的便利。這羣體如何能成立。便不能共同生活。歐美人的社會。大而國家政治。小而團體遊戲。人人心坎中都認定若干應行共守的規則。覺得他神聖不可侵犯。這種規則。無論叫做法律叫做章程叫做條例叫做公約。無論成文或不成文要之。初時是不肯輕容易公認。一經公認之後。便不許違反。又不許利用。一羣人靠了這個。便像一副機器有了發動機。個個輪子自然按步就班的運行。我國人這種觀念。始終沒有養成。近來聽見世界有個『法治』的名詞。也想檢來充個門面。至於法治精神。卻分毫未曾領會。國會省議會天天看見第幾條第幾項的在那裏議。其實政府就沒有把他當一回事。人民就沒有把他當一回事。議員自身更沒有把他當一回事。什麼公司咧什麼協會咧。個個都有很體面的幾十條章程按到實際。不過白紙上印了幾行黑墨。許多人日日大聲疾呼。說最要緊是合羣結團體。你想在這種脾氣之下。羣怎麼能合。團體怎麼能成。其實提倡的人先自做了這種脾氣的奴隸。這還有什麼好說呢。我初時在那裏想這個不要是我國民天賦的劣根性罷。果然如此。便免不了最後的生存淘汰。眞可驚心動魄。後來細想。知道不然。乃是從前的歷史。把這種良能壓住了。久未發達。因爲從前過的是單調生活。不是共同生活。自然沒有什麼合理的公守規條。從前國家和家族。都是由命令服從兩種關係結構而成。命令的人權力無上。不容有公認規則來束縛他。服從的人。只隨時等着命令下來就去照辦。也用不着公認規則。因此之故。法治兩字在從前社會。可謂全無意義。人類的開化是向共同生活而趨。便叫我們覺得沒有組織便不能存活。若不把組織的良能重新濬發出來。這身子從何託命。什麼是良能。只法治精神便是了。

## 九　憲法上兩要點

第九。如今重復講到政治問題。現今在南北軍閥蹂躪之下。固然無政治可言。但軍閥終久會倒的。倒了過後。政治就會改良嗎。還要看國家根本組織何如哩。國家最重要機關。當然是首推國會。但幾年以來國會價值。被議員辱沒透了。國人對於國會的信仰。已經一落千丈。非把他恢復過來。簡直沒有辦法。怎麼纔能恢復呢。試問國會爲甚麼有價值。不是因爲他代表國民嗎。現在議員卻代表誰來。但是現在的情形。只是聚着一羣靠政治吃飯的無業遊民。掛上一個頭銜。便覥然以全國主人翁自命。叫人怎麼能對他生出信仰來。即使改選一回。選出來還不是這一班人。換湯不換藥。結果依然一樣。這等說來。民意機關終久不得實現。政治終久不得改良。國家可要斷送了。要國會恢復價值。根本就要叫國會眞正代表國民。我想莫如施行一種職業選舉法。兩院中雖不妨有一院仍采代表地方主義。必須有一院采代表職業主義。將國中種種職業團體。由國家賦予法人資格。委任辦理選舉。選舉權被選舉權。都以有職業爲限。像我們這種高等遊民。只好在剝奪公權之列。想要恢復。除非趕緊自己尋着個職業來。若用此法。那吃政治飯的政客。就使未能遽報肅淸。最少也什去八九。就算是替政界求得一張辟疫符．若用此法．那農工商各種有職業人民．爲切己利害起見．提出的政治問題．自然絲絲入扣．若用此法．那『國之石民』和國家生出密切關係．民主政治基礎．自然立於不拔之地．若用此法．將來生產事業發達．資本階級和勞工階級都有相當的代表在最高機關．隨時交換意見．交讓利益．社會革命的慘劇．其或可免．我想這個法子．將來世界各國都會採行的．但他們資本家勢力太大．多方阻撓．非經一番惡戰．恐難實現．我們現在空空洞洞．絕無階級的利害衝突．何妨大衆努力設法實行．不但對內可以奠定國基．而且對外還可以博得個先進國的榮譽哩．還有一件．瑞士式的國民投票制度．是要採的．（說詳第十七篇）從前有人說．這制度要小國纔能行．這是什麼話．現在德國不是廣行嗎．美國憲法改革前幾年．不就有人極力提倡此制嗎．國民是主人．國會是主人代表．並非我派了代表．就把我的權賣給他了．有時代表作不了主人的事．還須主人親自出馬來．即如這回南北議和．眞正民意所在．是有目共見的．天公地道．就是只要一回國民投票．一刀兩段的解決．却任憑那南北軍閥派出什麼總代表咧分代表咧．來鬼鬼祟祟的分贓．國民看不過．要說幾句話．那新舊議員老爺們就瞪起眼睛來說道．『這是我國民代表的權限．誰敢多嘴』你想這不是豈有此理嗎．所以我說．職業選擧和國民投票．是我們中華民國憲法的大關目．必要切實辦到．政治的大本纔能立哩．

## 十　自治

第十．還有一句老生常談的話．就是地方自治．我這回歐遊．實地考察．纔知道歐洲國家．是把『市府』放大做成．本來人民就有參預地方公務之權．漸漸把這權擴充到集中．便變成國家的民主政治．他們有個最大信條．『我住在此地．就要管此地的事．爲甚麼呢．因爲和我有利害關係』對於地方是如此．對於國家也是如此．所以政治上的興味和責任心自然發生。愛國是不待人教的。我們怎麼樣呢。民國招牌掛了八年多了。京師和各省省城。一個市會也沒有。走徧二十二行省。一個鄉會也沒有。僅僅在那最高級行政官廳所在地人云亦云的鬧些國會省議會。純是拿前清做官思想去當議員。何嘗有一毫自治觀念來。還有像『宋板康熙字典』一般的笑話。就是『官辦自治』。那些賢明的督軍省長。把手下幾位冗員派個籌辦自治的差事。這本卷就算交了。有的人說。最要緊的是本省人做本省督軍。將全省官缺壟斷起來。實行飯碗排外主義。就叫做自治。還有人連這些也不管。只要把那對付難的偉人政客。各人送他一個地盤。等他鬼有所歸而不爲厲。也叫做什麼『聯省自治』。唉。在民國的金字招牌底下連自治兩個字都沒人認得。這是從那裏說起。我說。我們國民若是能彀有建設北京市會和豐臺村會的能力。自然也會有建設中華民國的能力。不然。天花亂墜的政治譚。可是白饒的。要做政治活動。就請從這裏着手罷。

## 十一　社會主義商榷

第十一。講到國民生計上。社會主義自然是現代最有價值的學說。國內提倡新思潮的人。漸漸的注意研究他。也是很好的現象。但我的意見。提倡這主義。精神和方法。不可併爲一談。精神是絕對要采用的。這種精神。不是外來。原是我所固有。孔子講的『均無貧和無寡』。孟子講的『恆產恆心』。就是這主義最精要的論據。我並還有絲毫附會。至於實行方法。那就各國各時代種種不同。歐美學者。同在這面大旗底下。已經有無數派別。應該采用那一種。采用的程度如何。總要順應本國現時社會的情況。歐洲爲什麼有社會主義。是由工業革命孕育出來。因爲工業組織發達得偏畸。愈發達愈生毒害。社會主義家想種種方法來矯正他。說得都是對症下藥。

在沒有工業的中國想要把他悉數搬來應用流弊有無且不必管却最苦的是搔不着癢處試舉幾個例譬如要學他們結個工團和資本階級對抗就要先問國內是否有資本階級若沒有便是無的放矢軍閥官僚攤幾百萬家私算得資本階級嗎各國資本家在國民生計一個總單位裏頭生產方面關係何等重大軍閥官僚連搶帶騙左手得來的錢右手向不生產的方面盡情揮霍配說資本家嗎至於有些正當商人辛苦經營個把公司正在和外貨競爭弄得焦頭爛額我們硬說他是資本階級施行總攻擊問良心其實不忍又如馬克思一派倡的生產機關國有論在歐美豈非救時良藥若要搬到中國就要先問什麼是生產機關我們國內有了不曾就算有了罷說要歸到國家我頭一個就反對你不看見鐵路麼鐵路國有權是歐美社會黨最堅持的大問題我們不是早辦了嗎結果如何在這種政治組織之下提倡集產豈非殺羊豢虎以上所舉拿來做個比方並不是論他的方法良不良只是論我們用得着用不着至於有的人說現在中國應注重的是生產問題不是分配問題這句話我却不敢完全同意我的主張是一面用全力獎勵生產同時眼光並須顧及分配戰後各國拚命的擴充輸出國際間產品競爭比前更烈我若不圖抵制何以自存但工業方當幼稚之時萌蘖是摧殘不得煽動工人去和辦工廠的作對我認為等於自殺但當工業發軔之初便應計及將來發達以後生出何種影響歐洲工業革命時代就因為沒有思患預防如今鬧到積重難返費盡九牛二虎之力還矯正不了幾分好在我們是個後進國他們走的路怎麼錯法都已眼見他們所用的醫方一張一張的羅列供我參考我們只要避了那迷人的路用了那防病的方令工業組織一起手便是合理健全的發展將來社會革命這個險關何嘗不可以免掉須知革命都是出於不得已本非吉祥善事免得掉還是免掉的好哩所以我對於目前產業上的意見主

見發揮資本和勞働的互助精神現在各國工廠所給工人的利益及方便。我們要調查詳備。儘力盡施。一面還要國家從稅則上及其他種種立法上。力求分配趨於公平同時生產組合消費組合等項最要極力提倡。令小資本家以至赤貧的工人。都得有正當防衛的武器。至於勞動者本身的自治精神。亦應在學校內工廠內設法陶養。不論公共企業或私人企業。都得盡情發揮互助的精神。這便是目前坦坦平平的一條大路。至於太過精闢新奇的學說。只好拿來做學問上解放思想的資料。講到實行且慢一步罷。

## 十二　國民運動

第十二。我想讀者諸君。一定要向我質問。說道。『你說了這一車子的話。什麼政治咧。生計咧。都是文不對題。現在我們第一個災星。是南北軍閥惡很很的在那裏包攬把持。你有什麼法子打破他。不打破他能彀有着手處嗎』我便答道。『法子麼有的。但要靠諸君』『什麼法子呢』『自然是國民運動』『怎樣纔叫做國民運動』『第一要不是政客式的運動。第二要不是土豪式的運動。第三要不是會匪式的運動。是要全國眞正良善人民的全體運動』『哈哈。這話却眞眞正正白饒了。良善人民。安分守己。怕管閒事。誰和你去運動來』『只怕你不是青年。是青年諒來不該說這話』『我是青年便怎的。難道叫我接二連三的罷課罷學拿運動做專門職業嗎。我犧牲了求學光陰。算是不足惜。到底能有效果麼』『不然不然。我們可愛的青年啊。你是國家的寶貝。你的國家決不許你白白犧牲做那無效的運動。第一件只要你把你現在的精神維持到底。別要像過去的青年。一眨眼便墮落。第二件只要你把你的精力設法流布到你的同輩中。叫多數人和你一樣。第三件更要你把你的思想着實解放。意志着實磨練。學問着實培養。抱定盡性主義。求個徹底的自我實現。你看現在當家的市民。不是在那裏預備着和你辦交代囉嗎。到那時候。不是全國都變了理想的新民囉嗎。運動起來。甚麼人能抵抗呢。』『說是不錯。却是要好些年哩。』『這個自然。所以我說着急不得。你想現在當家的市民積極消極的作了多少孽。如今恰好食那果報。三五七年的災難。免得了麼。三五七年却算甚麼。法國一七九三年大革命。直到一八七一年。還賠了一場大敗仗。纔算共和成立。如今不是轟轟烈烈世界上一個天字第一號的國家嗎。眼界放遠些啊。力量放韌些啊。那麼世界就沒有一件可悲觀的事。眼面前黑狗咬白狗的勾當。也值得因爲他短氣嗎。』

## 十三　中國人對於世界文明之大責任

以上十二段。我都是信手拈來。沒有什麼排列組織。但我覺得我們因此反省自己從前的缺點。振奮自己往後的精神。循着這條大路。把國家挽救建設起來。決非難事。我們的責任。這樣就算盡了嗎。我以爲還不止此。人生最大的目的。是要向人類全體有所貢獻。爲什麼呢。因爲人類全體纔是『自我』的極量。我要發展『自我』就須向這條路努力前進。爲什麼要有國家。因爲有個國家。纔容易把這國家以內一羣人的文化力聚攏起來繼續起來增長起來。好加入人類全體中助他發展。所以建設國家。是人類全體進化的一種手段。就像市府鄉村的自治結合。是國家成立的一種手段。就此說來。一個人不是把自己的國家弄到富強便了。却是要叫自己國家有功於人類全體。不然。那國家便算白設了。明白這道理。自然知道我們的國家有個絕大責任橫在前途。什麼責任呢。是拿西洋的文明來擴充我的文明。又拿我的文明去補助西洋的文明。叫他化合起來成一種新文明。我在巴黎曾會着大哲學家蒲陀羅 Boutreu（柏格森之師）他告訴我說。『一個國民。最要緊的是把本國文化。發揮光大。好像子孫襲了祖父遺產。就要保住他。而且叫他發生功用。就算很淺薄的文明。發揮出來。都是好的。因爲他總有他的特質。把他的特質和別人的特質化合。自然會產出第三種更好的特質來。你們中國。着實可愛可敬。我們祖宗裏塊鹿皮拿把石刀在野林裏打獵的時候。你們不知已出了幾多哲人了。我近來讀些譯本的中國哲學書。總覺得他精深博大。可惜老了。不能學中國文。我望中國人總不要失掉這分家當纔好。』我聽着他這番話。覺得登時有幾百斤重的擔子加在我肩上。又有一回。和幾位社會黨名士閒談。我說起孔子的『四海之內皆兄弟』『不患寡而患不均』。跟着又講到井田制度。又講些墨子的『兼愛』『寢兵』』他們都跳起來說道『你們家裏有這些寶貝。却藏起來不分點給我們。眞是對不起人啊。』我想我們還彀不上說對不起外人。先自對不起祖宗罷了。近來西洋學者。許多都想輸入些東方文明。令他們得些調劑。我子細想來。我們實在有這個資格。何以故呢。從前西洋文明。總不免將理想實際分爲兩橛。唯心唯物。各走極端。宗教家偏重來生。唯心派哲學高譚玄妙。離人生問題都是很遠。科學一個反動。唯物派席捲天下。把高尙的理想又丟掉了。所以我從前說道。『頂時髦的社會主義。結果也不過搶麵包喫。』這算得人類最高目的麼。所以最近提倡的實用哲學。創化哲學。都是要把理想納到實際裏頭。圖個心物調和。我想我們先秦學術。正是從這條路上發展出來。孔老墨三位大聖。雖然學派各殊。『求理想與實用一致』。却是他們共同的歸着點。如孔子的『盡性贊化』『自强不息』。老子的『各歸其根』。墨子的『上同於天』。都是看出有個『大的自我』『靈的自我』。和這『小的自我』『肉的自我』同體。想要因小通大。推肉合靈。我們若是跟着三聖所走的路。求『現代的理想與實用一致』。我想不知有多少境界可以闢得出來哩。又佛教雖創自印度。而實盛於中國。

現在大乘各派。五印全絕。正法一脈。全在支那。歐人研究佛學。日盛一日。梵文所有經典。差不多都翻出來。但向梵文裏頭求大乘能得多少我們自創的宗派更不必論了像我們的禪宗眞可以算得應用的佛教。的確是要印度以外纔能發生。的確是表現中國人特質。叫出世法和現世法並行不悖。現在柏格森倭鏗等輩。就是想走這條路還沒走通。我常想他們若能讀唯識宗的書他的成就一定不止這樣。他們若能理解禪宗。成就更不止這樣。你想先秦諸哲隋唐諸師豈不都是我們仁慈聖善的祖宗積得好幾大宗遺產給我們嗎。我們不肖。不會享用如今倒要鬧學問饑荒了。就是文學美術各方面我們又何嘗讓人。國中那些老輩。故步自封。說什麼西學都是中國所固有。誠然可笑。那沈醉西風的。把中國甚麼東西都說得一錢不值好像我們幾千年來就像土蠻部落。一無所有豈不更可笑嗎須知凡一種思想。總是拿他的時代來做背景。我們要學的是學那思想的根本精神。不是學他派生的條件因爲一落到條件就沒有不受時代支配的。譬如孔子說了許多貴族性的倫理在今日誠然不適用。却不能因此菲薄孔子。柏拉圖說奴隸制度要保存。難道因此就把柏拉圖抹殺嗎。明白這一點。那麽研究中國舊學。就可以得公平的判斷。去取不至謬誤了。却還有很要緊的一件事。要發揮我們的文化。非借他們的文化做塗徑不可。因爲他們研究的方法實在精密。所謂『欲善其事必先利其器』不然。從前的中國人。那一個不讀孔夫子。那一個不讀李太白。爲甚麼沒有人得着他好處呢。所以我希望我們可愛的青年。第一步要人人存一個尊重愛護本國文化的誠意。第二步要用那西洋人研究學問的方法去研究他。得他的眞相。第三步把自己的文化綜合起來。還拿別人的補助他。叫他起一種化合作用。成了一個新文化系統。第四步把這新系統往外擴充。叫人類全體都得着他好處。我們人數居全世界人口四分之一。我們對於人類全體的幸福該負四分之一的責任不盡這責任就是對不起祖宗對不起同時的人類其實是對不起自己我們可愛的青年啊立正開步走大海對岸那邊有好幾萬萬人愁着物質文明破產哀哀欲絕的喊救命等着你來超拔他哩我們在天的祖宗三大聖和許多前輩眼巴巴盼望你完成他的事業正在拿他的精神來加佑你哩

# 歐行途中

## 一 北京上海

我們同行七人蔣百里（方震）劉子楷（崇傑）丁在君（文江）張君勱徐振飛（新六）楊鼎甫（維新）到了歐洲後常在一處的還有夏浮筠（元瑮）徐巽言（譯）這就是我一年來的遊侶因船位缺乏分道首途在君振飛經太平洋大西洋我和蔣劉張楊四君就取道印度洋地中海我們出遊目的第一件是想自己求一點學問而且看看這空前絕後的歷史劇怎樣收場拓一拓眼界第二件也因爲正在做正義人道的外交夢以爲這次和會眞是要把全世界不合理的國際關係根本改造立個永久和平的基礎想拿私人資格將我們的寃苦向世界輿論伸訴伸訴也算盡一二分國民責任如今外交是完全失望了自己學問匆匆過了整年一點沒有長進說起來好生慚愧我們動身以前在東交民巷免不了有些應酬其時英美等國外交當局大約和我們同做一樣的夢着實替我們打算有幾回肺腑之談今且未便把他發表但記得有一回和日本代理公

使芳澤君宴會林宗孟在座。劉子楷當繙譯。談到膠州問題。我說『我們自對德宣戰後。中德條約廢止。日本在山東繼承德國權利之說。當然沒有了根據』他說『我們日本人却不是這種解釋』說了這句就不肯往下談了。後來我說『中日親善的口頭禪。已講了好些年。我以爲要親善就今日是個機會。我很盼日本當局要了解中國國民心理。不然恐怕往後連這點口頭禪也拉倒了。』他聽了像有些動容。如今想起來。却是不幸言中了。這些過去的事且不說他。我們是民國七年十二月廿三日由北京動身。天津宿一宵。恰好嚴範孫范靜生從美國回來。二十四早剛到。得一次暢談。最算快事。二十四晚發天津。二十六早到南京。在督署中飯後。即往上海。張季直由南通來會。念七午國際稅法平等會開會相餞。季直主席。我把我對於關稅問題的意見演說一回。是晚我們和張東蓀黃溯初談了一個通宵。着實將從前迷夢的政治活動。懺悔一番。相約以後決然舍棄。要從思想界盡些微力。這一席話。要算我們朋輩中換了一個新生命了。念八晨上船。搭的是日本郵船會社的横濱丸。原來這船和我從前還有一段因緣。當洪憲僭帝時。我在上海跟着各位同志密謀匡復。和廣西的陸幹卿通聲氣。幹卿派人來請要我親到廣西。他纔舉義。我得了這話。就立刻起程。搭的正是這船。那時滬港間偵探密布。我趁黑夜偷了上船。一躲就躲在艙底汽爐旁偏一間貯郵件的小房。蹲了六日六夜。上面大雪紛飛。我整日汗如雨下。這船名我早已忘記了。黃溯初送上船來。一見認得。因爲那時有四位和我同行。一位是湯覺頓（叡）一位是黃孟曦（大暹）一位是幹卿派來的唐紹慧。一位便是溯初。我們這回住的房艙。就是他們那回住的那一間。覺頓孟曦都是死於洪憲之難。從船上分手後。不久就永不相見了。俯仰陳跡。眞乃不勝哀感。

## 二　南洋所感

船開了．經過香港新加坡檳榔嶼．一天一天的熱起來．十日以前．走津浦路線．正遇着大雪．燕齊平陸．一白千里．十日以後在檳榔嶼植物園賞起荷來了．我們的衣服就好像剝竹筍一層一層的褪到後來穿一件白袷．還是汗下如雨．想起來人類受環境的支配．眞是利害．你不順應他．你能够存活嗎．現時國內大多數人所說的話所做的事所懷的思想．豈不都是穿着大毛遊歷新加坡嗎．

我們離開國境已經十多日．却是到的地方還是和內地旅行一樣．新加坡檳榔嶼一帶．除了一面英國國旗外．簡直和廣東福建的熱鬧市鎮．毫無差別．開大礦的麼中國人．種大橡皮園的麼中國人．大行號麼中國人．雜貨小販麼中國人．苦力麼中國人．乞丐麼中國人．計英屬海峽殖民地三州中國人約二十六七萬．歐洲各國白人合計．不過六千八百．再就南洋華僑全體約計．英屬（殖民地三州保護地四州合計）二百萬．荷屬三百萬．暹羅安南等處三百五十萬．總數八百五十萬．和南斯拉夫比利時兩國的人口大略相等．比匈牙利羅馬尼亞略少些．比荷蘭略多些．比瑞士希臘約多一倍．唉．他們都是和英法德美分庭抗禮的一個國家了．再者美國十三州聯合建國時．人數也不過幾百萬．他們當初也不過因爲在家鄉覓食艱難．出外別謀生路．那動機正和我們去南洋的一樣．如今是怎麼一個局面．囉呢．比起來正是羞得死人．我們在船上討論到這些情形．張君勱就做了一篇文章．論中華民族南洋建國問題．我想我們中國人直到如今．從沒有打過主意要建設自己的國家．不然何至把本國糟到這般田地．四萬萬人尙且不成一個國．七八百萬人更何足道．我從前說的一個原則所謂

『我住在這地方就要管這地方的事。爲什麼呢因爲和我有利害關係。』我們中國人就向來沒有認得這個原則。倘使認得我們不知建了多少國了。我從前又說的『我們能够建設北京市會豐臺村會纔能建設中華民國。』我如今再說一句。我們能够建設廣州汕頭廈門市會自然能建設南洋新國。如其不然甚麽話都是白說。好在我國民也漸漸自覺了。我敢信我們中華民國。不久定要建設起來。至於南洋新國。也是民族自決的一條正路。海外僑民。文化較稚。還須內地人助他開發。從前也有過些人設法勸導華僑贊助國內運動。這個固然是好。但國內的事。還應該國內人多負些義務。華僑却有他自己應做的事。什麽事呢。還是那句老話『我住在這地方就要管這地方的事。因爲和我有利害關係。』我想我們青年若是那位有興致去傳播這種思想拿來做終身事業。倒是男兒報國一件大事哩。

好幾年沒有航海。這次遠遊在舟中日日和那無限的空際相對。幾片白雲自由舒卷。找不出他的來由和去處。晚上滿天的星在極靜的境界裏頭。兀自不歇的閃動。天風海濤。奏那微妙的音樂。侑我清睡。日子很易過。不知不覺到了哥侖波了。哥侖波在楞伽島。這島上人叫他做錫蘭。我佛世尊曾經三度來這島度人。第三次就在島中最高峯頂上。說了一部楞伽大經。相傳有許多衆生天咧人咧神咧鬼咧龍咧夜叉咧阿乾闥咧阿修羅咧都跟着各位菩薩阿羅漢在那裏圍繞敬聽。大慧菩薩問了一百零八句偈。世尊句句都把一個非字答了。然後闡發識流性海的眞理。後來這部經入中國。便成了禪宗寶典。我們上岸遊山。一眼望見對面一個峯。好像四方城子。七人都是四更天拿着火把爬上去禮拜。那就是世尊說經處了。山裏頭有一所名勝叫做坎第。我們雇輛汽車出游。一路上椰子檳榔。漫山徧谷。那葉子就像無數的綠鳳。迎風振翼。還有許多大樹都是蟠着龍蛇偃蹇的怪籐。上面有些瑣碎的高花。紅如猩血。經過好幾處的千尋大壑。樹都滿了。望下去就像汪洋無際的綠海。沿路常常碰着些大象。像位年高德劭的老先生。規行矩步的從樹林裏大搖大擺出來。我們渴了。看見路旁小瀑布。就去舀水吃。却有幾位黝澤可鑑的美人。捧着椰子。當場剖開。翠袖殷勤。勸我們受椰乳。劉子楷新學會照相。不由分說。把我們和這張黑女碑照在一個鏡子裏了。他自己却逍遙法外。走了差不多四點鐘。到坎第了。原來這裏拔海已經三千尺。在萬山環繞之中。瀦出一個大湖。湖邊有個從前錫蘭土酋的故宮。宮外便是臥佛寺。黃公度有名的錫蘭島臥佛詩。詠的就是這處。從前我們在日本遊過箱根日光的湖。後來在瑞士游過勒蒙四林城的湖。日本的太素。瑞士的太麗。說到湖景之美。我還是推坎第。他還有別的緣故。助長起我們美感。第一件他是熱帶裏頭的清涼世界。我們在山下揮汗如雨。一到湖畔。忽然變了春秋佳日。第二件那古貌古心的荒殿叢祠。喚起我們意識上一種神祕作用。像是到了靈境了。我們就在湖畔宿了一宵。那天正是舊曆臘月十四。差一兩分未圓的月。浸在湖心。天上水底兩面鏡子對照。越顯出中邊瑩澈。我們費了兩點多鐘。聯步繞湖一匝。蔣百里說道。今晚的境界。是永遠不能忘記的。我想眞是哩。我後來到歐洲。也看了許多好風景。只是腦裏的影子已漸漸模糊起來。坎第却是時時刻刻鑿個活現哩。中間有一個笑話。我們步月。張君勱碰着一個土人。就和他攀談。談甚麼呢。他問那人你們爲甚麼不革命。鬧得那人瞠目不知所對。諸君評一評。在這種瀟洒出塵的境界。腦子還是裝滿了政治問題。天下有這種殺風景的人嗎。閑話休題。那晚上三更大衆歸寢。我便獨自一個倚闌對月。坐到通宵。把那記得的楞伽經默誦幾段。心境的瑩澄開曠。眞是得未曾有。天亮了。白雲蓋滿一湖。太陽出來。那雲變了一條組練。界破山色。眞個是『只可自怡悅。不堪持寄君』哩。程期煎迫。匆匆出山。上得船來。離拔錨只得五分鐘了．

我們在船上好像學生旅行．通英文的學法文．通法文的學英文．每朝八點鐘．各地抱一本書在船面高聲朗誦．到十二點止．彼此交換着當教習．別的功課照例是散三躺步．睡一躺午覺．打三兩躺球．我和百里還每日下三盤棋．餘外的日子都是各人自由行動了．我就趁空做幾篇文章．預備繙譯出來．在巴黎鼓吹輿論．有三兩篇替中國瞎吹．看起來有點肉麻．連稿也沒有存了．內中一篇題目叫做『世界和平與中國』算是表示我們國民對於平和會議的希望．後來譯印英法文散布了好幾千本．

冬春之交．印度洋風色最好．我們走了二十多日．眞是江船一樣．聽說紅海熱得了不得．我們都有戒心．到紅海了．走了三日．還和印度洋差不多．有一天清早．楊鼎甫看日出回來說『好冷呀』我們就得了一句妙語．說是『紅海號寒』．又一天我們晚上看日落．算是生平未見的奇景．那雲想是從沙漠裏倒蒸上來．紅得詭怪．我着實沒有法子把他形容出來．那形態異常複雜．而且變化得極快．韓昌黎南山陸渾山兩首詩所描擬的奇特事象．按起來件件都有．却還寫不到百分之一．倒影照到海裏來．就像幾千萬尾赬色鯉魚在那裏鱗鱗游泳．我直到那日纔曉得紅海所以得名．海眞算整個是紅了．

我們到蘇彝士了．算是頭一回看見戰場．原來一九一七年．土耳其要襲取運河．逼到邊界．離此地僅七十英里．後來英軍把他擊退了．運河兩旁．密布着層層鐵網．岸上一堆一堆的帳棚．戍兵還未撤呢．我們過河．那邊一艘英國運兵船下來．兩船上的人彼此歡呼萬歲．那一陣聲音．眞似山崩地裂．聽說停戰後通航蘇彝士的船．我們纔算第二號哩．

第二日便到坡賽。我們半個月未踏陸地了。上岸散步。分外神旺。看見些阿剌伯女人個個戴着條一尺多長的黑面巾。連頭帶面蓋着。只露出一雙眼睛。想着他們不知到幾時纔有解放的自覺哩。市上法人頗多。商店招牌。多用法文。這地方政治勢力雖然屬英。經濟勢力法人却還不弱。我們到海濱一家旅館午飯。隨即往觀利涉銅像。眼望地中海。左手挾一張運河圖。右手指着紅海。神采奕奕動人。據史家說。這運河當埃及王朝曾經掘過。後來淤塞了。直到四千年後。纔出這位利涉。據此說來。科學到底有多少進步。却成疑問了。

船到地中海。沒有那麼舒服了。有一兩天。那船竟像劣馬蹌踉跳擲起來。天氣也漸冷了。子楷躲在艙裏。好像冬蟲入蟄。我們幾個人一切功課。還是照常。同船有位波蘭人。也和子楷同病。他羨慕我們到了不得。便上了一個尊號。叫做『善航海的國民』。我們眞受寵若驚了。

我們的船直航英國。志那亞拿波里馬賽等處都不經過。橫斷地中海西行。南歐風景。一點看不着。行了七日。過直布羅陀海峽。眞是一夫當關萬夫莫開。西班牙自從失了這個地方。他的海權便和英國辦交代了。從上海到倫敦。走了一個半月。巡了半邊地球。看見的就只一個英國。唉。這天之驕子。從那裏得來呀。

## 三　舟中雜詩

舟中多暇。隨意作了些詩。我本來就不能詩。多年不做。越發生澀。前塵影事。過而存之罷。

### 楞伽島

錫蘭島本名楞伽。佛說楞伽經處也。土人曰星格里種。其酋一姓相承二千餘年。蓋日本之亞矣。其剌繡彫刻繪畫。存博物院中者斐然可觀。明永樂中鄭和往遊。酋不禮焉。吾師俘之置新君而去。自是修職貢於我五十餘年。前葡萄牙荷蘭盛時皆嘗服屬之。最後爲英所滅。酋統乃絕。實維也納會議之歲也。山中拔海三千尺。有勝區曰坎第。有湖作牛角形。周遭可十里。故宮在焉。宮外一寺。人境廬詩所詠臥佛。即供養此中。島中最高峯突出如方城。上有佛跡。長可二尺。土人往往於雞鳴時攀躋瞻禮。謂可消災難。殆即佛說經處矣。吾以戊午臘月十四日夜宿湖畔。似中秋看西湖月也。去後爲長歌紀之。

須彌之南鐵圍東。一島槃礴重溟中。平分四序但夏令。吐納三面皆雄風。千年聚族有大長。在昔於我爲附庸。其俗雖僿亦未惡。頗有禮讓扶屯蒙。繡文彩楝與畫壁。遺蹟隨分能豐容。爾來海通四百歲。螳雀遞奪更三雄。城下盟成社終屋。虛號並靳山陽公。剝膚方興隕周懼。恤屬邉問存邢功。我來湖山勝絕處。搜古始得故行宮。瞑煙籠水可憐碧。晚花綴樹無賴紅。千門已閉劍佩影。一刹尚寶檀施工。因思此地佛所憇。三度飛錫臨靈峯。更留巨武作剏記。跡所印處成崇墉。想見湖音說法時。修羅乾闥人天龍。恭敬圍繞千百匝。十方花雨來空濛。大慧善問百八句。一咄忽作三日聾。（楞伽經發端訶斥大慧菩薩所問百八事）遺經義窅喩者少。故與震旦弘心宗。（楞伽爲心宗經典）吁嗟末法今千年。徧五天竺成魔叢。（今印度惟婆維門舊教極盛。回教次之。耶教又次之。佛教惟行錫蘭耳）山中臥佛出定未。三界塵劫空復空。遙岑嚮夕纖雲卷。水月相照磨雙銅。久坐領略夜氣靜。踵息欲與神明通。山靈對人眼能白。閱世笑我心尚蓬。明發還逐出山水影事付與談天翁。

夜宿坎第湖

我行所涉忽萬里。此地昔遊垂念年。殘臘別留秋半月。梯山來看水中天。夜迴閬棹餐湖淥。曉蔽芒鞖踏嶺煙。一半句留容我否。夢雲回首轉茫然。

楞伽島山行卽目

戴盆妊女黑可鑑。繚樹高花紅欲然。處處榕陰堪憩馬。家家椰樹不論錢。

蘇彝士河

臘不盡三日。舟過此河。三年前英人與突人戰於距河六十里許。壕壘鐵網。儼然尙存。

險鑿張騫空。繞通鄭國渠。潮來沙刷岸。日落水歸墟。天下仍多事。當關愼一夫。莫令形勝地。再見血模糊。

除夕前二日。橫斷地中海而西。舟行一來復。後漢書西域傳中之西海。卽其地也。

三州所拱環。茲海實地肺。纍纍史中蹟。吐納供一噫。惜哉甘英葸。竟返臨津旆。不然或此間。分我回旋地。我來正戰後。宿嚴解猶未。覆舟露半檣。一日已數四。想見喋血時。衆生命如芥。短景催陰陽。一夕忽改歲。我行殊未已。懷役轉淒悴。天公亦好弄。吹萬出殊態。放暄偶霽溫。挾雨驀威厲。昨夜戲魚龍。軒然舞澎湃。羣彙助覈號。接席成夢悸。我本風波民。一笑行何畏。（海行一月。殊恬適。至是風浪漸惡）

己未正月五日。渡直布羅陀海峽。地中海之西極也。南岸與摩洛哥之 Ceuta 相望。海幅僅十三里。舊爲西班牙西塞。一七零四年英人與班人血戰三年略取之。班人海權盡矣。

西海海西頭。橫出峽如束。誰盜帝息壤。堙此大瓠腹。浪激六鼇忭。石突一獅伏。（峽口一山削立。歐人肖其形。命曰臥獅石。礮台在焉）飛雷列千礮。駕山屯百舳。談笑封丸泥。萬夫敢余毒。海東指蘇士。壯波淼相屬。

虎牢與殽函。天險兩綰轂。泱泱海王國。百川合臣僕。却憶佰年前。戰骨高於屋。寸土爭榮枯。吁嗟彼弱肉。

大西洋遇風

雲海黝黝同一形。水風獵獵同一聲。穿霧黃日出琵縮。貼浪墨煙蟠猙獰。一低一昂十丈强。我船命與龍竈爭。擲塡孤往日三夜。噩夢呼起猶營怔。南溟一月樂已極。天道豈危陂與平。明朝倫敦落我手。樓臺煙雨闇春城。洗眼却望來時路。海日生處孤雲橫。

正月十二日。居然到倫敦了。泰姆兩岸。葱葱鬱鬱。煙雨樓臺。隱約可辨。前面若斷若連的一塊大陸。我一生幾十年光陰。就要劃出一小部分在那裏棲息。準備上去罷。

# 倫敦初旅

## 一 戰後霧中之倫敦

正月十二日正午。船將攏岸。丁徐二君已偕英使館各館員乘小輪來迎。我們相視而笑。算是合抱繞世界一周了。我們纔登岸。戰後慘淡淒涼景況。已經觸目皆是。我們住的旅館。雖非頂闊。也還算上等。然而室中暖氣管是關閉了。每個房間給一斗多的碎煤。算是一日二十四點鐘的燃料。電力到處尅減。一盞慘綠色的電燈。孤孤零零好像流螢自照。自來火的稀罕。就像金剛石。我們有煙癖的人。沒有鑽燧取火的本領。只好强迫戒掉了。我們在旅館客屋喫茶。看見隔座一位貴婦人從項圈下珍珍重重取出一個金盒子來。你猜裏頭什麼東西呢。哈哈。

是一小方塊白糖。他連客也不讓。劈了一半。放在自家茶盌裏。那一半仍舊珍珍重重交給他的項圈。我想我們這幾年在本國。眞算得紈袴子弟。不知稼穡艱難。自想自從貨幣生計發達以來。世人總以爲只要有錢何求不得。到今日也知道錢的功用是有限度了。又想在物質文明享用極豐的歐洲。他們爲國家存亡起見。萬衆一心。犧牲幸福。忍耐力之强。著實可敬。但經過此番之後。總應該覺得平常舒服慣了。方便慣了。也算不得一回好事。在物質的組織之下。全社會像個大機器。一個輪子出了毛病。全副機器停擺。那苦痛眞說不盡。只怕從今以後。崇拜物質文明的觀念。總有些變動罷。

黃公度的『倫敦苦霧行。』頭一句是『蒼天已死黃天立。』我們到歐洲破題兒第一天受了這個印像。是永遠不能忘記的。我們在馬車上望見那將近西沒的太陽。幾個人費了一番徹底的研究。纔判定他是日是月。晚上我和子楷散步。遠遠見有一團朦朧紅氣。我猜是街燈。子楷猜是鐘樓。那裏知道原來就是日間誤認的月光。日月燈三件事。鬧得一塌糊塗。這不是笑話嗎。我但覺受了極溼極重的空氣壓迫。兩顴骨緊張作疼。往街上散步多時。才稍好些。無怪英人拿戶外運動競技等事。當作人生日用必需。漸漸成爲公共嗜好了。倫敦每年總有好幾個月是這樣。而且全國也和倫敦差不多。所以他們養成一種沈鬱嚴重的性格。堅忍奮鬬的習慣。英國人能够有今日。只怕叨這霧的光不少哩。可見得民族强盛。並不是靠絕對豐順的天惠。環境有些苛酷。纔眞算玉汝於成哩。

## 二　威士敏士達寺

我們因旅館難覓由徐丁二君先往巴黎布置我和同舟諸君在倫敦句留五日趁這空暇隨意觀光頭一個要拜會的自然是有名的『英國凌煙閣』威士敏士達寺 Westminster Abbey 我們從託拉福加廣場經白宮街維多利亞街到泰姆河畔眼前屹立一長方形古寺雙搭高聳和那峨特式建築的巴力門毗連並立一種莊嚴樸茂氣象令人起敬這便是威士敏士達寺了我們先大略研究這寺的歷史他是從十一世紀愛德華懺悔王創建十三世紀末亨利第三大加改築到今將近千年累代皆有增修那西塔的門樓還是二十年前新造最奇的是把各時代的款式合冶一爐幾乎成了千年來建築術的博覽會拿一個人作譬好像戴着唐朝一頂進賢冠披着宋朝一件緋袍手拄着明朝一方笏套上清朝團龍補掛脚底下還踏着一雙洋皮靴子你想這不是很滑稽很難看嗎然而他却沒有絲毫覺得不調和依然保持十分莊嚴十分趣味我想這一個寺就可以算得英國國民性的『象徵』他們無論政治上法律上宗教道德上風俗禮節上都是一部分一部分的蛻變幾百年前和幾百年後的東西常常同時並存却不感覺有一些子矛盾他們的保守性有一點和我們一樣他們的容納性調和性怕很值得我們一學罷這寺內最重要的一部分一三七六年創始一五二八年落成約經一世紀半的長久日子算起來當繪圖的時候隨種一株杉樹還可以等他長成來充梁柱他們却勤勤懇懇依着原定的計劃經一百多年絲毫不亂絲毫不懈到底做到成功了唉茲事雖小可以喻大試問我們中國人可曾有預備一百年後纔造成的房子嗎須知若是有一個人要造怎麼一間房子這個人首先就要立定主意自己不打算看見他成功自己更不打算拿來享用這個人一定是不安小就圖個規模宏遠明知道一生一世不能完成的事業却要立個理想的基礎傳給別人有了這個人就行囉嗎不然不然還要後起的人和他一樣的心事

一樣的魄力纔能把他的事業繼承下去。不至前功盡棄。我想歐洲文明從何而來。就是靠這一點。人類社會所以能够進化。也只靠這一點。前人常常立些偉大的計劃替後人謀幸福。後人保持前人的遺產。更加擴充光大。人生的目的。人生的責任。就盡於是了。我遊威士敏士達。最初起的就是這種感想。後來徧歷大陸。到處見的寺院。動輒都是幾百年工程。這感想便日印日深。回想我們中國人的過去。眞是慚愧無地。懸想我們中國人的將來。更是惶恐無地了。

威士敏士達。是英國國敎的敎會堂。是國家和王室的大禮堂。歷代君主加冕大葬。都在此舉行。却依然是全英國一般小百姓日日公共禮拜祈禱之所。就只一點。這寺又算得平民主義的象徵了。我們却爲甚麼叫他做『英國的凌煙閣』呢。因爲他又是個國葬之地。幾百年來名人墳墓都在寺中。原來這寺本王室諸陵所在。後來凡有功德於國家的人。都葬在裏頭。拿中國舊話講。算是陪葬某陵了。但他們陪葬的。不是拿王室的功臣做標準。是拿國家的人物做標準。所以政治家。學者。詩人。乃至名優。都在其列。入到寺中。自然令人肅然起敬。而且發出一種尙友古人的志氣。我們拿着一本『嚮導錄』要來按圖索驥了。入門西便劈頭就是那廿四歲做大宰相的威廉比特遺像。張開手正在那裏演說。迎面一位長髮隆準的老頭兒哈哈。這就是我們讀近世史時最熟的老朋友格蘭斯頓呀。他和他的夫人。就在這底下作永久平和的安息。啊啊。這是奈瑞。上頭的墓誌銘用拉丁文 Isaci Newtoni 連他名字的拚音都改了。當時受文藝復興的影響。好古實在好得有趣。這是發明蒸汽的瓦特。這是生物學泰斗達爾文。這是非洲探險的立溫斯敦。這一帶是政治家。大半自由黨名士。這一帶是詩人小說家。可惜我們學問固陋。記不起許多名字了。哈哈。這是誰。是 Sir 哈拔忒黎。是個唱索士比亞名劇的戲子。

因戲唱得好。國家賞他功勞。封他一個爵。大街上不是還有他的銅像嗎。這是大畫家尼爾拉他是法國人呀。怎麼也葬在此。他是十七八世紀時對於英國美術界最有功的威士敏士達的外國人。算他獨一無二了。這是羅拔比爾。這是哈布頓。這是拉沙爾。這是沙士勃雷。都是些大名鼎鼎的政治家。我實在應接不暇了。進到裏層許多王陵。此外面是壯麗些。但我們對於他却沒甚趣味。草草走過罷嘍喲。這南廊北廊兩位女王。一位伊里查白。一位馬麗。他們姐兒倆生冤家。死對頭。一個要了一個的命。到此可也和解了。同在一個廟裏雙棲雙宿。還有查理第二。當他在這裏加冕的時候。大發雷霆。把那殺父之讎克林威爾寺內的墳掘了。後來克林威爾仍舊改葬還回這寺。和他的陵也相去不遠。啊啊。這纔眞叫做冤親平等。一視同仁。可見這威士敏士達並沒認得甚麼個人。只認得一個英國哩。我們這一遊。整整遊了個下半天。眞如太史公所謂『高山仰止。景行行止。想見其爲人。低回留之不能去焉』我想我們外國人一進此寺。尚且感動到這種田地。他們本國人該怎麼樣呢。威士敏士達。就是一種極嚴正的人格教育。就是一種極有活力的國民精神教育。教育是單靠學校嗎。咦。我國民聽呀。我國民聽呀。

## 三　一九一九年英國總選舉前政界情形

我們要參觀『世界民主政治的老祖宗』英國國會巴力門了。他是總選舉後新召集。恰好吾們登岸那一天行開會禮。我們參觀以前。要把他選舉後的政黨形勢研究一番。才好。

英國。我們都知道的是個政黨政治的模範。他有兩大黨對立。在國會下院占多數的黨。當然掌握政權。那少數黨就在野來監督他英國國民性有兩種極大極重的要素一種是愛自由一種是愛保守兩黨算是各各代表這兩種國民性的一面雖然兩黨黨名改了好多回兩黨具體的政治方針更是適應時代要求隨時變易至於根本精神却依舊是百年如一日近年這兩個黨名一個叫自由黨一個叫統一黨都是有很長遠的歷史根據互相更迭的在朝在野但到了十九世紀末年兩大黨對立的原則漸漸有些搖動了自從一八八〇年以後愛爾蘭國民黨發生成了個第三黨於是甲乙兩黨無論那個都不能在院中占絕對多數總須靠兩黨提攜丙黨便成了個舉足輕重的形勢一八九〇年以後勞工黨發生成了個第四黨一黨制絕對多數的舊夢眞要從此斷念了一八九四年格蘭斯頓失敗以後英國成爲統一黨的天下恰二十年自由黨和第三第四兩黨提攜勢力日漸加增一九〇五年遂占多數自由黨內閣復現其後兩回總選舉統一黨皆一敗塗地自由黨和愛蘭勞工兩黨結合益密繼續保持政權這便是開戰前英國政局的形勢開戰之始在野的統一黨首先表示意思要和政府勠力同當國艱政府亦開心見誠願與在野黨提攜翌年（一九一五）五月聯立內閣成閣員二十二人中自由黨十二人統一黨八人勞工黨一人愛爾蘭黨一人（其後該黨首領勒特門因交涉不調未入閣）故當時之愛斯葵內閣實際上形式上完全辦到舉國一致自由統一兩黨首領在一個內閣裏頭做同僚算是英國憲政史上一個破天荒的新例了（勞工黨員入閣亦以此次爲最初）又翌年（一九一六）十二月勞特佐治拆愛斯葵內閣的臺結果愛斯葵逼退勞特佐治內閣成立幾乎把政黨政治乃至內閣政治的精神都要打破了第一在二十幾名閣員裏頭挑出五位組織軍事內閣這算是內閣之中更有內閣質而言之算是內閣之上更有內閣了第二爲網羅人才起見好幾位不是國會議員的也入閣這是英國憲政史的慣例絕對不

能許容的。第三政府領袖是自由黨的勞特佐治。政府黨上院領袖柯松。下院領袖般拿羅。却都是統一黨。這是前古未聞的異象。『非政黨政治』的精神。公然表現了。要之自勞特佐治內閣成立以來。雖然戰事上替國家立了莫大的功勞。却是憲政基礎。也着實搖動得利害。就政黨方面論。自由黨是分裂了。愛斯葵派和勞特佐治派分立。變成水火。勞特佐治只好利用統一黨來維持勢力。統一黨也要利用勞特佐治慢慢的恢復政權。這便是去年停戰前後英國政界的形勢。

英國下院本以七年為任期。新近改短縮至五年。（一九一一年法律）所以一九一〇年選出的國會。到一九一五年冬早已滿期。徒以戰事方殷。無暇顧及選事。去年十一月德軍降服。勞特佐治內閣跟着就發布改選命令。當時反對派有些人主張稍緩。他的理由因為是選舉人許多遠征在外。不能投票。政府說是平和克復後政府種種設施。第一要求國民信任。任期久滿的國會。是否能代表現在民意。殊不可知。所以亟須依法改選。骨子裏政府是有一番作用。趁着國民慶賀戰勝謳歌功德之時舉行選舉。自然於現政府有利。但打起官話來。他法律上的理由也極圓滿。反對說當然是難不倒他了。這回選舉。各處征戍的軍人。臨時都抽調回來投票。事畢歸伍。所以有人起他一個綽號。叫做軍服選舉。這回選舉依着新改正的選舉法（一九一八年）男子選舉權增加二百萬人。還添上六百多萬的女子選舉權。英國多年女子參政的運動。算是有了結果了。這回選舉不像從前各黨對壘競爭。却另外立出個聯立派。非聯立派的名目來。聯立派是擁護現在的聯立政府。非聯立派反對他兩派中卻是各黨都有。我們可以起他一個名叫做『縱斷政黨』的選舉。聯立派中重要分子（一）統一黨的大部分。（二）勞特佐治部下的自由黨。（三）勞工黨內和勞特佐治表同情的一小部分。非聯立派中重要分子。(一)愛斯奎部下的自由黨。(二)勞工黨的大部分。(三)愛爾蘭的統一黨。(四)愛爾蘭新芬黨。

## 四　總選舉後之新國會

當着手選舉之初。聯立派用勞特佐治(該派自由黨領袖)般拿羅(統一黨領袖)兩個人名義發出洋洋灑灑的一篇宣言。這篇宣言。關於英國將來趨勢總算很有研究的價值。我們素來知道的英國近幾十年來有兩個大問題。第一是關稅問題統一黨主張保護貿易自由黨絕對反對第二是愛爾蘭問題自由黨主張自治。統一黨絕對反對。這篇宣言的要點。就是將這兩個問題表示兩黨折衷調和的意見。統一黨承認愛爾蘭自治。卻是關於烏爾斯達問題。仍聽其自決自由黨承認一部分的關稅改革。對於特定的國產加以保護。農業亦力求改良。但普通物品。依然採自由貿易的原則。這篇宣言分明表示兩黨歷年各走極端的問題。往後着實接近交讓。這總算英國內政上一番新空氣了。其他關於和議問題軍備問題。徵兵制度廢止問題。都有主張。無非用種種法子投合國民心理。那邊非聯立派。卻沒有什麼旗幟鮮明的主張拿得出來。又不敢對於現在新立大功的勞特佐治政府昌言攻擊。他們惟一的武器。就是說聯立主義破壞政黨政治的大原則危及憲政基礎。這話誠然不錯呀。但在那熱辣辣一團高興沈醉戰勝的多數國民。卻聽不進耳朵來。那愛斯奎內閣當時不滿人意的舉動。(如反對福煦做總司令之類)卻人人都是記得。所以選舉下來。聯立派全勝。非聯立派一敗塗地。選舉揭曉。是十二月二十九日。正當我們從上海起程的第二天。我們到香港就看見路透電報告的結果如下。

聯立派　合計四七一名

內統一黨三三四名
勞特佐治自由黨一二七名
勞工黨一〇名
非聯立派　合計二三六名
內統一黨四六名
愛斯葵自由黨三七名
勞工黨六五名
國民黨二名
新社會一名
愛爾蘭國民黨七名
新芬黨七三名
無所屬五名

議員總額七百零七名。政府方面的聯立派占了四百七十一名的大多數。還有非聯立派內之四十六名統一黨大半是從愛爾蘭選出。對於一般政策。還是贊成政府。實際上政府派優越數算是三百二十七名了。這回選舉結果可以特別注意的有好幾點。第一。反對派頭一把交椅的黨魁開戰當時的首相愛斯葵落選。其餘自由黨名士約翰西蒙。郎士門。麥堅拿。和勞工黨黨魁翰特遜。墨克多那。士腦頓等輩。都紛紛落選。反對派失敗的程度可算空前絕後第二統一黨兩派合計共得三百八十名一黨制絕對多數算是二十五年來久已不見的現象他們黨勢是完全恢復了隨時可以把勞特佐治一脚踢開自己獨力組織內閣第三愛爾蘭是主張獨立的新芬黨占了全勝主那自治的國民黨賸得幾名敗鱗殘甲新芬黨議員全體不出席要在達布陵組織起自己的國會來愛爾蘭問題越發要發生新困難了第四勞工黨雖然有幾位首領落選但議員總數畢竟比前次增加現在反對各派中的人數推他做巨擘居然占了在野黨前面一排的椅子實在是英國議會史中破天荒一件大事第五女子參政權是得到手了那些太太小姐們對於他自己的同輩卻像不大信用英蘇等處一個女議員都選不出來只有一名卻是愛爾蘭的『新芬』始終未見出席記得臨出京時英使朱爾典和我餞行席上談起英國人物他說『閣下到英國有一個人非見不可』我問『是誰閣下能否替我介紹』他說『連我也不知道是誰』我說『奇了不知是誰怎麼叫我去見』他說『據說這回女議員總有一名選出你不該去鑽個門路一瞻顏色嗎』說罷了彼此啞然大笑可惜這回獨一無二的新芬黨女議員馬基維夫人我因爲沒到愛爾蘭竟自不得一見了閑話休題英國新國會現在這種形勢之下將來政界該生出怎樣的變化呢據我看來或者是政黨分野從此根本改造勞特佐治派的自由黨和統一黨變成永久的結合據他們的宣言像很有這個意思果然如此那麼愛斯葵派的自由黨當然和勞工黨結合起來漸漸成個强固的在野黨但這種改造是否就能辦到著實難言統一黨人性格有點根本和自由黨不能相容勞特佐治一派在自由黨中尤稱急進自然和統一黨距離更遠還記得一九一〇年勞氏提出他那社會主義的財政案統一黨簡直拿他當洪水猛獸看待說從今便會水乳起來到底有些不像況且勞氏又是個識時務的俊傑他安肯事事遷就統一黨和

勞工黨爲難。逆了世界的新潮流。統一黨卻是占絕對多數。可以制勞氏死命。萬一決裂。勞氏倒有些爲難。還是回娘家呀。還是自立門戶。回娘家似乎有點難爲情。若要從自由統一兩黨中各挖出一部分來自立門戶。只怕也非容易。今日的勞氏。自是算時代驕兒。同時或者已經變成儒林外史說的『小小一條亢龍』。也未可定哩。這且不必管他。好在英國政治。不是人的問題。一個人失敗成功。並沒什麼了不得的影響。卻是現在『縱斷政黨』的現象。我敢說他斷斷不能久長。不久依然還是變爲兩大黨。勞工黨卻要『附庸蔚爲大國』。從前當自由黨的小兄弟。往後只怕要當老大哥了。我們已經把政黨情形。研究得有些眉目。就往議院旁聽罷。

## 五　下議院旁聽

原來巴力門是上下兩院的總名。兩院同在一座房子裏頭。自成院落。我們未到議場。先將全部規模看過大概。你看。這警察好奇怪呀。個個都像紅樓夢上的史湘雲。脖子上帶着朝珠一般的金鎖鍊。鍊上好漂亮的一個金麒麟。入門左手邊那像一個舊木廠的是什麼地方。是從前查理第一的餐房。臺階下那塊石。查理就站在上頭受死刑裁判。這算專制魔王頭一個的現世報。卻是直到如今各國當權的人。還要跟着他學。眞是不可解哩。哦。好大的兩幅畫。畫的都是拿破崙戰爭時英國海陸軍的功績。那英普兩位元帥在那裏握手。好親密呀。唉。國際上有什麼感情。只算得個小人之交。以勢利合罷哦。這一帶廊好長。兩面架上庋的都是幾百年來的法律和議事錄。我想各國人都拿世界當個學校。在那裏上『政治功課』。這位姓英的老哥頭一個試驗及第。這些都是他畢業成績。我們揣摩揣摩啊。怎麼這裏有個飯館。許多議員在那裏喫茶。聽說還常常請客。哈哈。英國人的政治趣味。就和他愛打球一樣這巴力門也算得一個團體競技俱樂部哩。啊啊。這後面就是泰姆河。好閑曠呀。不知那些議員老爺們。可有幾個人領略得來嗳喲。時候不早了。那邊開會好一會了。我們進去罷

好一個森鬱的議場。牆壁用無數三角碎片的橡木砌成年代久了。現出一種暗澹深黝的色澤。四周並沒有大的窗戶。只靠屋頂透光。一個平面的屋頂滿蓋五彩玻璃。式樣也是三角顏色以淡黃爲主。深藍深紅相間錯。當這氣凝霧重之時。越顯得陰沈沈地好像飽經世故的人。一點才華不顯出來。內裏卻含着一片淋漓元氣。外貌的幽鬱。全屬動心忍性的一種表象西人常說美術是國民性的反射。我從前領略不出來。到了歐洲方纔隨處觸悟。這威士敏士達和巴力門兩爿建築。不是整個英國人活現出來嗎。各國會議場。什有九是圓的巴力門卻是個長方形。中間一個議長席。左右兩邊便是一排一排的長椅子。他不像我們參衆兩院有什麼國務員席政府委員席因爲他們非議員不能入閣。國務員都是以議員資格列席當然無所謂國務員席了。國務員坐在議長右手邊第一排椅子。政府黨員一排一排的坐在後面在野黨首領坐在左手邊第一排椅子。黨員也一排一排的坐在後面連演說臺也沒有。無論怎麼長的話。都是從本座站起來便講。各座位前沒有桌子。紙筆墨不用說是沒有了。議長是尊嚴得很。他的座是像神龕一樣。巍巍在上。罩着一個圓蓋兩邊還垂些旛穗。議長坐在裏頭活像塑成的一尊神道。議長席下面有一張長桌。桌上擺着一根金光燦爛的杖笏。這是表示議長威權的一種儀仗。議長參列甚麼正式典禮。一定有人拿着這笏做前導。據說克林威爾拿軍隊解散國會時。曾把這笏丟到街外。說道。『這是什麼東西。拿來嚇誰。』哈哈。克林威爾如今安在。這笏倒是與天同壽咧。桌子靠外盡頭兩邊各擺一個漆匣子。我沒有研究他是革製是木製。更不知裏頭裝着什麼寶貝。但他恰好放在兩黨首領座位

的面前那些黨魁演說初時總是撫摩着他講到起勁便把他奮拳痛毆起來所以英國閨秀有句美談說是『但願嫁得個痛毆巴力門漆匣的可人夫壻』以上所說議場規模都是我當時很受感動的一種印象所以不嫌瑣碎把他詳敍如今要說到會議情形了本日是開會後第一次議事討論的是『奉答詔書上奏文』（各君主國國會行開會禮之日照例有一篇詔書這詔書便是政府一種抽象的施政方針國會第一次會議的總是上奏文在野黨對於上奏文的主張總含有彈劾政府的意味）首相勞特佐治本在巴黎和會前日乘飛機趕回來出席我們初入議場時看見右邊第一排椅子坐着樞密院長般拿羅 Bonar Law 財政總長張伯倫 Chamberlin 還有兩三位國務員隨後勞特佐治也到了就正對着那漆匣子坐那左邊漆匣子後面坐着勞工黨首領亞丹遜 Adamson 他是怎麼樣一個人呢他從十七歲到二十四歲在煤礦裏做苦工是一位貨眞價實正途出身的勞工黨他要把從前掘煤的拳力毆起匣子來了我想從今以後閨秀擇壻不該專向上流搢紳求人才連礦丁車夫怕也要一費法眼哩諸君莫當是笑話這是英國憲政史上一件大事英國將來或者免得掉過激的社會革命就是靠這種精神了我們初進場時亞丹遜正站著演說跟着又是妥瑪演說他是鐵路工團總書記去年曾當過閣員兩人所說的大意都是說前日詔書關於勞工政策未見有切實表示因力說戰後勞工困苦情形主張上奏文中要特別注重這點這算是向政府放了第一枝箭了兩人說的都是情詞激越亹亹動人對面勞特佐治把兩條腿蹺在桌子上（諸君莫誤會說他無禮這是巴力門裏一種時髦態度）和他的同僚都側着耳朵凝神靜聽還時時拿鉛筆把他們的演說要點記在一片小紙上好預備答駁我聽了雙方辯論兩點多鐘眞是感服到五體投地他們討論國家大計像似家人婦子圍在一張桌子上聚談家務眞率是

眞率到十分。肫誠是肫誠到十分。自己的主張。雖是絲毫不肯放讓。對於敵黨意見。卻是誠心誠意的尊重他。我想一個國民。若是未經養成這種精神。講什麼立憲共和。豈非南轅北轍。這幾年來國民對於議員。很有點不滿意。在議員自身固然是要猛醒。但根本責任。仍在國民。議員不是國民一分子嗎。有這種國民。自然有這種議員。攆一位去。換一位來。暮四朝三。還是一樣。不責備自己。單責備議員。根本就是錯謬。我勸我國民快些自覺罷。從這裏下一番苦工啊。不然我們要應那組織國家的試驗。便換了一百個題目。也是要落第哩。空論少發。言歸本題。這回討論。不用問自然知道是在野黨失敗。因爲右邊坐着黑壓壓的一大堆。左邊疏疏落落像幾點晨星。形勢太過懸絕了。但是他們的少數黨。明知他的主張決無通過之望。依然是接二連三把他提出。還演說得淋漓盡致。（那多數黨明知自己一定得勝。卻從沒有恃强壓制。令敵黨不能盡言。總要彼此痛痛快快辯論一番。纔給他一個否決）就中國人眼光看來。他們眞算是獃子。分明沒有結果的提案。翻來覆去的說他。豈非都是廢話。那裏知道英國憲政所以日進無疆。都是爲此。還記得當十九世紀初年。急進黨只有一名議員在議會。他就把那普通選舉法案提出。當然是立刻否決了。明年又一字不易的提出。年年否決。年年提出。如是者一連七年。像吾們絕頂聰明的中國人。斷不會做這種笨事。你說他笨嗎。今日何如。普通選舉。不是成了全世界的天經地義嗎。他們一種主張。絕不希望立刻成功。只是要將他成了一個問題。喚起國民注意。慢慢的造成輿論。乃知孔子的『知其不可而爲之』。墨子的『雖天下不取强聒而不舍』。眞是有道理。笨的英國人所以能成功。聰明的中國人所以沒出息。所爭就在這一點哩。

## 六　巴力門逸話

巴力門許多瑣碎的習慣，就外國人眼光看來，覺得不可解，其實處處都可以看得出英國人的特別性格，他那議長戴着斑白的假頭髮，披着純黑的大袈裟，那祕書服裝也是一樣，像戲臺上扮的什麼腳色，議長的名號，不叫做『伯里璽天德，』President 不叫做『赤亞門，』Chairman 卻叫做『士壁架，』Speaker 翻譯起來，說是『說話人，』的意味，因爲從前國王向議會要錢，總是找他說話，得了這個名，至今不改，最奇怪的，下院議員七百零七名，議席卻只有五百九十六號，若是全體都出席，便有一百一十一人沒有坐處，這種不合情理的過節，改正他並非甚難，英國人卻不管，還是那老樣子，我中英兩國，向來都以保守著名，但我們中國人所保守的，和英國正相反，中國人最喜歡換招牌，抄幾條憲法，便算立憲，改一個年號，便算共和，至於政治社會的內容，連骨帶肉，都是前清那個舊軀殼，英國人內部是不斷的新陳代謝，實際上時時刻刻在那裏革命，卻是那古香古色的老招牌，抵死也不肯換，時髦算時髦極了，頑固也頑固極了，巴力門裏頭最神聖的是『阿達』Order 這個字（原意訓秩序，此處含義稍廣泛，指規則，）議員言動有些子違犯規則，『阿達』『阿達』的聲浪，便四座怒鳴，若從議長口中說出『阿達』這個字來，無論議場若何喧嘩，立刻就變肅靜，他們的『阿達』卻從沒有第幾條第幾項的寫在紙上，問他有多少『阿達』『阿達』的來歷如何，沒有人能夠回答，試舉他幾個例，從這有位新到院的議員，初次演說，開口就說了一聲『諸君，』便到處叫起『阿達』來了，因爲他們的『阿達』凡有演說，都是對議長說話，不是對議員說話，所以頭一句只能說『士壁架，』不能說『諸君，』因此之故，若是有人正在演說時。你若向他前面走過。便犯了『阿達。』因爲把他聲浪隔斷。怕『士璧架先生』聽不眞了。『阿達』中最不可思議的。是他們的絲織高頭帽。他們穿什麼衣服。是絕對自由。惟有這頂高頭帽。非戴不可。爲這頂帽子。那老政治家格蘭斯頓。就鬧了兩回笑話。原來他們的『阿達』。每到議案採決時。先行搖鈴。隔兩分鐘搖一次。三次後會員都要齊集廊下。分立左右。以定可否。格翁正在洗澡（院內有浴室）鈴響起來。換衣服萬趕不及。只得身披浴衣。頭戴高帽。飛奔出來。惹得哄堂大笑。他們的『阿達』尋常演說是光着頭的。惟有當採決鈴聲已響。臨時提出動議。那提出人必要戴高帽演說。有一回格翁又鬧亂子了。他提出這種動議。卻忘記戴帽。忽然前後左右都叫起『阿達』來。他找他的帽子又找不着。急忙忙把旁座的戴上。格翁是個有名的大腦袋。那高帽便像大冬瓜上頭放着個漱口盂。又是一場哄堂大笑。還有好笑的。那戲裝打扮的議長。這高頭帽也要預備。要來什麼用呢。原來巴力門採決的法定人數要四十名。剛缺一名不足時。議長就來湊數。六分鐘搖鈴三次。每次鈴響後。議長點數目。一。二。三。點到第四十。他就把高帽戴在假頭髮上。高呼『四十。』你想這種情形。不是眞有點像唱戲嗎。他們又有一個『阿達』每次散會總是議員動議。議長宣告。有一天議員個個都忘了動議。竟自鳥獸散了。弄得議長一個人在那神龕裏（議長席）坐到三更。幸虧一個院內守夜的走過。問起來由。纔到處找得一位議員進來。正式動議。議長然後正式宣告散會。你說好笑不好笑呢。諸君莫笑。這種瑣瑣碎碎的情節。就是英國人法治精神的好標本。『英國國旗永遠看不見日落。』都是從這『阿達神聖』的觀念贏得來哩。我方纔說英國人愛政治活動。就像愛打球。同是一種團體競技的頑意兒。須知他們打球也是最講規則的。不尊重規則。就再沒有人肯和你頑了。就算中國人打牌。也有他種種規則。若打輸了就推翻桌子。還成話嗎。我們辦了幾年共和政治。演的都是翻桌子把戲。這卻從何說起。他們不制定一種法律便罷。一經制定便神聖不可侵犯。非經一定程序改廢之後。是有絕對效力。無論何人都要服從。所以他們對於立法事業。絲毫不肯放過。人民有了立法權。就算有了自由。都是爲此。若是法律定了不算賬。白紙上灑些黑墨來哄人。方便自己的要他。不方便的就隨時抹殺。那麽何必要這些法律。就有了立法權又中何用呢。講到這一點。那些半野蠻未開化的軍閥不足責了。就是我們高談憲政的一派人。也不能不分擔責任。因爲他們蔑法的舉動。我們雖然不是共犯。但一時爲意氣所蔽。竟有點不以爲非了。就只一點。便是對國民負了莫大罪惡。我如今覺悟過來了。所以要趁個機會。向國民痛徹懺悔一番。並要勸我們朋友輩從此洗心革面。自己先要把法治精神培養好了。纔配談政治哩。一面還要奉勸那高談護法的一派人。也注意這種精神修養。若是拿護法做個招牌。骨子裏面還是方便自己的法律就要他。不方便的隨時抹殺。那罪惡豈不是越發深重嗎。總之。我自從這回到了歐洲。才覺得中國人法律神聖的觀念。連根芽都還沒有。既沒有這種觀念。自然沒有組織能力。豈但政治一塌糊塗。即社會事業亦何從辦起。唉。我國民快點自覺啊。快點自懺啊。

# 巴黎和會鳥瞰

## 一 和會主體國及其他新造國

平和會議以一九一九年正月十八日開幕。我們到巴黎時。恰恰開了滿一個月。要研究這和會。須先將和會主體清理出個眉目來。這回和會。與歷史上過去的和會。有點根本不相同之處。從前和會是交戰國兩造在一堂會議。這回卻只有戰勝國一面。那戰敗國卻不能與聞。所以又叫他做議和預備會。嚴格講起來。正式和平會議。自四月二十九日在威爾賽宮接見德國全權之日起。纔算開始。但自從那日以後。兩造還是沒有會。更沒有議。也不能叫他做會議。所以我們口中『平和會議』一個名詞。指的就是這個預備會。

參與平和會議的國名及代表人數如下。英美法意。日共五國各五名。英國五殖民地。澳洲。加拿大。南非洲。印度。各二名。紐西蘭一名。其他聯軍各國。巴西。比利時。塞爾維亞。各三名。中國。希臘。暹羅。波蘭。葡萄牙。乞開斯羅維克。羅馬尼亞。海折。各二名。祕魯。古巴。瓜特瑪拉。海地。漢的拉。波利維亞。歐奎度。里比里亞。尼喀拉圭。巴拿馬。門的內哥。各一名。合計三十二個主體國。七十名全權。其後門的內哥國未得列席。實際上只算三十一國。六十九全權。

我們一見最覺得奇怪的。是英國殖民地居然直接辦起外交來。這是歷史上初開的新例。這件事與其說是英國人要在和會多占勢力。毋寧說是各殖民地自主的範圍加廣。前文所列五個殖民地。除印度外。那四個實際上早已別成一國。不過和合衆英王國有一種聯屬關係。經過此番以後。國家之形式越發完備了。其次這和會中很有幾個面生可疑的國家。（一）波蘭是怎麼樣恢復呢。（二）乞開斯羅維克是個什麼。（三）我們看見報紙上和會記事。講到許多由哥斯拉夫或是南斯拉夫的主張。怎麼名單上不見有他。既沒有他。他如何能拿出主張來。（四）門的內哥既同是戰勝國。和議名單上又有他。爲什麼後來又不列席呢。（五）海折這個國。我們連夢裏也沒聽見過。他是幾時立國。在什麼地方。怎麼也有兩位全權。和我們中國一樣。（據說原定中國三名。海折一名。後來海折力爭。就把我們那一名割讓給他了。）（六）戰後新造的國家。就這幾個麼。抑或還有。我想以上這幾個問題，國中多數人也和我一樣，鬧得頭昏腦亂，不甚明白。我如今想用簡單的方法把他說明，但頭緒紛繁，太簡也辦不到。這些國家卻是歐洲史上過去現在將來的緊要脈絡，請諸君耐點子煩，把他研究淸楚罷。歐洲東南一帶，有各種小民族錯綜雜居於各國境內，實為近數十年來全歐禍亂之媒。經過這次大戰，民族建國問題，算是解決了一大部分。我們先要把民族分配知個大概，然後新國家的來歷才得明白。今列表如下。

歐洲東南部各民族表

- (一)北斯拉夫族
  - (一)波希米亞人(即乞開)六百萬餘
  - (二)斯羅維克人二百萬餘
  - (三)波蘭人一千八百萬餘(內移住美洲者二百五十萬)
  - (四)魯狄尼亞人(在俄者稱小俄羅斯人)二千七百萬餘
- (二)非斯拉夫族
  - (一)馬基阿人(即匈牙利)一千萬餘
  - (二)羅馬尼亞人一千萬餘
  - (三)土耳其人二千六百萬(在歐洲者僅百餘萬)
  - (四)希臘人五百萬餘
  - (五)阿爾巴尼人二百萬餘
- (三)南斯拉夫族
  - (一)布加利亞人六百五十萬餘
  - (二)塞爾維亞人八百二十五萬餘
  - (三)斯羅宛人三十萬餘

民族既已如此複雜，若使同在一個國中，還不至十二分轇轕。他們卻是分隸於兩國或三四國統治之下，所以把東南一隅的政界鬧得荆天棘地。試就開戰前情形而論。波蘭千五百餘萬人。就分隷俄普奧三國。羅馬尼亞千萬人僅五百五十萬隷本國。其餘三百多萬隷匈牙利。一百多萬隷於俄奧等國。希臘人五百萬。僅一半住本國。其餘住君士但丁及多島海布加利亞人六百五十萬。四百萬住本國。其餘住土耳其及馬基頓。塞爾維亞人八百餘萬。僅二百七十餘萬住本國。二十五萬住門的內哥。其餘五百二十五萬住奧匈。內中住南匈牙利的二百七十五萬。住奧大利的七十五萬。住奧大利新領坡士尼亞。赫斯戈維納二州的百七十五萬。在這種情形底下。那被統治的民族固然塊壘塡胸。那統治的民族。卻也芒刺在背。就中俄奧兩國幅員最廣。民族最雜。統治亦最難。俄國國內有四十二種不同的語言。所包含主要的民族。除大俄羅斯人約居十分之六外。尚有小俄羅斯人。白俄羅斯人。芬蘭人。波蘭人。德意志人。羅馬尼亞人。韃靼人。猶太人等。奧匈國更是複雜。全國總人口約五千一百萬。內中奧大利統治主體之德意志民族不滿一千二百萬。匈牙利統治主體之馬基阿民族約一千萬。此外被統治的民族。乞開人斯羅維克人合計八百四十萬。波蘭人約六百萬。斯羅宛人克羅戛人（亦南斯拉夫之一種）塞爾維亞人合計六百八十萬。魯狄尼人三百五十萬。意大利人七十餘萬。羅馬尼人三百二十餘萬。這些被治的國民。在俄奧兩國裏頭。久已積抱不平。亦曾屢次企圖獨立。無奈總是失敗。開戰以後。形勢日日蛻變。給這些小民族種種好機會。德奧方面。設盡方法運動俄國分裂。東戰場俄軍一敗。全俄革命。俄帝國霎時瓦解。協約國方面設盡方法運動奧國分裂。西戰場德軍一敗。德奧革命。奧匈帝國霎時瓦解。先後一年間。兩篇文章。依樣葫蘆。總算是戰爭期內第一件痛快事了。至停戰時。歐洲新造的國家如下。

（一）波蘭　開戰初期。俄德各欲結波蘭歡心。各各宣言許其自治。但俄國想恢復波蘭大公國。俄皇自兼大公德國也要將波蘭歸自己保護。波蘭人卻是要完全獨立。先通款於協約國。得其承認。停戰前一年。威爾遜屢次宣言已明說波蘭是要再建。且給他一個出海的口岸。這便是波蘭光復的略史。

(二)芬蘭　芬蘭在俄帝國時代自治權本沒有完全喪失。開戰以後。漸進一步自己開起議會來。一九一七年俄國革命後。完全獨立。

(三)烏克崙尼 Ukraine　小俄羅斯民族所居。俄國革命後受德奧運動宣告獨立。與德人單獨議和。自獨立後屢與波蘭人爭鬬。迄今未息。

(四)波羅的海三州　三州(一)歐司頓尼 Esthonia(二)勒頓尼 Letnia (三)里都安尼 Lituania 爲德意志民族與斯拉夫人雜居其間。獨立亦受德人運動。以上三國。皆從俄國分出。過激派政府事實上算已承認他獨立。惟烏克崙尼命運長短。尚難決定。尚有西伯利亞一帶。諸派分爭。未能統一。且情形恐難持久。故不列入。

(五)乞開斯羅維克　住在奧大利境內波希米亞。摩爾維亞等地方之波希米亞人。(卽乞開族)住在匈牙利北境斯羅維克地方之斯羅維克人。血族關係本甚相近。戰爭中在本國起革命軍。一九一八年夏季之交。協約各國先後承認他做一個友國。

(六)匈牙利　奧匈革命後。與奧分離。成爲一完全獨立共和國。

(七)奧大利　從前本與匈牙利合體成帝國。今獨立。

(八)南斯拉夫　南斯拉夫卽由哥斯拉夫由哥譯音南字譯義。這一族的人民。從前已經立了兩個國。一個是塞爾維亞。一個是門的內哥。但他們同族的人還有三分之二在奧匈帝國統治之下。所住的地方。是達爾馬尼亞。伊士特里亞。南匈牙利。克羅的。斯拉倭尼。坡士尼亞。赫斯戈維納等處。塞爾維亞人要把他合爲一國。刺殺奧太子。就是因這個動機。門的內哥本來和塞爾維一致行動。中間受了德奧壓迫。他的國王要單獨議和。國民要革他的命。和塞爾維合併。連奧匈境內新恢復過來的各州。合組成一個南斯拉夫國。門的內哥所以不列席平和會議。就是因問題沒有決定。現在南斯拉夫國雖然別國沒有全體正式承認。總算事實上一個國家了。

(九)猶太　一九一八年。英國攻下巴勒斯坦。倡議恢復猶太。現正在組織中。

(十)海折　地在亞洲之阿刺伯。卽回教聖地麥加所在。一九一八年英將擁其士會稱阿刺伯王。練回回軍二十五萬戰勝土耳其。英人爲籠絡回教徒起見。加以特別優待。所以他在和會上位置。和中國同等。

以上十個國。都是戰後新造。內中由俄德奧三國分出來的一個（波蘭）由俄國分出來的三個（芬蘭烏克崙波羅的三州）或者還有個西伯利亞也未可定。由奧匈帝國分出來的三國（乞開斯羅維克。奧大利。匈牙利）由土耳其分出來的兩個。（猶太海折）由奧匈分出來且將兩舊國合成的一個（南斯拉夫）從此國際團體上添了十個新國名。同時卻有三個舊國名去掉了。（奧匈帝國。塞爾維亞。門的內哥）實際上得了七個新國。內中奧大利匈牙利是敵國。芬蘭烏克崙波羅的三州未經承認。猶太組織未完。所以都不列在和會。和會中實得四個新國。（內中一個南斯拉夫還算半新不舊）和廿七個舊國合起來。算是平和會議的主體國。

## 二　和會會議的種類

『歷史不外抄襲舊文』這句話怕含有幾分眞理哩。一百年前維也納會議。英俄普奧四國萬事都祕密議定。其餘幾十個小國代表就只在那裏宴會跳舞臨了畫一個諾。史家常常拿來當個話柄這回和會事前威爾遜大張旗鼓說什麼『廢止祕密外交』什麼『和議公開』臨到實際還是維也納那篇舊板文章眞可令人一嘆。這回會議的種類大約可分爲六（一）正式會議（二）總預備會議（三）五强之十人會議（四）五强之五人會議。（五）四强三强之四人三人會議。（六）各種委員會。

（一）正式會議　這是和敵國交涉的別的會議都是開在巴黎這會議開在威爾賽。僅開過兩次第一回是交付條件第二回是簽押和約。只算會而不議罷了。

（二）總預備會議　開在巴黎外交部。三十一國按照名單上列席。名義上這會議是和會中心。萬事須由他議決但事實上不過五强會議最高會議等已經決定的條文循例交各代表閱看絕無討論可否的餘地。前後開會亦不過六次。

（三）（四）五强之十人會議五人會議　開會初期。此會議卽爲最高機關。當時只有英法美意四强。各派代表二人。實爲八人會議。其後日本强欲加入改爲五强十人。既有這個『十人』怎麼又添出個『五人』呢。因爲三月二十五日以後。別有一個四人會議出現。排斥日本將十人會議停了。日本人自然不免要提抗議。爲敷衍他面子起見三月二十八日。別立一個五人會議。由四强的外相和日本的牧野全權擔任。雖然還是五強權限卻與前大不相同了。

（五）四人三人會議　三月二十五日以後。這個名義纔公然流布。其實並不是公式的議場。也不在外交部。並無一定。大約多在威爾遜私第。人員是美國總統威爾遜法國首相克里曼梭英國首相勞特佐治意國首相阿蘭達。所以外間給他一個綽號叫做『四巨頭會議』。後來阿蘭達因爲菲墨問題退出。四頭賸了三頭。這三巨頭會議。實際上結果這回世界大戰一切問題。全地球十七萬萬人的命運。差不多都受他支配了。

（六）各種委員會　這不過一種附屬機關。由各國專門委員組織。名目有四十三個之多。重要者如國際聯盟委員會。國際勞工委員會。國際法制委員會。戰爭責任委員會。損失賠償委員會。交通委員會等。職在調集材料。預備法案。供四人會議的參考。地位雖不尊崇。實際上比總會議還多做一點事。但緊要問題。依然是四強三強的委員決定。其餘也差不多伴食了。

總之這回平和喜劇。什有八九唱的是後臺戲。許多變遷曲折情形。局外人至今還不得明白。這是我們看戲人最失望之處。只得就表面上看得見的隨時批評便了。

## 三　和會中重要人物

這齣平和劇的頭等名脚。人人都知道是那『三巨頭』美國總統威爾遜君。法國首相克列曼梭君。英國首相勞特佐治君。今請把他們簡單的歷史敘一敘。跟著還下幾句批評。

（一）威爾遜　Wilson Princeton

菩陵斯頓大學校長威爾遜教授．他著的『政治汎論』我們早經讀過的．二十多年前．他學問的價值．已爲世界所公認．一九一一年被選做紐霞斯州 New Jersey 的州長．世人纔曉得他還有政治的天才．幾十年失勢的民主黨黨魁白里安 Bryam 四度競爭選舉．四度失敗．一九一二年戴了這位老學究做候選人．便得絕對多數．做了美國第二十八代的大總統．一九一六年再選連任．大戰期內美國由中立而絕交．而參戰．而戰勝．而議和．都是他一手辦理．現在的威爾遜．不是美國的威爾遜．早成了世界的威爾遜了．他這回到歐洲議和．雖然是受全世界歡迎．在本國國會．卻著著碰着反對．他明知國會中敵多友少．卻始終孤行己志．不管成敗．這一點有些令人不可解．其實據他平素主張的學說看來．便知道毫不足奇了．原來美國憲法採絕對三權分立主義．那立法精神．本是防一機關專橫．立個制限均衡的原則．威爾遜以爲權限分配．固是應該．責任牽掣和諉卸．卻要不得．大總統不獨是行政首長．他既已受國民選舉做議會多數黨的領袖．就兼要指導議會．令立法行政步武諧協．質而言之．他是主張美國大總統要和英國首相有同一權力．他二十三歲做了一篇『議院政治論』The Parliamentary Government 就是發明此義．後來還有許多著作．大略相同．

他當州長時．州會上院也是共和黨多數．（和現在國會一樣）下院民主黨雖多幾名．黨中卻還分派．對於他的意見．不甚贊成．他提了幾回突飛改革的議案．兩院議員大多數不以爲然．他一面要求議員開茶話會．自己親自出席．懇婉說明．（美國國會州會向無行政首長列席之例．即茶話會亦然．威氏此舉實創新例）一面到處演說．向全州選舉民求後援．脅迫議員．要他從我．所以議員裏頭很有人恨他．反對黨甚至罵他專制．雖然這話說得通嗎．他脅迫議員．不是像克林威爾拿破崙袁世凱一般濫用威權．他的武器是國民輿論．國民是最高主權。輿論是最高命令。他只要弄到輿論傾向於他。議員不畏輿論。儘管抵抗。若還畏憚。只得服從。就是他向來成功的祕訣。再覆講一句。萬事直接訴諸國民。便是威爾遜唯一的政治手腕。本年來忽而渡歐。忽而歸美。到處演說。日不暇給。都是如此。這回成功失敗。雖未可知。（我執筆時已知道和約全文上院否決）但這種方法最能發揮民主主義眞精神。雖失敗也是可敬哩。他是個『學者的政治家』。常要把他的理想現到實際。對於國內直接的民主主義。是他理想。對於國際國民的互助。是他理想。就令這回國際聯盟立刻生不出甚麼效果。總不能不算人類社會組織進了一步。這便是理想實現的好處了。他和別的政治家有最不相同的一點。向來政治家最講究社會交際。二六時中見客不斷。（羅斯福勞特佐治輩都如此）他卻最喜歡孤獨生活。每日總有好幾點鐘在白宮裏頭杜門謝客。或搆思或著述。依然像在書齋一樣。他的公文多親自動筆。歷任大總統親筆文件之多。未有其比。他用人的本事。卻甚平常。這是世間有定評的。就論這回用的幾位和會全權。我便不敢十分佩服。要而論之。他一面雖做政治生涯。一面還是書生本色。我這回在巴黎曾和他會過一次。說完山東問題之後。他還談起世界政治趨勢已變易。他的名著『政治汎論』有許多要改正。還告訴我指導國民。最要緊的是給他高遠的理想。後來他關於山東問題。爲德不卒。我自然不免缺望。至對於他的人格和他的事業。我是始終崇拜的。

（二）克列曼梭 Clemenceau

老雄克列曼梭。今年七十八歲了。他是法國第三共和成始成終的一位元老。他是這回起死回生的醫國手。他是法國人。不是世界人。（和威爾遜不同）明年以後。可再沒有他的事業。（他的思想在今日算是頑舊的）

但他總已經十二分對得起他的祖國了說起他的政治生涯可算是全世界政治家第一位老前輩拿破崙第三時代因反對帝政下獄的人如今全國剩了他一個拿破崙第三敗於師丹巴黎革命他由巴黎第十八區市長後來見巴黎平民政府殘暴不可共事就見機而作所以威爾賽政府平亂時不及於難一八七五年據新定的憲法召集國會他在急進旗幟底下選充議員和當時有名的甘必大 Gambetta 稱政界兩雄（甘必大本也屬急進黨後來與反對黨調和組織內閣克列曼梭駡他是機會派）自此以後四十多年他始終都在議會卻輕容易不肯接近政權二三十年前法國政界有所謂『鐸爾菲 Dr yfus 疑獄』和傾覆國體陰謀極有關係其時主持正義最力的在文學界有寫實派巨子卓拉 Jala 在政界便是克列曼梭共和基礎之鞏固這兩人實有莫大功勞克列曼梭有個綽號叫做『內閣破壞者』又一名『母大蟲』L Tigre 因為他生平專以破壞內閣為事四十多年來內閣倒在他手的不下十幾次他倒閣卻從不用鬼鬼祟祟的陰謀只是在議會演壇上一場極鋒利極辛辣的演說把多數議員的良心擒住霹靂一聲一個不信任投票內閣就塌下來了有人問他『你自己又不肯幹專倒人家甚麼來由』他答道『只要把政界的腐敗份子一層一層的肅清就有辦法』他是個外科醫生出身（他入政界後中間還當過五年醫生在巴黎施醫窮民）他做政治就拿出那割症的手段看見有一點子瘀毒便砉然奏刀毫無顧忌他最近還倒了兩個閣一九一七年黎坡 Ribot 內閣的內務總長馬爾威 Molvy 有賣國嫌疑他的祕書受賄通敵情眞罪著黎坡置之不問克列曼梭在議會裏把這情形和盤托出黎坡登時倒了後任內閣是巴爾維 Painleve 馬爾威依然留任不到兩個月克列曼梭又把他倒了這就是這母大蟲最近兩回咆哮的威力克列曼梭當一九〇六年至一九〇九年曾組織過一次內閣當時

他的勁敵．是社會黨首領卓萊士．Jaures 在法國國會中號稱第一雄辯．他兩人旗鼓相當．煞是好看．但卓萊士屢次要倒克列曼梭的閣．畢竟倒不成．後來是被狄爾喀稀 Delcasse 倒了．克列曼梭第二次內閣．就是一九一七年某月繼巴爾維之後．一直到了今日．他發揮他熱烈的愛國心．强固的意志力．把那時漸漸頹喪的士氣．一齊振起．誓博個最後勝利．加以他那敢作敢爲機敏嚴辣的手腕．無論什麼困難問題．到了面前．都是鎮定不驚．指揮若定．他又知人善任．福煦元帥當陸軍大學校長．是他特拔的．這回當聯軍總司令．又是他推薦的．法國能有今日．固然是靠他國民性有許多優性．但克列曼梭也眞算功不在禹下了．他善劍術．動不動要和人決鬭．他又能文．間一兩天總有一篇文登在報上批評時事．四十年如一日．他常和人說．『他有兩種利器．一柄刀．一枝筆．』他從前辦一個報．叫做『自由人』L. Homme Lilve 後來被政府封禁了．他改一個名出版．叫做『桎梏人』L.Homme Enchaine 這還是戰爭期內的事．法國人最重虛榮．他卻不然．立了恁麼大功．連一個勳章也不肯受．除軍士外．也不曾拿一個勳章給人．就這一點．他的民主精神．和他矯正國民缺點的用意．都是極可佩服哩．他意志力極頑强．無論什麼人都不肯遷就．威爾遜抱了十四條原則．跑到歐洲．碰著這位母大蟲議長．把他的什麼不要割地咧．不要賠償咧．一筆勾消．那老學究亦只好從此不響了．社會黨人向來不喜歡克列曼梭．因爲他的眼光只看見國家．不看見個人．也不看見世界．而且手段太辣．近於專制．就這點看來．他和維也納會議的議長梅特涅柏林會議的議長俾士麥．倒有點相類哩．

(三)勞特佐治 Lloyd George

當英杜戰爭時．巴力門裏頭．有一位由威而士 Wales 新選出來不滿三十歲的議員．堂堂正正主張非戰論．驟博盛名。這人是誰。就是現在大英軍事內閣首相主戰最力的勞特佐治。勞特佐治初入政界。卽隸自由黨。一九〇五年統一黨巴爾福 Belfour 內閣倒。自由黨班拿門 Campbell-Banermen 內閣成。勞特始入閣爲商務院總裁。班拿門薨逝。財政大臣愛斯葵 Asyquith 繼組內閣。他就補愛斯葵原缺。原來英國慣例。總是黨中第一位領袖當首相。第二位領袖當財政。勞特佐治當那時候在黨中的資格。可以想見了。他在財政任內。著實替自由黨吐出光燄萬丈。他提出那所得稅法。地價差增稅法。國立保險法。養老年金法。等種種法案。都是採社會主義的精神。謀貧富階級的分配調劑。當時統一黨全力反抗。下院通過。上院否決。於是政爭焦點。由財政問題移到憲法問題。政府兩次解散國會。訴諸國民。連戰連捷。卒至限制上院權限。凡下院三度通過的法案。不管上院贊成反對。都生效力。這是英國憲政史上應該大書特書的一件事。和一八三二年的改革。同一價值。這齣大戲的正脚色。就是勞特佐治。開戰時候。他依然是愛斯葵內閣的財政大臣。不獨在本國籌集軍費。調劑金融。卓著成效。而且對於友國的軍費物品。給他莫大的應援。一九一五年。愛斯葵內閣因力圖戰時舉國一致。招致統一黨領袖。組成聯立內閣。新設軍需部。勞特佐治調任該部大臣。對於軍器運輸等項。種種根本改良。都有很大的功績。到一九一六年年底。愛斯葵內閣倒。勞特佐治襲了他的職。直到今日。奏凱言和。他那如日中天的譽望。眞成了時代驕兒了。但愛斯葵內閣之倒。內中還有一段祕密。頗足耐人尋味。當那年秋冬間。戰事很有些不利。原因就在軍事計劃不統一。行動不敏捷。勞氏以爲閣員二十多人。事事要協商。自然是散漫遲滯。主張要在大內閣裏頭。別設一個小內閣。（後來勞氏內閣中之五人軍事內閣。便是這個。）這主張誠然不錯。但他卻要愛斯葵專做大內閣總理。他自己來做小內閣總理。這分明是把愛斯葵排斥。不許他預聞軍國大計了。愛斯葵初時答應他。後來翻悔他便拆愛斯葵的臺給他一封信。說自己要辭職。而且把這場祕密交涉宣布。愛斯葵回他的信。說你不必着急我自己要辭了。愛斯葵果然就辭英皇挽留他他觀望形勢尚未答應。英皇照例召見統一黨首領般拿羅 Bonar Law 和巴爾福叫他組閣這兩人卻推薦勞特佐治。於是勞氏內閣遂成立。愛斯葵初以爲勞氏和統一黨感情素未融洽料他組織不成。那裏知道他們早已有成謀了。愛勞兩人祕密來往函件不知怎麼樣會落到美國『大西洋雜誌』的主筆手裏本年正月該雜誌把他和盤托出世人纔知道愛斯葵爲勞特佐治所賣。勞特佐治這番舉動其中有何等不得已之苦衷爲國家起見必要犧牲幾十年的老黨魁可惜吾們不知道底細但照表面看來。不能不說是英國憲政史上着些污點哩。自此以後勞氏便和多年的政敵結合新國會選舉統一黨占了絕對多數勞氏像也有些着急。近來（新國會開會的半年後）他的密友邱赤 Winston Churchill（現任陸軍大臣）想組織一個『中黨』The Centre Party 專擁護勞氏但向來英國政黨都是政見的結合不是人的結合這個恐怕不見得有什麼成效罷。總之這三位巨頭中勞特佐治最聰明最有手段。講到人格卻和威爾遜克列曼梭不同路數。我也不敢妄下批評了。

以上把三人的歷史和性格大略一敍至於他們在和會上所做的事到第十篇再行詳述。

（四）其他各國要人

這回和會世界名士咸集但因萬事決於『三人會議』別的人卻沒甚表見。今把次要人物再說幾個。

意大利首相阿蘭德 Orlando　他是個學者出身。向任大學憲法教授開戰前一年在薩倫特拉內閣任司法大臣開戰後轉內務一九一七年意軍大敗受命組織內閣他是四巨頭之一列他一個名。

英國國際聯盟委員會委員羅拔雪絲爾 Lord Robert Cecile　前統一黨黨魁沙士勃雷侯第三子。在他老太爺手下當祕書多年。曾在巴爾福內閣當外交次長。戰爭中當封鎖部長。算統一黨新進中最優秀人物。多人說他將來要襲父職當黨魁。英國人最熱心國際聯盟的。自由黨中有前外相格雷。統一黨中算是他。國際聯盟委員會他做英國代表。他最近主張設立國際海軍。由英美共同擔任。

法國國際聯盟委員會委員蒲遊阿 Leon Boruegeois　法國老輩政治家。年已六十八。曾歷任首相。他的政見。對於社會問題主張互助。對於國際關係主張公斷及聯盟。兩次海牙保和會。都是他當法國全權。現任海牙常設公斷委員。一九一〇年他曾著一書論國際聯盟。當威爾遜未提倡以前。他早已極力鼓吹。和會中國際聯盟委員會。他代表法國。

南非洲殖民地代表史墨士 General Smuts　南非戰爭時。他當杜蘭斯哇大將。與英力戰。南非聯邦自治告成。他當殖民部總長。一九一六年。率兵攻東非洲德殖民地。立大功。一九一七年。入英國軍事內閣。他素來抱民族自決主義。和議前曾著書論國際聯盟。現在和約中聯盟條款。多採他書中所擬。英政府和過激派往來。靠他祕密通氣。匈牙利過激派政府成立時。他又曾親往察看。和議簽約後。他屢次在英演說。說正義人道的大目的並沒有達到。極爲遺憾。

希臘首相維尼柴羅 Venigelos　他是希臘克里島人。幼時便抱革命思想。一八九六年曾加入革命運動。一九〇六年任首相。兩次巴爾幹戰爭。外交因應極敏妙。布加利亞將加入德軍。他便主張希臘加入協約。和希臘王意見不合。王免他的職。他跑回克里島。革起命來。拿革命政府加入協約。後來王被逼遜位。他復任首相至今就這一段事蹟。論頗有點像我們的段芝泉。但他在希臘。算是個國民指導者。全國輿望。十多年來都集在他一身。和段氏卻相反了。現在巴爾幹政治家。公推他第一。有人說可惜他生在小國。英國有了他。輪不到勞特佐治了。他極注意聯絡中國。面勸我一遊希臘。我答應過他。現在情形恐不能踐約。眞是可惜。

美國全權豪斯大佐 Solenel House　他是威爾遜的張子房。英國話議院亦叫『豪斯』。下院叫『第一豪斯』。上院叫『第二豪斯』。他就得個綽號叫『第三豪斯』。民主黨推威爾遜當候補總統。是他出的主意。威爾遜和白里安交歡。是他牽的線。威爾遜的閣員。多半他推薦。美國絕交參戰。都是他定策。他兩三年來常常來往歐洲各國。都因他一顰一笑。生出憂喜。他卻專唱後臺戲。不肯出面。一九一七年充威爾賽軍事會議代表。這回當全權。算是直接當責任了。實際上還是當威爾遜的靈魂。山東問題。聽說就是他的主宰。他黃老之學。算是到家了。不像美國人。倒像中國人。

波蘭首相波狄留士奇 Paderewski　出身之奇。奇不過他了。他是著名賣技的一位音樂家。我們往百代公司。就可以買得許多他的風琴盤子。他是波蘭一位中庸愛國者。波蘭兩年前在巴黎設一個委員會。那領袖是個貴族。新選的總統。是個社會黨。兩邊相隔太遠。怕有衝突。所以舉他當總理。調和他們。他又親當和會代表。現在波蘭大局略定。聽說他就要拂衣長揖。仍舊去賣他的技了。

日本全權西園寺公望　他是個舊華族。年輕時曾留學法國。回去很倡民權論。軍閥大不願意。他後來受伊藤之託。當政友會總裁。組織過內閣。因為他曾和克列曼梭同學。所以日本政府勞動他走這一趟。

以上隨手舉出幾位。若論起和會中名士。眞乃車載斗量。以後碰着機會。隨時批評罷。

## 四　和會議題

這回和會的議題．着實複雜．成立的．不成立的．不費討論的．很費討論的．已解決的．半解決的．未解決的．解決後要實行的．不見得要實行的．大大小小合起來倒有好幾十個．請略分種類．標出一篇目錄來．

(甲)國際公共問題

(一)國際聯盟問題

(A)國際聯盟應否列入和約及開議先後問題

(B)限制軍備問題

(C)國際陸海軍及參謀部應否設置問題

(D)國際聯盟執行部加入四小國問題

(E)國際聯盟機關所在地問題

(F)門羅主義加入國際聯盟約文問題

(G)國際人種平等問題

(H)國際貨幣及戰時公債合併問題

(二)國際勞工問題

(三)國際水陸運輸問題

(四)少數民族保護問題

(乙)對敵條件問題

(一)開戰責任及德前皇交出審判問題

(二)處分德國海軍問題

(三)德國軍力限制問題

(四)德國賠款問題

(五)海里哥要塞及基爾軍港問題

(六)亞爾薩士洛林兩州歸還問題

(七)萊因河左岸占領及右岸要塞問題

(八)沙河煤區問題

(九)德國殖民地委任統治問題

(十)處分德境舊丹麥兩州問題

(十一)防止德奥合併問題

(十二)意大利未贖州歸還問題

(十三)唐濟希(波蘭海口)問題

(十四)上西里西問題

(丙)友邦相互爭議問題

(一)中國日本間山東權利問題

(二)意大利南斯拉夫間菲墨及阿特利亞海問題

(三)波蘭乞開斯羅維克間鐵路問題

(四)塞爾維亞門的內哥合併問題

(丁)其他各問題

(一)對俄問題

(A)干涉過激派問題

(B)承認芬蘭波羅的三州烏克崙尼問題

(二)對匈問題

(三)整理巴爾幹問題

(A)馬基頓問題

(B)特蘭士溫尼問題

(C)亞爾拔尼亞問題

(四)處分土耳其問題

(A)君士但丁委任統治問題

(B)敍利亞問題
(C)亞米尼亞問題
(D)猶太建國問題
(E)埃及保護問題
(五)荷比境界問題
(六)英法美聯盟問題
(七)波斯保護問題
(八)愛爾蘭埃及朝鮮請求獨立問題

這個分類、我自己很覺得他非論理的非科學的、因爲各個問題的性質和關係、都很複雜、要嚴格的分類、實屬不可能、爲要令讀者眉目清醒起見、只好拿這樣做排列次第、至於各問題的來歷、等到第十一第十二兩篇批評和約全文的時候、再行補敍罷了。

## 五　和會瑣記

這回和會、各種虛文的徵逐應酬很少、不像維也納會議時變成跳舞競技會、其原因、(一)這回很是平民的、不像那回貴族的代表好講門面、(二)戰後疲敝已極、物力艱難到十分、大家都不願意以豪奢相競、(三)克列曼梭採嚴格的樸素主義、地主既然這樣、客人只好跟着、(四)所謂四巨頭、都忙得不了、一槪應酬都謝絕、而且萬事都祕密專斷決定．交際場裏的外交手段．頑不出把戲來．只好免了．這就是這回和會冷靜的緣故．

這回和會各國．眞是大規模的來幹．英國美國的辦事員都上了一兩千．別國也是一百幾十．一國包了一家或兩三家的大旅館．把我們遊客的住處都占盡了．英美等國電報電話郵政等項．都是本號自理．全然不用法國交通機關來傳遞消息．也算從前沒有見過的事．

這回和歷次和會最不同的一點．是戰敗國的代表沒有在內．維也納會議時．法國大使塔里蘭大出風頭．弄得英俄普奧四個戰勝國很窘．這回卻絕對沒有這種機會．四月間德國代表來了．圈禁在威爾賽．一個人不許接見．法政府派員檢查他行李．看見衣箱裏帶有晚禮服．報紙上便嘲笑他說．他膽敢和我們攀交際嗎．這些嚴冷手段．我們覺得有些過分了．

和會中英法文並用．這也算歐洲外交界一新例．據說四人會議裏頭．說的全是英話．因為克列曼梭的夫人是美國人．他自己又久住過英國．他英國話說得很好．樂得將就威爾遜（威爾遜不大懂法國話）內中就苦了一位阿蘭德．他們三人說的總是英話．阿蘭德不大懂．旁邊又沒有翻譯．只好變了伴食了．

法政府表面上很敷衍報界．他們立了一個萬國報界俱樂部．政府就徵發了巴黎第一家最豪麗的私宅．給他做會所．這俱樂部為聯絡友邦感情起見．大大的請了幾次客．第一回請的美國國務卿蘭辛．第二回請的英國外部大臣巴爾福．第三回請的希臘首相維尼柴羅．第四回請的我．他們知道我和和會沒有關係．卻是用報界同業名義來請他們．請我那一天．沒有約日本人．臨時有日本五位新聞記者自請加入．我演說講到山東問題．內中有一句說是『若有別一國要承襲德人在山東侵略主義的遺產．就為世界第二次大戰之媒．這個便是平和公敵』滿座幾百人都拍手了那五位日本先生有無表示我卻未留意後來我看見日本報紙的巴黎特電說這回請客是吾們當局運動出來眞是好笑其實這些都是表面應酬何濟實事呢

法政府表面雖是敷衍報界骨子裏卻是檢查得十分苛厲（這是戰爭中如此平時卻絕對的言論自由讀者切勿誤會）和會中稍爲重要的情節卻不會登載我們看戲的人只得從英美人所出的英文報（有幾家在巴黎出版）討些消息有一次某英文報登了福煦元帥關於萊因河問題的一段談話巴黎一家晚報轉載了他法政府便把那晚報沒收舉一例餘法報界當和會時所受的束縛可想見了最好笑的和約全文當未簽字以前絕對不許登載德代表到時將原文交與他不到一來復英法德三種文字的和約在柏林出版了我們還是託人向瑞士購買得來過了一個多月巴黎倫敦纔有印本這種掩耳盜鈴舉動我眞覺有點不可解

我們到了巴黎第二日克列曼棱被刺了正在養病威爾遜回美國去尙未再來勞特佐治亦回家了和議沒有很進行我們抽個空去遊歷戰地罷

還有一件很有趣的事這回預備大會是閒人免進的除了各專使和祕書以及每國額定的報館訪事外別的人都不許旁聽（那最高會議更是絕對秘密不消說了）卻是有個獨一無二的例外就是威爾遜夫人有一天夫人定要去聽和會辦事人員就替他特別設了一張椅子好像國王臨幸國會時坐的寶座這位夫人在那裏聽他的夫壻高談雄辯宰割天下眞算得躊躇滿志唉這回誰不知道威博士親自出馬到歐洲就是他失敗的根原有人說博士此行卻有幾分受了太太虛榮心的影響哩且不管他只當作茶餘酒後的談資罷

此外零零碎碎的事我也懶得多講總之那時我們正在做那正義人道的好夢到執筆著這部書時夢卻醒了

擦擦眼睛一看。他們眞幹得好事。拿部歷史一比。恰好和一百年前的維也納會議遙遙相對。後先輝映。維也納會議由幾個大國鬼鬼祟祟的將萬事決定。把許多小國犧牲了。供他們的利益交換。這回還不是照樣嗎。維也納會議過後。有個俄普奧三國同盟。這回也有個英法美三國同盟。維也納會議後。大家都紅頭脹臉的來辨法國革命的防堵。這回又有個俄國過激派。供他們依樣葫蘆的材料。唉。天下事有那一件脫離得了因果關係。十九世紀種種禍根。都是從維也納種下來。如今他們又在那裏造孽了。你不信。我們山東問題就是一個證據。此外像山東問題樣子的還多着哩。我在巴黎幾個月。正是他們祕密造孽的時候。此時正不知道他葫蘆裏賣什麼藥。我們趁這個空遊歷戰地去了。和會的結果。等他揭曉時候再評判罷。

## 西歐戰場形勢及戰局概觀

### 一　提綱

我們到歐洲後。最要緊的一件事。是要去觀察戰地。因爲過些日子。恐怕戰時痕跡許多要看不見了。所以我們抵法後兩個星期。便即前往。但這回歐戰驚天動地的鬧了五年。我們中國人終是隔岸觀火。就算那留心時局的人。每天所看戰報。也都是東鱗西爪。斷斷續續。沒有能彀把他提綱挈領得一個簡單明瞭的印象。我們既要視察戰地。就不得不臨時抱佛脚。把戰場形勢及戰事經過先行子細研究一回。

這次戰爭。陸海空三方面都演過空前的慘劇。然而主要還是陸戰。就陸戰論。東南西三方面都有莫大的戰蹟。

然而始終勝敗之決定實在西戰場.我們這回所遊的雖僅限於西戰場.但把他關目理清出來.對於歐戰全局形勢.也算『思過半』了.

我當敍述戰況之先.有幾句話不能不鄭重聲明.世人多以爲德國此次失敗.其原因全在內政外交.對於他的軍事.惟有讚歎佩服.其實不然.卽以軍事論.德國缺點.正自不少.質而言之.在軍閥專政的國家底下.不惟別的政治辦不好.連軍事也一定辦不好.今且用極簡單的筆法.敍述五年來西戰場大勢.然後將勝敗原因略爲說明.

西歐戰場.德軍取攻勢的前後三次.第一次曰馬侖 Mrane 之役.德國用他的主力軍越比入法.要包擊法軍的左翼軍一舉而殲之.卒以力不足而退.自此遂變成陣地戰的局面.德國原定的速戰計畫.完全破了.這是千九百十四年秋季的事.第二次曰凡爾登 Verdun 之役.其時俄軍既敗於瓦薩.德人便傾全力來攻堅.想衝破聯軍的中心.來脅迫巴黎.第一次猛攻了六個月.死傷將及百萬.卒無成功.德軍的精銳.卻已挫折略盡了.這是千九百十六年的事.第三次便是千九百十八年春季的攻勢.那時美國已經參戰.西方形勢益急.恰值俄國單獨議和以後.德人無復東顧之憂.乃盡移東戰場兵力以集於西.作孤注一擲.其攻擊次數凡五.雖略地小有所得.究無當於大局.國力卻完全耗竭了.聯軍取攻勢的前後也是三次.第一次曰香檳 Chumpague 及亞得亞 Artais 之役.其時德方大舉攻俄.聯軍欲乘隙突破敵之中堅.這是千九百十五年的事.第二次曰弗蘭得 Elander 之役.時德人嘗凡爾登攻勢失敗後.正有事於巴爾幹.聯軍又欲乘其疲乏.迫其右翼.這是千九百十七年的事.第三次爲千九百十八年秋季最後之大攻擊.那時正是德軍再衰三竭的時候.聯軍擁戴福煦做總帥.更有美

國很大的生力軍做後援。於是一舉勝敵。戰局告終。這回反攻的起點。也在馬侖河畔。故亦可稱爲後馬侖之役。要之。研究歐戰。最主要的是西戰場西戰場戰局的脈絡。在這六回兩造的攻守六回之中又以前後兩馬侖及凡爾登三役爲勝敗的樞機。所以我這回遊歷也是在這一帶地方特爲詳細。今分敍五年來戰局。而以所目覩的形勝隨時插敍。取便讀者。

## 二　開戰及馬侖之役

### 第一年（一九一四年）

法國軍事計畫本來是拿德國當做理想的敵國。但其目的在守而不在攻。所以他的設備。全在東邊兩國交界境上這境上北邊有盧森堡大公國南邊有瑞士。都是永久中立國中間兩國交界線不過一百四十多里。（華里）法國便沿線築造要塞。最南的是貝爾福要塞扼兩山間的咽喉。杜德國南侵隘路。迤北有多羅曼要塞。當亞爾薩士省之衝。更北則埃比拿要塞。誇謨士河。更北則般遜溫桑要塞。更北則鐵爾要塞。跨運河。最北便是天字第一號難攻不落的凡爾登要塞。這便是德法境上一排的守衛形勢當戰事初起法人夢裏也想不到德國敢於破壞盧森堡和比利時的中立。所以動員令下只管在東南境上進兵。初時亦曾侵入洛林省——即一八七一年法國割讓與德兩省之一——兵勢頗振。那裏知道德國卑劣戰略。是多少年前早已預定下來他知道俄國動員遲慢所以將主力軍集中在西方要想抄普法戰役的舊文章直擣巴黎。一鼓而下。等到法國屈服。便不愁俄國不傳檄而定但德法境上。要塞重重。已非復五十年前可比德人細細想來。要從境上進攻實是沒有把握。寧可犯天下大不韙。破盧比兩國中立。從北方擣法國的空虛。以爲這是十全勝算。卻萬不料那富於犧牲精神的比利時。竟會螳臂當車。把他大軍的程期擔擱二十多日。法人得了德兵攻比的惡耗。倉皇狼狽的將東境各軍調到北境。八月二十四日。纔能够和英軍聯絡。德軍卻已衝出比境。乘勝而前。五道並進。廿四廿五廿六等日。已破聯軍第一陣線。廿八三十等日。復破第二陣線。當是時德人氣吞巴黎。而法人軍事上的天才。趁這千鈞一髮的機會。卻盡情發現了。德人之謀。是要將法軍主力的精銳。在法比境上鏖滅過半。然後包圍巴黎。等於摧枯拉朽。那法國總司令岳福將軍。覷破這著。軍法上所謂『全軍爲上』。所謂『散地無戰』。所謂『避其銳氣擊其惰歸』。所謂『以近待遠以佚待勞』。所謂『致人而不致於人』。這幾句大原則。他都體認得極眞。堅持得極定。運用得極妙。他當第一次交綏後。便力排羣議。實行他的退卻計畫。把百餘萬大軍。一連退了九日。任憑軍士怎麼樣的磨拳擦掌求戰。總是不許。他又極力主張遷都波爾多。好把巴黎完全變成要塞——巴黎本是個要塞。他的設備堅密。和凡爾登不相上下。政府既采他的建議。便起用老將軍嘉里尼當巴黎防守總司令。於是巴黎非復政治的中心。全變爲軍事的中心了。直到九月四日。前敵的軍隊。都退到巴黎要塞線外。和凡爾登方面成一直形陣線。岳將軍方纔下令不許再退。

那邊德軍自出比境後。十日來乘勝追擊。如入無人之境。益輕視法軍。謂無能爲役。緊躡其後。全軍直渡馬侖河而南。又以巴黎爲要塞。不欲攻堅。於是繞出東邊。打算包抄法軍的左翼。恰恰其時有俄軍侵入東普魯士之耗。德人既誤認英法爲怯退。又恐東方失利。搖動根本。急忙忙調回一軍團以自救。以致右翼空虛。爲法之第六軍所乘。——第六軍本防守巴黎。未赴前敵。——九月五日至九日。法全軍轉守爲攻。德軍大挫卻退。這一戰。史家稱為前馬侖之役。馬侖這地方位置恰在巴黎與凡爾登中間。為香檳州屬領——著名的香檳酒就出在此地。——查西歐山脈從德境蜿蜒南走西班牙地勢漸低成廣谷以達巴黎。其間有橫流屈曲如弓如帶的。便是馬侖河。這一帶地方原是歷史上有名的戰場。當一百年前拿破崙從莫斯科敗歸。俄普奧三國合兵三十萬將逼巴黎。拿破崙所將法軍。僅及其半。大小數十戰。卒把敵人驅出境外。所以直到今日法國人提起馬侖這個名字。還是勇氣勃勃。當岳福將軍一連把大軍退了九日。軍士都莫名其妙。以為我們四十多年臥薪嘗膽。要復國仇。好容易今日釁自敵開。全國人人都要效死接戰。以來雖有小挫。並無大損。何故不戰而退。據說九月初二三間。退軍望見巴黎燈火的時候。許多軍士嚎啕大哭。都說祖國從此要完了。正在悽惶慘沮。到十二萬分。忽然奉到反攻的軍令。那個不感極而泣。法國的將帥能善用國民這一點精神。便是轉敗為勝的一大關目了。至於兩軍戰蹟。眞是龍拏虎躍。有許多可歌可泣的情形。諸君可以尋一部戰史來看。我也無庸細述。——梁敬錞林凱合著的歐戰全史很好。——總之自這場會戰以後。德軍精銳。雖然沒甚傷損。但是他速戰下巴黎的計畫。可算完全失敗。從此就變成陣地對峙戰。到了陣地對峙戰。那麼德國最後的勝算。可算什去八九了。

我想前馬侖之役。和我歷史上赤壁之役。有點相類。諸葛亮和孫權論曹軍形勢說道『曹操追劉豫州。一晝一夜行三百里。所謂强弩之末不能穿魯縞也。故兵法忌之曰。必蹶上將軍。』德軍這回着實太驕了。十日間沒命的乘勝追擊。進得太銳了。所以結果得個失敗。雖敗而不至失其所依據。也和赤壁一樣。敗了卻不復再能進取。也是和赤壁一樣。至於法國方面毅然決然將北境地方委給敵人。眞算是千古神勇。須知北境諸州。實是法國工業中心。全國精華所聚。給敵人占領。你想想多大的苦痛。但他們全盤打算。非如此不足以制勝。竟自出這種

『毒蛇在手壯士斷腕』的手段．不是器量洪大的國民．做得到嗎．何止北境．連那花團錦簇的巴黎．他們也毫無顧戀．只要能够破敵．雖地方變成虀粉．亦所甘心．倘使沒有這點犧牲精神．國家能够存在嗎．我因這回戰役．又得一個大敎訓．知道今後的戰爭．必須自衞的方能制勝．攻人的決定要失敗．大兵戰於境外．殊非國家之福．假使這回形勢掉轉過來．英法聯軍侵入德境．那麼德人自然是誓死力拒．斷不至有甚麼內訌革命．那侵入軍自然到頭也是失敗．就此看來．那法人委北境於敵．越發算得卓見了．德國人沒有這種見地．便不肯暫時委東普於俄．正在西方吃緊的時候．抽軍還救．卒至爲敵所乘．全國失著．這不是舉棋不定．進退無據嗎．我們看這馬侖一役．眞可以生出無限覺悟哩．

馬侖役後．彼此都要索敵軍的翼來包抄攻擊．於是各各用最捷的方法．把國內預備兵移到北方．迭爲攻守．競張其翼．到海方止．這是十四年冬季的事．戰史家叫他做『競翼運動』自此以後．陣地戰的形勢成立．德國最初的作戰計畫．完全無效了．

第二年（一九一五年）

這是西戰場最閑的一年．那時兩軍戰線．北自北海之濱．南至瑞士國境．綿亙幾一千里．像條長蛇．彼此掘壕築塹．作持久之計．蓋聯軍方面．法國正在瘡痍待補．英國更是初着手切實募練軍備．未充．所以不敢圖謀進取．德奧方面．因那西攻的俄軍．雖兩敗於普．然甚得志於奧．是年四月．意大利參戰．奧益危急．於是德國將他的預備隊移到東方．和奧軍合力戰俄．拔用興登堡做統帥．經過極有名侖堡之役．卒至入波蘭．取瓦薩．俄兵敗退至維耳納線．這是那年六七月間的事．德軍在東戰場的得意．算極點了．聯軍要解救東戰場的危急．只得在西戰場設法牽掣。到八月中旬以後。英國的生力軍到了。法國的兵力和軍需也逐漸充實。因爲海邊壕溝戰既無決勝之望。改變方針要想突破敵陣的中堅。乃用五倍的兵力極優的礮火極廣的正面從香檳及亞得亞兩地方同時進攻。費了很大氣力。不過將德軍擊退數十粁。於戰局毫無影響。德軍亦從東戰場調回幾個師團來反攻。到十一月以後。兩軍都疲了。依舊在那裏相持觀變。

## 三　凡爾登之役及其後

### 第三年（一九一六年）

這年恰是大戰正中間的一年。就像是日到天心。潮乘滿漲。戰局主腦的西戰場。總算絢爛到極際了。提綱挈領的講兩句。德軍是先攻而後守。聯軍是先守而後攻。前的即最有名的凡爾登之役。後的叫做沙姆之役——但兩役原是首尾一貫。迭相策應。卽統名爲凡爾登之役亦可——兩役合起來從二月起到十月止。幾於無一日無戰事。這處那處無數的交戰地點。眞是個性命相搏的關頭。現在戰史家有句流行俊語。說道『世界大戰者。凡爾登大戰也。』這句話或未免稍爲過當。要之凡爾登一役的關係。好像嬴項的鉅鹿。曹袁的官渡。兩造命運懸於一戰。這是全世界人一齊公認的哩。既然如此重要。我們應該把他形勢脈絡細細清理出來。

萊因河有一條支河。叫做謨士河。河流自南而北。穿過法比兩國境。沿河兩岸有兩條山脈。岡巒起伏。成爲高原。東脈稍高叫做謨士原。西岸稍低。叫做凡爾登原。那凡爾登市就跨謨士河建設。戰前人口有二萬餘。礮壘就藏在市內一個丘陵裏頭。挖地洞進去。可以屯兵幾萬。庋軍械無算。環市兩岸的山脈。一重一重的有好幾條。像波紋一樣。四圍築壘大小共二十九所。分爲三重堡壘線。拱衞中央總壘。合起來就叫做凡爾登要塞。這凡爾登地方在歐洲歷史上著名最早關係最多。當西紀八百四十三年查里曼大帝將他的帝國版圖剖開三分。分封他的兒子——近世德法兩國就從那時分起。——那分產證書就叫做凡爾登條約。這凡爾登卻留在他老人家手上。兩個兒子誰都不給。這地方的價值可以想見了。到十六世紀凡爾登歸法國占領。自此以後變了法國東境上第一個嚴關。德法每有戰爭。此地總成爲攻守的焦點。一七九二年大革命時。一八七〇年普法戰爭時。兩次失陷。普軍皆因此長驅巴黎。——該地距巴黎僅六十英里。——論他的軍事價值。就好比秦晉之爭崤函。燕齊之爭大峴。眞是勝負託命之地。絲毫不能饒讓哩。第一年馬侖之役。法軍右翼就從此地起點。他的第三軍曾和德國皇太子軍在凡爾登附近血戰了一來復。但那時德軍正力避攻堅。不願頓兵於這世界第一著名要塞之下。而且他已經從比國飛渡。掉臂行無人之境。何必更做這難題自討苦吃呢。凡爾登所以最初未被攻。就是爲此。及到馬侖失利。陣地對峙。德國若要戰局發展。不能不別出極大的決心。好在俄軍經上年鏖擊以後一蹶不振。目前暫無東顧之憂。可以集中兵力。而且他們攻擊要塞。已經得有新經驗。比國的盎威斯要塞。其堅牢僅下凡爾登一等。他們靠新發明重礮的力量。儘力轟攻。不到二十日居然陷了。因此計算攻凡爾登也非絕對不可能的事。更就戰場形勢論之。那時聯軍全線都在凡爾登西北。凡爾登西接香檳州。南接瑞士方面。恰成個鈍角形。拿戰術上的眼光觀察。這種陣線內鈍角實在易攻難守。好像戲臺上的下等武脚挺出個大肚皮來做人箭的前面側面皆可受敵。防不勝防。而且這個鈍角點中間有條謨士河。攻擊者可以利用來輸送。防禦者要左右岸聯絡極爲困難。右岸的法軍逼着要背水爲陣。形勢非常不利。又這鈍角尖點。距德國洛林省之城極近。有十幾條鐵路交通。通巴黎的鐵路。卻僅有兩條。取攻勢的德軍。輸送力極其優勝。因爲這種種理由。所以把德人的冒險雄心。興奮起來了。他們從去年下半年就日日在那裏做祕密預備工夫。增築鐵路。添鑄重礮。考察地形。集中士馬。準擬本年早春乘北地冰雪未解俄兵不能窺邊的時候。便大舉進擊。他的作戰計畫。是要先用野礮掃盪要塞附近一帶森林。令外兵赴援無路。然後用四十二珊以上的大礮。向各壘猛擊。令壘內守兵不能露面動作。一輪大礮過後。跟着便是步兵肉薄奪壘。這是攻盎威斯的舊法。他們以爲一定成功。依他們的計算。快則廿日。遲則一月。這一座凜凜的天險雄關。定要到手。所以他的皇太子在軍中演說。說是二月底他父皇要在凡爾登大教堂中舉行凱旋宴。他們費了幾個月慘淡經營。到一九一六年二月二十一日早上七點鐘。一聲大礮。劈空飛下。驚天動地的凡爾登大戰。就此開始了。

在法國方面。德人攻凡爾登的計畫。當兩個月以前早已窺見。對付之法。有主死守的。也有主拋棄的。主拋棄的理由。第一便是前文列舉各種形勢。易攻難守。第二因爲要塞裏頭的人馬軍械。大半已經移到戰線上。敵人得之。猶獲石田。不過一部分壕溝戰的勝利。於戰局無甚影響。第三從前凡爾登的重要。因爲得了他可以瞰脅巴黎。如今巴黎已成要塞。並非首都。怕什麼他瞰脅。不如犧牲了這個鈍角尖戰線。反爲完整鞏固。以上所說。誠然很有見地。卻是從別方面觀察。確有萬萬不能拋棄的理由。頭一件凡爾登附近爲著名產鐵之區。若以之資敵。一面增加敵人的戰鬭力。反面便是減縮了自己的戰鬭力。這還不打緊。所謂「凡爾登在戰略上的價值今非昔比。」這句話須是當局極內行的人纔能了解。至於世界上一般的人。都是震於他歷史上的盛名。以爲失了凡爾登。法國便藩籬盡撤。倘若被敵人占領了。他那邊一定是大吹大擂。借此鼓舞國民的勇氣。增加百倍。自己這邊。一定是全國民非常失望落膽。連與國都一齊沮喪。軍事靠的是元氣。氣一餒便無從再振了。以此之故。法國政府及軍事當局經幾番徹底研究。決定要嬰城固守。於是凡爾登活劇。遂由雙方同意唱演起來。

這回大戰的詳情只好讓專門戰史家細爲敍述。——次篇記遊歷戰地時。當將要點隨時補敍一二。——今但記其要概。則攻戰的時日自二月二十二日德軍開始攻擊起至八月十八日德軍退出戰線止。差不多滿六個月。德國兵是由皇太子當統帥。最初進攻時。人數是四十四萬。其後屢次增援補充。合計上一百萬以外。結果死亡五十三萬人。當時法軍中派了人專計算他發礮的總數。說是自始至終每日平均約四百發。礮彈大小平均扯算每一顆須費百四十鎊金。單是這一項。可以想見他犧牲金錢多少了。開戰後第五日便把東邊梭們礮臺奪去。這礮臺是要塞內最高點。——三百八十米突——形勢可以俯瞰總壘。法軍當這危急的時候。撤換總司令。超擢比丹將軍代其職。兩日後克復梭們礮臺。再兩日又復失去。單是梭們村——礮臺附近一小村落——這點子地方前後爭奪凡十九次。此外最劇烈的。有亞崗林之戰。有烏鴉林之戰。有死人丘之戰。有倭壘之戰。其餘到處接戰前後大小八十餘次。最危險的是三月這一個月。每日總有幾百顆礮彈落在凡爾登市上。把全市打爲粉碎。兩軍的飛機布滿空中。好像將落雨時候的蜻蜓。成羣結隊亂竄。凡爾登通巴黎的鐵路。是被敵礮破壞了。法國就用三千四百輛摩托車晝夜輪流輸送。晚上看過去就像兩條火蛇。一來一往。蜿蜒不斷。敵軍都是從機關槍林中踏着死屍一隊一隊的猛撲。守兵都是在開花彈雨底下從容談笑的來抵禦。有好幾回在礮壘壕溝底下徒手巷戰。弄到兩邊都死精光。總而言之。人類的獸性。這一次可算發揮到淋漓盡致了。到了五月下旬。開戰已過一百日。彼此都覷不出破綻。只有各守塹壕。每日到處小小的交換些礮火。這場要塞戰又變成持久戰了。

東戰場方面，俄軍乘法軍主力困守凡爾登，於六月四日率大兵入加里西亞，奧軍幾乎不支，羅馬尼亞又新參戰，巴爾幹形勢一轉。那時圍攻凡爾登的德軍，正陷倭壘，離凡爾登市僅有四粁，勢復危急。英法聯軍出圍魏救趙的手段，轉採攻勢。英軍海格將之，法軍福煦將之，因沙姆方面敵軍較爲單薄，於六月廿七日施行正面攻擊，想要突破敵線。初時似甚有利，然一方攻擊的經驗進步，一方防禦的經驗也進步，所以愈逼近而攻勢愈緩。到十月雨季，遂行中止。然而凡爾登之圍，卻因此解了。

這一役德國死了五十多萬人，費了無量無數的資財，畢竟毫無結果，這便是後來一敗塗地的徵兆，爲甚麽呢。第一件因爲這回傷損的，都是國內最精的兵，自此以後，都是拿新入伍或未成年的來補充，兵的量雖增加，兵的質卻遠不如從前了。第二件自這回失敗以後，攻下法國的希望全絕，只能打英國的主意，不得已用著潛艇下策，卻無端把大西洋隔岸的美國惱了，替協約國添出個極大的生力軍來。比丹將軍就任督師文說道『德人把兵法所忌，悉力攻堅，就是他覆敗的先聲』，由今看來，這話很有至理哩。卻是經這一仗，法國兵忠勇活潑韌强的價值，天下人都曉得了。從前我們中國人每每說共和國體養不出好兵，這不是夢話嗎。

第四年（一九一七年）

本年又算西戰場比較沈寂的時期。聯軍取攻勢，而德軍取守勢。去年沙姆之役，雖因雨季中止，然而聯軍進攻的計畫，並未拋棄。一面俄國又改革軍制，增修軍實，預備本年春間東西策應，大舉殲敵。時德軍已調興登堡當西部統帥，因戰線太長，防守不易，乃從原陣地退後五十里，建設新陣。自二月下旬到四月上旬退訖，這便是最有名的興登堡線了。聯軍同時開始攻擊。英軍從亞拉地方東進。法軍從蘭司地方北進。然德軍防禦極周備。當退軍時。新舊兩陣線中間地域完全破壞。令聯軍無追躡餘地。所以這回攻勢。又是得不償失。到五月末又中止了。

本年西戰場雖無甚異彩。別方面却變化甚劇。其一。因潛艇政策。二月間惹出美國參戰。這是德國大大的不利。其二。俄國革命機緣久熟。加以德人陰爲挑撥。四月間革命實現。軍無鬭志。自此以後。東戰場完全鬆動。這算是德國之利。其三。去年羅馬尼亞參戰。巴爾幹頓形活動。冬間德軍乘沙姆停攻之後。分軍南征。到本年春。這也算德國之利。其四。本年六月。希臘參戰。巴爾幹形勢又變。這是德國之不利。其五。本年三月。小亞細亞方面。英軍占領巴克達。這也是德國之不利。其六。十月間伊桑楚方面意軍戰線被奧匈軍突破。意人幾不復能軍。這又是德國的大利。總而言之。這一年內西戰場上沒有甚麼異動。那大事都是出在西戰場以外。戰事活動範圍。倒以南戰場爲中堅了。

## 四　最後之決勝

### 第五年（一九一八年）

本年是戰爭完結的一年。西戰場又大大的熱鬧起來了。那時俄國已經單獨議和。巴爾幹也差不多都在德國勢力範圍之內。却是西方美兵日增。其勢將不可制。德國不得不趁美軍訓練未就之前。傾其國力。孤注一擲。決個雌雄。於是有春夏五次總攻擊之舉。三月廿一日。用新編的兩個軍團。向英法兩軍交界線進擊。最初數日間。

兇猛得很。英軍右翼幾乎突破。僅退保亞明地方。——法軍的最後複廓——靠法援軍自南來救。僅得支持。這是第一次。四月六日德軍把攻勢轉向北方。擊英軍的左翼。目的是要奪取哥龍——英法海峽口岸——至十三日攻到伊白爾南方高地而止。這是第二次。五月廿七日再轉攻勢於蘭司及梭亞桑一帶。六月一日進到馬侖河。這是第三次。六月九日又展他的西翼向孟的埃一帶進擊。十五日占領梯來高地。這是第四次。七月十五日從馬侖從梯來從蘭司從亞貢林各線同時進擊。再越馬侖河而南。十八日遭法軍反攻不支而退。這是第五次。前四次雖然略地很多。但是力量已經一回比一回薄弱。到第五次退却的結果。前四次所略地都退出了。白白賠了六十多萬人。到聯軍全線轉守爲攻。他便一敗塗地了。

聯軍攻勢從七月十八日起。那時德力已竭。美軍新成各國合舉福煦做了總帥。全軍呵成一氣。第一部專突破德軍的空角所占領的凡有四點。一是梯來。二是毛勒。三是梅威。四是聖密奇。第二步從聖剛侵入興登堡線。德軍陣脚動搖。第三步行全線總攻擊。自九月廿六日到十月十四日。興登堡線竟被衝破了。第四步向弗蘭得方面攻擊德軍右翼。潰敗自此。聯軍進行。好像風掃落葉。三個月內俘獲二十多萬。十一月初德軍求和。十一日休戰。這回全世界的全武行大戲算是閉幕了。

却是我們看這最後一幕戲。不能不起一個疑問。這幾年來戰場上你攻我守。變了家常茶飯。眞是古語說的『疆場之事一彼一此。』雙方取攻勢的都沒有大成功。也是四年來的慣例。這回德國攻勢失敗。表面上看來還不是和第二第四兩年聯軍攻勢失敗差不多嗎。爲什麼結果就要到乞降休戰呢。我想除別的政治上原因不計外。就是軍事上也有很大的原因。第一件。你想德國人民這幾年來捱餓拚命聽政府的命令去打仗。毫不退悔。無非是平日受軍國主義陶鎔久了。迷信他軍事當局的人確有把握。能得最後勝利。就是他的同盟國。都是同一樣的輕信。所以肯跟着他幹。這回春季總攻擊。大衆都知道是破釜沈舟的最後一舉。看見第一次一擊不中。二三四次以後。一蟹不如一蟹。安得不灰心絕望。到第五次的時候。德國國民和他的同盟國對於軍事首腦的那班人。信用已經完全失掉了。明白知道斷無結果。還拿性命去博甚麼呢。所以奧布士都紛紛單獨乞和。德國自己也革起命來。都爲這個緣故。第二件。德國軍閥實在看他的民命太賤了。凡爾登就送了五十多萬。本年幾次攻擊。又是六十多萬。到第五次時。已經是補充到無可補充了。兵數上比起聯軍來。已是相形見絀。這還不打緊。最可怕者兵的「質」。江河日下。幾十萬幾十萬一趟一趟死去的都是精兵。精的死完。只好拿劣的充數。等五次攻擊時所用的兵。大半都是從東戰場調回來。本來就是次等的軍隊。東戰場停戰後。閑了一年。軍紀都廢弛盡了。如何能捱得苦戰呢。第三件。這種東戰場調回來的軍隊。打仗是打不得。革命却是革得來。原來俄國初次革命。已經有一半是由德人教唆出來。第二次過激派成功。也很得德人的助力。德軍閥用這種手段攪亂俄國。總算成功了。誰想天道好還。結果鬧個「請君入甕」。東戰場德軍。不知不覺已經飽吃了過激派的迷藥。軍閥還睡在夢裏呢。還要和海軍軍人開頑笑。硬要白送他那十幾萬條不值錢的生命。所以基羅一聲革命。全個戰線響應。五十年的帝國。就嗚呼哀哉了。

## 五　德國失敗之原因

自德國敗後。各國人著書論他致敗原因的很多。我覺得我們老朋友蔣百里所著的一篇。最爲精到。我就把他錄出來做這一篇的結論。

## 附 德國敗戰之諸因

蔣百里

### 一 總說

可勝則戰。不可勝則不戰。三尺童子識其義。而實行也。則雖大智有未能焉。戰與不戰。政略之事也。勝與不勝。兵略之事也。有可勝而不可戰者。（如日本對中國山東問題下哀的美敦之時）有可戰而不可勝者。（如開戰時之比利時）故政略與兵略之間。有微妙之聯絡。此之所謂可戰可勝者。即彼之所謂不可勝不可戰者也。而彼之可勝可戰。即此之不可勝不可戰。故敵與我之間。有對抗之作用。勝敗不可以預測。和戰不可以强求。是故有以不能不戰之國家。而處於萬不可戰之地位。乃不得已徼倖於一戰以求成功者。則一九一四年秋德國之形勢是也。

所謂不能不戰者何也。兵之爲物也有極端性。未有不求戰而其兵可强者。亦未有兵既强而不求戰者。且以軍事之優勢而立國。一旦迄於彼我之間强弱之勢得其均衡。則後此之危益可知。自兵略言。千九百十四年時爲德計亦一機也。爲奧戰則同盟固。一也。英疲於內政。而俄法之軍政改革未竣。二也。自此以後。將或並此徼倖之一勝而不可得矣。雖然。此可勝之機。而非可戰之機。此不能不勝之消極原因。而非可戰之積極原因也。而不能不戰之根本。則實由於其國家之狀態不自然。

所謂萬不可戰之地位者何也．則政略上包圍之形勢已成也．包圍之形勢孰致之．德人實自致之．而德人自言曰．是原於德之存在與發展也．存在故見忌於法．發展故見忌於英．今有病食傷者．執不食則死之例以自解．而歸咎於食物之消化不良．豈通論乎．存在與發展自然之勢也．所貴乎政略者．則人爲調劑也．故自致於萬不可戰之地位．其原因當歸於政略之失敗．

不能不戰而萬不可戰．此兩極端之間．必有一進路．而德人則過信其度．求解決於徼倖之一勝．以兵略上一勝之效．而轉移政略之形勢者．史庸有之．雖然．可幸得不可强求也．所謂不能使敵必可勝也．過信其可勝之度．欲以一時優勢之兵略．轉移數十年來失敗之政略．此不可得之數也．姑勿論馬侖之戰敗焉．縱得巴黎．苟法軍之主力得退以自保者．則最後之形勢終不可易．而此退以自保之權．則操諸法．不操諸德．此則戰略之失敗也．要之．以政略之失敗．而致自陷於進退兩難之地位．不思變其政略．而思以兵略濟政略之窮．則敗戰之主因在焉．得取上之說而推論之．

## 二　國家之狀態不自然（時時在不能不戰之地位）

擴充戰備．即所以維持平和．此片面之眞理．凡以證一國之狀態日處於不安之地位．是已．十九世紀日耳曼民族之統一運動．本有二派．其一派欲依國民之發動而成．其一派欲藉普國之武力而成．自「弗蘭格福村」國民大會之失敗．而俾斯麥相普．遂戰奧敗法．而德帝國以成．成則成矣．而內外形勢．皆處於不自然之趨勢．法人建國根本．不利東鄰之有强國．而亞洛二洲之割．幾等於文身之恥．每飯不忘．而歐洲戰雲．時隱時現．

一也個人自由之伏流其來源極遠以軍事建國勢必趨於武斷不發於此則伸於彼而社會黨承產業發達之結果其勃興較他國爲尤甚二也逆其勢而鎮之厥維軍備然國民皆兵之秘鑰已公開於世界子能之人亦能之互競極其度必有一日能發不能收者故毛奇有和平無永久之言而俾斯麥有二重保險之策凡自知其國步之艱難不能不苦心以求自濟也

此種不自然之形勢乃隨國家强盛之狀而益增其度其在外則德法之世仇而重以德英之衝突而三國協商日進於成其在內則政治之自由加以貧富之階級而社會主義日趨於盛擴充軍備一之不已至於再至於三凡以求平和及以求戰也夫一國而至於求戰以自保此可暫不可久之勢必有一日至於敗者也維廉二世之失敗特速其時耳以包圍啓敗戰之端以革命結敗戰之局莫或致之若或使之嗚呼謂維廉一世即位之日即伏五十年後敗戰之基固屬過言而原始要終於政略之由來固不能不就其建國之本源一下深沈之觀察也質而言之不能不戰者德國國家之歷史性使然也

## 三　政略上之失敗（自陷於不可戰）

凡俾斯麥之所謂同盟條約者中間無不有戰之一義蓋以求於國際間自立於可戰之地位也惟我可戰則人不可戰和戰之主動在我而和平可得此則政略兵略間之微妙作用也自威廉二世而此間之作用失當普之初盛奧忌之法詎欲之同一不欲也而使之發不同時此外交之成功也自威廉二世而是中之要領亦失於是法之復仇俄之南下英之海外政策三者匯於一流包圍之勢成而和戰根本之主動不復在德手矣

請言英德。軍閥視英德之衝突。一若既定之運命不可逃者然。以爲縱無南阿之爭。縱無摩洛哥之干涉。海軍卽不擴張。比之中立卽不侵犯。苟德之商工業一日存在。則英必有一日參戰。果也必有一日也。拿破崙之世。必有一日與普戰也。而究何當於奧之敗普之興也。請言俄。俄德之交破於奧。然戰事之證明。則知聯奧之得不足以補拒俄之失。夫奧之爲國。不適於民族國家之大勢。援奧則逆勢而從井救人也。俄之南下。非英之利。拒俄則何爲者也。是則三十年來左周右旋。以自陷於萬不可戰之地位者。德人自取之也。

## 四　兵略上之失敗

兵略上失敗之原因。則過信其度之失。到處發見。馬侖役之前。法軍之退也。其目的在自全而待機。自由退。非敗退也。而貿然減西力以東援。且大膽繞巴黎要塞之前。遂遭敗戰。其過信一也。凡爾登之役。竭其所有人員材料以攻堅。自以爲可勝。則狃於盎威斯要塞之易下也。犧牲數十萬。而卒爲法人所虧。於兵略上且無絲毫影響。遑論政略。其過信二也。最後之攻擊及五次之多。傾其東力以西。亦自以爲必勝。勝誠勝矣。略地多而卒無補於大勢。又黏守其線。不肯速退。遂爲人所攻。至一退而不可復支。其過信三也。且惟其過信也。故動作反變爲不徹底。開戰之初。壯丁之未受敎育者百萬之多。國民皆兵之義云何。一也。東普要塞之不堅。急則救之。而忘菲烈德犧牲柏林之堅忍。以致西方之失敗。二也。瓦薩之役。俄軍幾不能退。而苟安於正面攻擊。三也。羅馬尼亞既亡。不乘時以定希臘。逗留國境。以致布加利亞之脫盟。四也。乃至過信飛船長礮可以脅巴黎倫敦。過信潛艇作戰。而引入美人之參戰。則尤衆目所共見者矣。

## 五　結論（軍閥之禍）

吾今綜其敗戰之諸因而爲抽象之結論，則有一義焉。曰軍閥之爲政，以剛强自喜，而結果也必陷於優柔而自亡。外强而中乾，上剛而下柔，是其徵也。「將來之在海上也」，「力卽眞理也」，德帝所以驚世之言也。夫其聲洪者其中空也。世界之日醒，而自己被動之運命定。故凡今日軍閥所自辯其不得已者，皆足以自證其强之失也。俾斯麥性格剛毅之人也，不能容而去之太早；興登堡亦性格剛毅之人也，不能容而用之太遲。奉令承敎之人多，所謂才者則局部之人物，能見其小，不能見其大；能見其一部，不能見其全體。夫英之初戰，八萬人耳，自德軍人視之，誠不足道，而不知卒以自疲也。故軍閥派以軍事上種種不徹底之處置爲敗戰之源，而不知此不徹底之根本，實原於自身之闕點。夫必衆皆强而己始能强，然衆之强有時適足爲己之弱者，此古之英雄所以終於失敗者多也。

讀這篇文章，就可以知道德國這回的失敗，實在是德國自身五十年來歷史所構成。至於戰爭臨了的時候，甚麼壯丁喪失咧，糧食乏絕咧，列國環攻咧，同盟離叛咧，國民革命咧，這些只算是自然之運必至之符，只能說是結果，不能說是原因了。老實說一句，軍閥執政的國家，非弄到這種下臺不能了帳。恰像那些專講究丹藥採補的妖人，一定是因爲亢陽淘虛了身子，斷送他一條殘命。百里講的『兵之爲物有極端性，未有不求戰而能强，亦未有旣强而不求戰』，這段話最是至理名言。我們就近拿日本來做個引證，日本兵從前爲什麼會强呢？就是靠有個理想的攻擊目的，誰是他目的呢？甲午以前是我們中國，日俄戰役以前是俄國，所以那時候他的兵最強過此以後就漸漸不如從前爲什麼呢因爲目的完結了他若不維持他的軍國主義那麼立國基礎就要動搖他若要維持他的軍國主義除非重新找出一個攻擊目的來所以再想拿中華民國做第二回目的又想拿西伯利亞做目的甚至想拿美國做目的就像那服慣了春藥的人斷了藥就要不能人道打破後壁說來眞所謂『如得其情則哀矜而勿喜』了我們看從前有個什麼「汎日耳曼主義」到處闖禍如今還有什麼「大亞細亞主義」到處闖禍爲什麼前車既覆後車不戒呢說也可憐人家是騎上虎背下不來呀唉眞材實料的軍閥尚且逃不了這等結局可憐還有那假冒招牌的軍閥哩人家什麼政略兵略好的歹的一概都未夢見却是「上剛下柔外强中乾」八字做到盡致自己一定要跳火坑可是佛菩薩也沒有法子超拔他哩我也沒有許多閑工夫替他們感歎如今戰場形勢大略明白了明日就去遊歷罷

# 戰地及亞洛二州紀行

## 一　首途

這一篇是我們的戰地遊記了我下筆之先對於法國政府不能不表一番鄭重謝意因爲他們陸軍部和外交部各派一員陪伴招待得十分殷勤一切旅費都承他政府供給我們本是私人漫遊這種禮貌實太過優渥了我們同行的是蔣百里劉子楷楊鼎甫徐巽言王受卿加上法政府所派兩員共九人張君勱因爲各國私立國際聯盟研究會正在倫敦開聯合會他代表中國人列席丁在君因爲要去洛林州調查礦業所以都未同行我

們是三月初六日由巴黎起程。十七日回來。遊的地方。是從馬侖河一帶起。經凡爾登入洛林州。再入亞爾薩士州。折到萊因河右岸聯軍占領地。假道比利時循謨士河穿過興登堡線一帶。到梭阿桑南返巴黎。實在遊戰地的時候不過一半。其餘只算遊停戰前德國領土罷了。

三月六日早上七點鐘從巴黎北車站起行。那時正是舊曆正月底。北方氣候。日子很短。我們開車好一會。那太陽才從濃霧中掙扎些影子出來。卻還是無精打彩。好像當不起家的樣子。沿路上都是半消半凝的殘雪和霧中黃日相掩映。別是一種陰森景象。我們向東北行。一路沿著馬侖河北岸。十點半鐘到蘭士車站下車。過了這地方。我們便沒有火車可坐了。原來這蘭士。是法國歷史上很有名一個都會。是古代羅馬人建設的。有一座羅馬記功坊。遺址尚存。算是法國著名古蹟之一。有個古寺。係十世紀所建。這寺便同英國的「威士敏士達寺」一樣。法國人認爲神聖之府。我們讀西洋歷史都知道當百年戰爭時（一四二九年）法國有一位救國女傑貞德。那貞德借神道設教。將圍攻巴黎的英國軍擊退後。便扶了法王沙里曼第七在這蘭士寺行卽位禮。自此以後。歷代君主。所有大典。都在這寺裏舉行。近二三百年。蘭士又成了極繁盛的工商市府。因爲附近一帶所產葡萄。質味最好。市內有幾個大香檳酒廠。這酒別處是仿造不來的。所以當戰爭前。市中有好幾萬居民。大半是靠這酒來養活。這回戰爭。兩次被敵軍占領。前後馬侖兩役。這地方都是個要點。我們火車上已經過多少馬侖戰役遺跡。但苦無從細看。將到蘭士車站時。見到處一堆一堆的瓦礫。各處房屋。什有九都是賸下半截廢牆。想起杜工部『國破山河在。城春草木深』的詩句。便自十分傷感。其實比起後來所游殘破各地。這蘭士實在不算得什麼哩。但是我們後來的感動。卻比不上初到蘭士時利害。可見人類感情這樣東西。實適用效力遞減的原則。頭一次刺激。入人最深。多經一次。神經便痲木一度了。閑話休提。我們在市上瓦礫堆中徘徊片刻。便往參觀古寺。這寺當一九一八年德軍最後攻擊時。專拿寺來當礮彈射的。破壞得不成樣子。寺前廣場原有貞德的銅像。一位十九歲絕代佳人。俊眼微微向上。作一種懇誠信仰的表情。手持軍旗立在馬上。說不盡英姿颯爽。元氣淋漓。可惜全像已經破壞。我們僅得在照片上想像劫餘塵影了。這寺是法國境內第一個峨特式建築。寺前門樓彫刻之美。法人常以自豪。如今是傾圮了一半。寺內五彩玻璃名畫。都是十三四世紀遺物。也十分燬了六七。正面的祭壇。祭壇旁邊法王即位時所御的寶座。都已不留痕跡了。從前人說戰爭和文明進化很有關係。戰爭究竟能否產出將來的文明。姑且勿論。却是從前的人類文明遺產。已經糟蹋不少哩。

我們也犯不著多作無聊的傷感。肚子餓了。商量吃飯去。唉。戰前熱烘烘一個大市鎮。如今只剩下一間完好的房子。就拿來做軍人公共食堂。我們在那裏胡亂用了一頓中飯。順便去參觀香檳酒廠。廠的上層也破壞了。單有地窖子裏藏酒的地方。依然無恙。總算地底下一個魯靈光殿了。據說德軍占領時。大酺三日。將那酒盡情的牛飲。却是現在所藏。還值四千多萬。那規模的宏大。就可想見了。

我們在蘭士。恰好碰着他們軍中行授勳禮。受勳的是本地出身兩個負傷兵。行禮時約有一連的軍隊齊集廣場。市民重重圍繞。先奏軍樂。次由一小軍官朗誦該兵戰績。然後一高級軍官代表總統將所授勳章親掛在該兵襟上。再代表總統抱著那兵和他十分親熱的接一個吻（即代表全國民致敬愛之意）市長又代表市民和他接一個吻。跟着四面鼓掌聲音。就像萬雷齊發。我們看着。實有無限感歎。想起勳章這樣東西。原是君主專制時獎勵虛榮的作用。在民治主義底下。論理本不該有。但虛榮心既是人類公共的弱點。一時未能剗盡。那麼姑且利用他也要令他含有相當的價值。你看人家行這個禮。何等莊嚴。何等誠懇。眞可以叫人死心蹋地爲國家犧牲這條性命。這纔是國家主義底下一種精神教育呢。像我們政府公報上一批一批的勳章。兩恐怕還彀不上奬勵虛榮。只算發表恥辱罷。

下午三點半鐘。我們便離開蘭士向東進發。沿路鐵道早已破壞。只得由法國政府預備三輛軍用汽車護送前行。所經各地。都是開戰第一年和第五年血戰之區。再溯上去那拿破崙和俄普奧三國聯軍大會戰也在此處。那回大戰是一八一三年十月上旬。這回馬侖之役是一九一四年九月上旬。僅僅差十一個月就滿一百年了。那回拿破崙是先勝後敗。這回威廉也是先勝後敗。雖然主客殊形。却是野心家到了收場一定失敗。算得了兩回切實教訓了。沿途經過各戰場遺蹟。那陪伴的參謀官隨時指點。我們也常常下車觀覽形勢。恐讀者厭煩。不復詳敍了。是晚八點鐘。在一個小市鎮名叫聖梅諾的投宿。明日上凡爾登去。

## 二 凡爾登

我們昨天下半天和今日上半天。走的都是筆直的一條大路。這是巴黎通凡爾登的官道。眞所謂『周道如砥。其直如矢。』我們拿英國路政來比較。確是有點不同。英國的道路。不用說也十分修潔。但他總是因山林川澤的形勢。而且繞避田園廬墓。所以不免彎回曲折。法國的道路是仿古代羅馬人樣子。都畫出縱橫直線。此事雖小。却很可以表出兩國國民的特性。英國人百事都是歷史上自然發達。有一種環境起。便做出一種事實來和他順應。好像是『行乎其所不得不行。止乎其所不得不止。』法國人不然。百事都懸出一個理想。拿理想做標準來規立計畫。依着計畫演成事實。我們試從政治上藝術上種種方面觀察。到處可以看出兩國根本精神不同之點。路政亦其一端了。這兩種精神各有好處。別國人學步怕還是學法國穩當些哩。這是我路上一時的感想。離本題太遠了。請讀者見諒。

七日午前。我們穿過阿岡林。這是極大的一座森林。德軍圍攻凡爾登時。失敗過後。還想縱斷巴黎和凡爾登的後路。所以用全力來爭此地。他的皇太子軍卽屯林中。兩軍在此經過多少回苦戰。現在地下的鐵條網和樹上底障穗（用來防飛機偵視的）依然到處滿布。樹木雖然還未燬盡。却把絕好風景的所在弄成狠藉不堪了。出了大林。遼遠早望見凡爾登高原。十點半鐘就到那裏了。

凡爾登市是怎麼一個光景呢。我這枝拙筆。竟苦不能形容。諸君若有遊過意大利的人。將那二千年前羅馬的「佛林」和維蘇威火山底下的邦渒拿來聯想比較。或可彷彿一二。但比起破壞的程度來。反覺得自然界的暴力。遠不及人類野蠻人的暴力。又遠不及文明人哩。我們初到。就先在舊市街憑弔一回。但見到處都是半堵廢牆。底下堆着一大堆斷磚零瓦。還虧是地氣沍寒。野草毒蟲不易繁殖。不然。恐怕全市早已無插足之地了。隨後參觀一個大敎堂遺址。正殿早已殘破無餘。旁邊一間牧師靜室還算完好。這敎堂是凡爾登最高處。我們從四面破窗中大略憑眺。形勢雄峻。肅括之概。一覽在目。當德軍開始攻擊時。他的皇太子向軍士演說。說半個月後德皇就要在這敎堂行凱旋禮。如今却是德皇和敎堂都是同歸於盡。細想眞是何苦來呢。

這日天氣異常凜冽。我遊市街時。手足都僵了。上下牙齒不住的在那裏打架。想弄杯火酒一吃。攩攩寒氣。却是全市沒有一家店鋪。從那裏找起。後來到礮台裏頭去。算是得着了。方纔稍稍回過煖來。這總礮臺穴在地中最深處離地平好幾十丈。進去就像到了五千年前埃及的金字塔裏頭。覺得和地面上成了兩個世界。據說當時大礮每日幾百發的在外邊亂打。礮臺裏頭的人聽著。不過像幾串爆竹哩。我於軍事是十二分外行。裏頭各種設備的標新領異。實在無從理會。就中令我很感動的有幾件事。第一。裏頭有個大教堂。聽說當軍務最吃緊的時候。祈禱禮拜未曾停過。兵士的信仰比平時還加增了好些。我想陸秀夫在厓山舟中抱着帝昺講論語。是講給一個人聽的。所以看來覺得有點迂腐。有點作偽。這個却是當多數人生死呼吸的關頭。替他打一根道德的藥針。眞算國民教育一種好法門哩。第二。裏頭有個很大的音樂場。兵士打仗回來。就在那裏奏樂唱歌跳舞看影戲。還有許多軍中文藝會軍中美術會常常在那裏開會呢。「歌舞從戎」「投戈講藝」。在我們歷史上是一種文飾的美談。在他們却是日常茶飯哩。第三。裏頭有一個極完整消費協會。是由兵士組織的。軍官也加入幫忙。是將兵士需要物品廉價販售。聽說每日有好幾萬佛郎的進出哩。單就這幾件事看來。你想人家的兵是什麼樣的兵。人家的國民是什麼樣的國民。像我們還配在世界上站住嗎。

我們大略遊覽一徧。就在礮臺內食堂午飯。承他們司令官極優渥的招待。停戰以來。意大利王比利時王都也會到過凡爾登一次。都是在這裏吃中飯。而且吃的就是營裏的家常便飯。不過開一瓶香檳酒。就算敬禮外賓了。就這一點也很看出他們的平等精神哩。食堂正中掛着政府頒給的光榮勳章。——這勳章不是給個人的是給礮臺的。——下面掛一個海棠式銅牌。刻着 Can not has he pas 一句話。意思是「不准他過去」。這句話。是比丹將軍接防凡爾登時誓師所說的。如今變成凡爾登歷史的成語了。此外則各協約國所贈的勳章。掛滿四壁。還有許多德國礮彈銅帽等類和各礮臺被敵礮打下的鐵片。擺滿一屋。竟把食堂成了小小一個博物院了.

下午我們去遊分礮臺.本來要遊兩個.因爲迷失了路.險些連一個都遊不成哩.我們坐的是軍用汽車.還有總礮臺的軍官做嚮導.怎麼會迷失了路呢.因爲他們礮臺都是暗壘.外面本來就沒有標幟.各壘聯絡路線.每每要拿地圖現找.經這回猛攻之後.路線多改了樣子.所以連本地人都鬧糊塗了.我們出了市街.便循一帶岡巒而行.但見滿地焦枯.連一根草毛也沒有.這裏一個坑.那邊一個洞.好像瘌頭和尙的樣子.那大的坑竟有三兩丈深十來丈闊.現在冰雪塞滿.雪溶過後.想來裏頭可以淹得死人.唉.這都是一顆礮彈打成的哩.若問這些地方幾時可以恢復原狀.只怕三二十年還彀不上.說這話.因爲地面幾丈深以內.都是硝精鐵屑.把地質地味完全變了.除非將這層地皮老實剷去.另墊新土.纔可以供耕植之用.唉.眞不料最可寶貴的科學發明給這班野獸一般的人拿起來戕殺生靈荒穢土地.老子說.『聖人不死.大盜不止.』其言很有至理哩.路上彌望.別無他物.就只有一簇一簇的叢冢.上頭插着千百成羣的十字架.和那破殘零亂的鐵條網互相掩映.此外便是破頭盔咧.破靴咧.彈殼咧.馬蹄鐵咧.空罐頭咧.東一件西一件.算是這幾十里高原的裝飾品.我們從總礮臺出來的時候.天氣本已是陰霾四合.到這時候.更下起濛濛絲雨來.我們的車既已迷了路.三翻五覆的迴旋停頓.我們也就幾次下車.分頭步行.我但覺得四周圍色是死的.聲是死的.天是死的.地是死的.任憑你怎麼熱中的人.到此也是兜頭一盆冷水.現在所謂光華爛縵的文明.究竟將來作何結果.越想越令人不寒而慄哩.

好容易才找着一座分礮臺.這礮臺名字叫做「伏」.我就叫他伏壘.這伏壘經過敵軍兩次猛撲.幾乎失陷.一次有敵軍五十七人肉薄到壘門一個小丘上.距大礮機蓋所在不過數丈.被守兵殲滅了.守兵也死了三十二

人壘中軍官和我們談那回短兵相接的壯烈搏戰。還是肉飛神動。我覺得總不過是人類獸性的寫眞罷了。懶得記他。但兩造死亡的八十九人。却是同葬一丘。眞算得『白首同所歸』了。我想魂而有知。風晨雨夕彼此聚談。眞不解白白交換這條性命所爲何來哩。

我們由那壘中軍官引導。裏裏外外很詳細的參觀一回。今也不必細述。不過大規模的壕溝生活。總算看過大概罷了。天色不早了。我們若趲不上梅孜。就要露宿一宵。趕緊走罷。

## 三　亞爾莎士洛林兩州

亞洛二州問題。總算這回大戰主要動機之一。自德國全敗。這問題迎刃而解。不等到維爾賽議和。早已在休戰條約上割還法國了。我們已經到了凡爾登。和洛林州的首都梅孜相距咫尺。所以就將這歷史上葛藤最多的兩州順便一遊。

凡讀過西洋史的人。誰也知道一八七一年普法和約。普國割去法國這兩州。法人引爲大恥。臥薪嘗膽以求復仇。但從歷史上放眼看來。要認這兩州正當的主權。這盤帳其實算不淸楚。查爾曼大帝裂土分封時。這兩州還算是分給德國。至一五五二年。梅孜苴爾凡爾登三小侯要脫離德意志皇帝而獨立。乃求法王亨利第二保護。是爲這問題發軔之始。其後經過三十年戰爭及一六四八年一七六九年戰爭。這兩州纔完全合併給法國。自此公認爲法國領土者將一百年。而普法戰爭起。普國割這兩州時。那裏肯認是攘奪。還不是說的光復舊物嗎。所以割讓後五十年間。一部分故老遺民。暗中拿愛祖國這句話相激厲。一面政府當道也是拿愛祖國這句話相詰誠。同是一句話。却是歸結到正反對的兩極端。也算得亙古未聞的奇語了。雖如此說。兩州人民。比較的還是認法國當祖國者居多數。所以那回割讓條約。雖經兩政府交換。而亞爾莎士人嬰城固守尚四十餘日。到糧盡械竭。才勉强納降。兩州人民跟著還力爭住民投票自決所屬。德人不許。忍氣吞聲算了。一面在法國議會當時兩州所選出的議員。向國會作訣別演說。拿「長毋相忘」「復歸有日」的話來相矢誓。一字一淚給法國人和兩州住民一種極深刻的激刺。這都是那回割讓時所演沈痛悲壯的史劇了。到這回割還法國。雖不敢說全體住民個個都滿足。但總算歡迎的多。反對的少。前回所演種種悲劇。一齣也沒有演過。德人雖亦有「住民投票自決所屬」的煽動。住民却是置之不理。這可見兩州歸還法國。總算得名正言順了。論起兩州隸德的年代。實在比隸法的年代還久長些。爲甚麼定要傾向法國呢。據我看來。第一件。當十六七世紀時。德國文化程度。實在有些不及法國。故兩州改隸以後。自然易於漸染法風。第二件。萊因左岸的住民。本來都帶一種活潑跳脫的性質。和法國國民性相近。和德國國民性相遠。第三件。自從德國占領以後。求治太急。努力用同化政策。事事加以干涉。不知法國大革命以來。自由平等理想。深入人心。兩州民既已習之若素。專制之威。如何能受。所以愈干涉。愈生反感。愈防範愈招攜貳。德人所以不能終有兩州。一半也算咎由自取哩。記得當時老毛奇將軍有句話。說道。『亞爾莎士洛林。過得五十年。纔算眞眞我們德國的領土呢。』他的意思。也是認定了這塊肥肉不是很容易吞得下去。不料恰恰到了第四十九年。就要吐却出來。毛奇的話。竟成讖語了。

法德兩國所以拚命的爭這兩州。並不是面子上爭領土伸縮的名譽。其實軍事上生計上。兩州之對於兩國。眞有「得之則生不得則死」的切膚利害。軍事上呢。老毛奇叫他做「最短的國境防備線」梅孜和司脫拉堡兩要塞都是世界著名難攻不落的堅壘。生計上呢。米尼特的鐵礦區廣袤四百六十三方里。綿跨兩洲。每年產鐵二千一百萬噸。計德國全境每年產鐵總額二千八百五十萬噸。這個礦區所產。占了四分之三了。五年以來。所以能軍械日新持久不屈。都是靠這礦的供給。兩州關係既已如此重要。所以法國開戰之初。即以恢復兩州爲最主要之目的。中間和英俄兩國締結密約。頭一條就是要求講和時以此爲主要條件。一九一六年時威爾遜想做調人。要求兩造宣布戰爭目的。法國首舉的便是恢復兩州。後來威爾遜提議講和條件十四條。便將這條加入。明白承認。反觀德國方面雖屢次提議講和。然而對於這一條始終絕無絲毫讓步的表示。和議所以中梗。未始不由於此。倘使戰局成爲兩敗俱傷的局面。那麼到議和時。對於這個問題。不知還有多大的爭執。後來德國一敗塗地。這問題竟在休戰條約上輕輕鬆鬆一刀兩段的解決。也算五年來人人意想不到的事哩。兩州的歷史和他的價值。既已大略說明。再敍我們行蹤罷。

我們離開伏壘天氣已將近晚。匆匆乘車往東進發。雨卻漸漸大起來了。當黃昏慘淡的時候。冒著風。衝著雨。行這千里蕭條的原野。雖然我們異鄉異客。沒有什麼風景山河之感。但對著這種氣象。也不免「人言愁我始欲愁」了。將近日落時。已經由法國洛林州入到舊德國洛林州——洛林割讓時。僅割其半。所以從前德法二國。各皆有此州名。——當初開戰時。法國軍隊曾由此地侵入。其後德軍越比來攻。始倉皇調返。那時用兵痕跡。還隱約可辨。將到梅孜附郭。經過一座森林。隨行參謀官指點說是一七九八年法國革命軍大敗聯合軍之處。還有個紀念碑呢。我想那回戰勝。眞算得人類進化史上一場義戰。可惜天黑。不能下車憑弔了。我們一路飢寒交逼。直至晚上快十點鐘。纔到洛林省城的梅孜。幸虧客棧是早已經知會過的。替我們留下很豐盛的晚飯。諸君試想。這頓飯是怎麽個滋味呢。

客棧裏掛一幅畫。很有意思。畫的是中間坐着一位極慈祥的老太婆。旁邊兩位女孩兒。大的穿亞爾莎士服裝。小的穿洛林服裝。都撲在他懷裏。那題目是『認娘還要投票嗎。』因爲那時德國和中立國報紙每每援引威爾遜十四條的民族自決主義。說亞洛兩州改屬。也該由住民投票一次。法國人反對他。這畫就是表示這個意思。我說法國人也未免過於意氣用事。其實投票一次。還不一定是大多數通過改屬嗎。這樣子取得這兩州的主權。不是更公正更鞏固嗎。兩州問題糾纏不休的已經好幾百年。因爲德法兩國你來我往的拿他當戰利品。那住民就像從前俄國農奴一樣。跟着土地移轉管轄。沒有一回尊重他們自決的權利。所以終久成一個問題。這回還是照鈔舊文的解決。能否算做永遠解決。我還不敢斷言哩。

我們新近從倫敦泰晤士報上看見美國人賽蒙一篇通信——此人是著名新聞記者。曾和我談論。說西洋文明定要根本改造——說『梅孜這地方。是法德兩文明直接交衝點。大禮拜堂及某附近代表法國文明。車站及其附近代表德國文明。』我聽見這話覺得很有趣。所以一到梅孜就想按圖索驥的研究一番。雖是對於兩國國民性沒有深邃的研究。不能下精闢的觀察。但就表面看來。也像有幾分領會。車站一帶。土人叫做新城。禮拜堂一帶。叫做老城。兩城氣象。一望便覺截然不同。新城建築都是方的粗的堅實的樸素的嚴整的。老城建築。都是圓的多角的緻巧的流麗的。那街道新城表示一種意匠的秩序的感想。老城表示一種自然的自由的感想。再看那民情。新城自然覺得有一種方嚴峻整的美德。老城自然覺得有一種活潑樂羣的美德。子細看來。眞是兩種文明好個對照。別處都市劃出一區自爲風氣的。未嘗沒有。例如美國各市的唐人街。歐洲各市的猶太人街，雖住民氣象與別不同，但總是寄人籬下，不能把自己的文明特情表示出來，像梅孜這樣的實是少見。因爲兩邊都是很高等的文明，程度相當，同生息於自治政制之下，各人能彀把他固有的特長用平等的方式盡量發揮，所以特質都顯豁呈露了。現時雖未能淳化爲一，但接觸既頻繁，既切密，則化合作用自然發生，將來或有一種新性質的文明從此地胎孕也未可知。就這點看來，德法兩國屢爭二州，迭爲勝負，安知不是全人類進化事業之一種手段呢。我因此又想起歐洲文明爲什麼內容如此其豐富，分化如此其靈敏，就是因爲接觸的機會多，消受的機能慣。我國從前除了印度以外，沒有機會和別方面的高等文明接觸，無怪停頓到今了。現在機會到來，且看我們能不能利用罷。

我們在梅孜住了一天半，照例應看的地方都看到了。內中最令我感動的，却是一個新銅像。該市公園正中本來有一座德皇維廉第一的銅像，光復之後，市民把他毀了，別造一座來替代。我們來遊的時候，正在拿石灰捏成像範，還未動工呢。你猜這替代維廉第一的人是誰，玻安加利嗎？不然。克里曼梭嗎？不然。岳福嗎？福煦嗎？不然不然。法國前代的英雄某人某人嗎？更不然。他是一個沒有名字的人，也並不像那一位有名人的相貌。他身穿法國兵卒的軍衣，頭戴法國兵卒的軍帽，背著一個軍用皮包，右肩擎一枝槍，左脚踏着一件德國軍帽。像碑底下刻著 On las aj 三個字。——直譯爲「拿住他們了」——若定要問這人姓甚名誰，我只得拿中國話答應，說是姓法名叫蘭西的一位兵大爺便了。我看了這銅像，覺得他用意眞是深長美善。他表示出一國中歷史上大事業，並不是一兩位有名人做出來的，乃是大多數無名人做出來的。所以這個銅像，我叫他做「平民化」的銅像。其實歐美今後大勢所趨，那件事不是「平民化」，這銅像不過一種顯著的表徵罷了。

我們昨日纔看新戰場。今日又來看古戰場。看的什麼。就是梅孜郊外聖帕里華一帶古原。一八七〇年拿破侖第三的大軍在此地打個大敗仗。鬧到國內革命。身爲俘囚。和這回維廉第二的末路。恰好一個對照。我們來遊時。正碰着一大羣市民圍着一座德國紀功碑。演那「長繩百尺拽碑倒」的把戲。那碑是一個銅獅子擎着德國國徽張牙舞爪。我們到得跟前。獅子正倒滾下來呢——相隔十來丈還有一碑。是德意志女神手拿一箭射向法境。那碑是前兩天拽倒了。一羣孩子在神身上正爬着頑。我們便向這些孩子討點破銅片帶回做紀念。一面周覽平原。只見水田漠漠中輕風吹動麥秧。好像波紋皺漾。除遠遠望見一座土堆。說是當時戰士叢冢外。戰爭遺蹟。一點看不出來了。五十年事。如夢如夢。直可發人深省。但不知那夢中人前夢後夢却相續到幾時纔了哩。

十一日夜間四點鐘由梅孜搭火車。天亮就到司脫拉斯堡。——以下省稱司堡。司堡是亞爾莎士的省城。從前德國經營這兩州新領土。就拿這裏做中心點。所以規模比梅孜更爲宏大。全市也可分作老城新城兩大部分。老城以大教堂爲中心。教堂全部用紅色石築成。所以我起他一個名叫做赭石寺。赭石寺爲十三四世紀遺物。最精麗之峨特式。內部全用攢疊式的圓柱。一大柱以無數小柱圍繞之。攢而爲一。各小柱皆透鑿離立。雕鐫之精。生平少見。舊城內屋舍的建築。許多都是文藝復興時代式樓房。多凸出。好像飛櫓。上層比下層寬。屋頂多作尖三角形。家家外牆多有壁畫。滿目都是古香古色。赭石寺旁邊有一間十五世紀的古屋。如今拿來做飯館。我們就在那裏吃晚飯。並不是貪他菜好。只算頑古董罷了。新城是德國割領後所建。以德皇行宮爲中心。行宮前面一個大廣場。右邊一帶爲各行政官署。左邊一帶爲大學和圖書館。正對面爲州議會和法庭。廣場中間便是

大公園那種莊嚴整肅的氣象簡直成了縮影的柏林了這就是司堡大概的形勢

司堡當第一世紀已見紀載原是歐洲中部一座有名的古城十三世紀前爲天主教聖僧采地十三世紀至十七世紀爲德意志自由市一六六一年始隸法籍那時正路易十四全盛時代所以他的市民對於法國文化感受極深貢獻亦不少發明印字機的顧丹伯創造法國國歌的黎士禮都是本市籍貫所以他的市民對於法國對於世界都很有點自負法國人向來也拿他當國中聲明文物很重要的一部分所以巴黎羅浮宮前面有八座女神像代表全國內中一座就是司脫拉斯堡女神自從德國割去亞洛二州巴黎市民便在這神像左臂上纏一塊黑紗表示持喪服的意思每年到割讓紀念日總有無數人集在這女神像下徘徊瞻戀繼以痛哭五十年來如一日直到這回休戰條約實行兩州完全光復那神臂黑紗方纔除掉如今滿身都掛著極美麗的花球花圈了我曾做過一首詩寫這件事詩雖不好也把他記下來

司脫拉斯堡女神歌

『憶共衆靈戲玉京餐霞浴曦能駐齡罡風一夜吹夢墮隻影淪謫隨客星銀漢半枯碧槎斷雌鳳雄龍不相管高鬟撤珥任雲慵繡襦委餧隨塵涴（亞爾莎士婦女服飾喜戴角巾高盈尺其裙皆刺繡）塵涴雲慵秋復春舊時鴛侶愁知聞玉璫緘淚迴環寄青鳥無憑空斷魂叩閽問天天不語詔我靈風與夢雨烏紗籠臂篆沈憂綠玉垂胸結延佇（普法戰役曾從軍者立有一會其會徽之綬章黑綠相間黑示持喪綠表希望巴黎人亦常將此章懸神像胸際）多情今夕是何年雲捲長空月自圓相將駕鶴好歸去瑤池廣樂正喧闐却看王母頭如雪相思待與從頭說點檢零脂未忍施中有嗁鵑萬絲血』

我們在公園散步。迎面來一位老頭兒。襟上帶著黑綠綬相間的銅質小徽章。一望就知道是普法戰爭時候的軍人了。我就迎上去和他攀談。據他說當一八七〇年普軍圍城五十天。打進城的砲彈共十九萬三千七百二十二顆。城中舊建築毀去了什之七八。當時他們的守將有句名話。說是「你拿去是可以。要我送給你却是不能。」至今他們市民還常常念著這兩句話呢。這位老頭兒他說他自己住在這城裏四十九年。從來不肯說過一句德國話。他和我們嘮嘮叨叨的說了一大堆話。雖是語無倫次。我總覺得十分可敬。現在新任都督名叫游霞衞。也是本城人。普法戰後大去其鄉。五十年不履故土。這回戰爭在凡爾登立過大功。光復後帶了八師團在這裏防守。可惜他正往巴黎。我們沒有會見。

我們游亞洛二州。刺激最深的。就是法國人這點愛國熱誠。他們全國人無論男女老幼識字不識字。對於這件事都當作私仇私恨一般。痛心刻骨。每飯不忘。法國能轟轟烈烈站在世界上頭。就是靠這點子精神貫注。將來若有世界大同那一天。把國界破掉。那是別一個問題。若是國家這樣東西一日尚存。國民缺了這點精神。那國可就算完了。這點精神和所謂軍國主義却是根本不同。軍國主義是要淩奪別人。這點精神只是防衞自己。就個人而論。必要人人對於自己努力正當防衞。不畏强暴。然後强橫的人纔知斂跡。所以個人勇於自衞。便是裁制惡人的最好法門。推論到國家。則國民勇於自衞。便是裁制暴國的最好法門了。這回大戰在人類進化史上很有價值。就是爲此。我們對於法國人很表敬意。也是爲此。回頭看我們中國人。說他沒有這點精神嗎。不能。你看這回對於山東問題。那一個不激昂慷慨。說他確有這點精神嗎。這却還待商量。你看現在全國中有人提起台灣一個字嗎。我們失台灣。還是在法國失亞洛二州後二十年哩。都是戰敗割地。情形全然一樣。人家是深痛徹骨。五十年間沒有一刻忘記。我們在當時。何嘗不也是人人驚心動魄。不過三五年。早已撇在腦後。像是公認搶刦的人有正當權利了。然則今日雖然磨拳擦掌的爭山東。等到山東當眞被人拿去後。只怕也把他當作第二個台灣。一字不提了。我不敢說從前爭台灣現在爭山東這些舉動都是出於虛偽。但可惜只像小孩子一般。一時惱起來。鬧得潑天撒地。過了點把鐘。便全然忘記了。這叫做只有衝動。沒有情操。我想我們中國人智力不發達。是很容易補救的一件事。情操不發達。那却是不治之症。什麼好主義拿到中國都變成『惡化』。爲的就是這個毛病。我們說要愛國嗎。像法國人這種愛法。眞可以令我們反省哩。

至於講到亞洛二州本身問題。德國同化政策雖然沒有成功。却是影響很不小。毛奇說是過了五十年可以安心。我想若是沒有這回戰爭。德國再下幾十年水磨工夫。未始無成功之日。因爲前次割讓以後。許多法國有血性的人都搬走了。德國人便移植了許多進來。現在情形。洛林州雖是法人占優勢。亞爾莎士州却是德人占優勢。因爲他本來是德意志民族的自由市。加以五十年來刻意經營。自然是勢力日增了。不過因爲德國是專制政體。他們愛自由慣了。有點不願意。這是和德國軍閥的惡感。並不是對於德國文化根本反對。倒反因爲兩種文化接觸得近。現在隱然造成非法非德亦法亦德一個小小的新文化區域來。德國人從前想拿他做戰利品。固然失敗。法國人以爲他從此回了娘家。恐怕也要斟酌哩。記得我們在梅孜的時候。拉着一位十一二歲的小孩子問他是法國人還是德國人。他說『我是洛林人』。後來到司堡拉着一位十七八歲的。還是拿那句話問他。他說『我也不管是德是法。只要沒有兵的國。我就願做他的國民。』這雖是孩子話。却可以看出個中消息哩。

## 四　萊因河右岸聯軍駐防地

休戰條約第五款規定萊因河左岸一帶應由聯軍暫時占領派兵駐防。該約簽字後。即時實行。現在這駐防地分三個區域。第一。法比軍共同駐防地。以邁陽士爲中心。第二美軍駐防地。以哥布列支爲中心。第三英軍駐防地。以哥龍爲中心。這一帶都是德國工商業極繁盛的所在。如今變成軍事要衝。我們合當一遊。十二日正午。由司脫拉士堡起行赴邁陽。我們到這些駐防地。立刻起幾種奇異的感想。第一件並不見有什麼軍用票。第二件並不見有什麼鐵路警察。第三件並不見有什麼民政署。這些事在歐洲人眼裏。自是認爲固然。但我們將日俄戰爭時奉天一帶情形和現在青島濟南一帶情形比較起來。覺得我們那時還是中立國。好意借條路給人家走一走。那大軍所過。便有這種種把戲。此地乃戰勝國在戰敗國境內駐防。倒反這樣客氣。好像強權的適用。西方人和東方人還分些程度哩。

邁陽爲海色大公國首都。當德國革命時。各聯邦君長都亡命境外。惟這海色大公雖已退位。仍住市中作一良善市民。算是一個例外了。法軍總司令芒場將軍正回巴黎。他那副司令勒特將軍住在邁陽附近之威士巴頓。十三日約我們到那裏午飯。威士巴頓是萊因河岸著名風景地。歇夏時各國人都往遊。要號稱中歐的銷金窟。有威廉第二一所極壯麗的行宮。那守將便在宮內設宴。入席前先領著我們徧遊該宮。他自己住的便是皇后臥房。衾褥妝鏡。不移而具。勒特向我們一一指點。面上很現出幾分得意之色。像是說『大丈夫不當如是耶』哩。我一路參觀。忽然想起一件事來。覺得天道好還。實在可怕。這不是活畫出一位義和拳時候北京大內裏頭的瓦德西嗎。威廉追懷往事不知何以爲情。

同席的有一位英國女軍官。終席議論滔滔不絕。大約說的都是女子當兵不讓男子這一派話。還說『軍隊快要解散。悶得慌。可惜再不能得這種壯快生活了。』我們正爲他是個女子。不好將他的話駁回。但覺得英雌氣味有點不可嚮邇。男人吃了軍國主義的迷藥。已經把世界鬧到這種田地。還禁得起女人助興嗎。好在這種人也不過少數。不然眞算得人心世道之憂了。

我們飯後在威士巴頓山上公園遊覽一回。便回到邁陽。晚間法軍的參謀長在海色大公故宮請宴。極力說萊因左岸一帶應該從德國分離另設一個緩衝國。還說是本地方人民多半都願意。我想這自然是法國人一相情願的話。斷不會成爲事實。若說這一帶果然有設緩衝國的必要。恐怕是將亞洛兩州合併於現在之『聯軍萊因占領地』纔算公平哩。但緩衝國之議。現在已不成問題。且不說他罷。

十四日由邁陽赴哥龍。沿途所經。正是萊因河風景最勝處。這一帶當晚春初夏的時候。葡萄徧山徧谷。桃杏雜花相間。岸上的地。天上的雲。河裏的水。都是五色的。每天傍晚。有許多極壯麗雅潔的遊船。溯洄上下。眞算得畫裏光陰。詩中國土。可惜我們來得不是時候。正當陰冬沈寂。周圍境界都像睡著。況是戰後瘡痍滿目。那裏還有人敢想到行樂。河上一條遊船也沒有了。只有些鯊魚式的煤船。倒還絡繹不絕。替這冷靜的河流做些點綴。兩岸上無數古堡。隔十里八里便看見一座。堡的式樣種種不同。好像專做來替畫家布景。這些堡都是中古時代騎士貴族留下來的紀念。還有許多綠林豪傑。都曾拿來做他的窟穴。倘使能彀叫這些堡神各各背他自己的履歷。只怕每一座堡都可以供給一部浪漫式派小說的材料。我們如今都說他是黑暗時代的遺物了。但就這些堡神冷眼看來。現在比他們能轂光明幾多呢。只怕要『待考』罷。還有一座日耳曼女神像。是德國統一後新近做來記功的這十九世紀新體美術的女神像參在許多古香古色的舊堡中間擺出個莊嚴神聖樣子。就像新出來的德意志皇帝統率著幾十位固有的聯邦君長從容坐鎮日耳曼女神也算是兼領萊因河河神了。但現在的萊因河。變成『長江之險與敵共之』正不知這位女神獨立蒼茫背地裏淌了多少眼淚哩

哥龍是普魯士的大工業市德國全國的大都會。除了柏林漢堡就數到他了。論起這地方。在軍事上本來不算重要地點。因爲他和那永久中立的比利時接壤。能有什麼軍事作用呢。然而自開戰以來哥龍實已成了軍事中心。德皇的大本營有好幾次就駐紮此處。事後看來。乃知這裏的鐵路倉庫等項無一不是祕密中作軍事預備。可見德人破比利時的中立處心積慮。已非一日了。

哥龍車站之宏壯號稱歐洲第一。五年以來。西戰場幾百萬兵大半由此調動。如今也是德國和協約國交通孔道。站內設有英國軍官稽查護照。處非盤詰清楚。不能放行。市內大小各旅館都由英司令部全數徵發。非經許可不能投宿。我們這回來游因爲英法兩國政府都用半公式的招待所以不覺得有什麼不便。後來我游德國。往返都經過此處。纔知道種種麻煩。竟是出人意外哩。這是後事慢提。卻說我們早上九點多鐘便到哥龍英軍司令部特地從遠處調得一位懂中國話的參謀官專司接待。替我們預定下游覽三日的日程。除各項參觀外。還專備一游船泛萊因河。可惜我們還要游法境北部戰場。那些地方又是沒有火車可坐的。沿路按準日期一站一站的預備軍用汽車伺候。原定只在哥龍一日。程期不能變更了。當時因爲和局未定。我們不知到底能否一游德國。很想在這裏稍多盤桓領略德國風味。既已辦不到。只得窮一日之力到處一游。他那有名的大橋跨

着萊因河上開七條大路。中間行人。左右兩條馬車路。又左右兩條電車路。又左右兩條火車路。橋的兩端。樹着普魯士歷代帝王四尊銅像。其餘橋欄上彫刻無數。眞算極天下之大觀了。他那有名的敎堂。算是歐洲五大伽藍之一。是峨特式和文藝復興式調和的一種建築。眞足耐人瞻仰讚歎。其他畫苑博物館之類。只得匆匆掛一個號。實在不能細觀了。我們還有一件很要緊的事。是要買德國書。可惜關於戰事的書。坊間完全絕跡。其他新出書也不多。只得將哲學文學類的名著。隨便購些。託英司令部代爲轉運。因爲這點小事。晚間在司令部宴會席上。還起一番小小辯論。那英國司令官對於德國文學哲學很下些苛刻的批評呢。唉因一時政治上的利害衝突。連學問上也生出偏好偏惡來。眞是人類的普通弱點。好在這種現象總不能久罷了。司令部歡宴之後。跟着還有一個茶會。大小軍官咸集。款待極其殷勤。這是我對於英國政府應該極表謝忱的。

第二天早上往游哥龍附近一個地方名叫亞痕。這亞痕是一千二百多年前沙里曼大帝的首都。還有那時候一座古寺。巋然尚存。便是大帝陵寢所在。所以我們特地一游。據說大帝遺骸係用埃及木乃伊法泡製過。至今不朽。棺內藏寶物無算。其後經兩次發掘。（第一次九九七年日耳曼皇帝阿特三世。第二次一六一五年腓力特列紅髯帝）搬掠一空了。只賸遺骸在內。這回休戰退兵的時候。德人怕協約國要拿這有名的木乃伊去做博物館陳設品。所以事前就搬往柏林。我們看見的只有一個連蓋揭開的空銅棺了。還有大帝加冕時所坐的石頭寶座。陳設在樓上。此外紀念物多不可見了。

我們當這回大戰後來到這個地方。眞有無限感慨。想起沙里曼大帝當時戰勝回敎國民。再建西羅馬帝國。他的版圖北極北海。南臨地中海。將現在德意志法蘭西比利時瑞士的全部和意大利西班牙的北部打成一片。

儼然開出歐洲一統之局。他卻把國家當作私產一般處置。拿來分封三個兒子。以後德法意三國的分立。就從此起。雖說是各民族各有特性。合攏來誠非容易。但是倘使那時在一個政府統治之下。各民族接觸調和的機會甚多。各特性自然會化合成個通性。那麼歐洲一千多年來的戰爭慘禍。總應該減省許多。或者人類全體的進步。遠在今日之上。也未可知哩。自從沙里曼種下這禍根。一直鬧到如今。種種國際問題。不能解決。別的不用說。就是凡爾登亞爾莎士洛林和哥龍這些地方。德國人說是歷史上應歸德國。法國人說歷史上應歸法國。哥龍自十三世紀以來皆為自由市。當一七九一年至一八一四年屬法國。就像春秋時代齊魯兩國爭汶陽。爭濟西。爭了一百多年。若在今日拿中國人眼光看來。爭的算什麼一回事呢。卻是歐洲多少國境問題。差不多都是這類性質。這樣說來。沙里曼不是一個『始作俑者』嗎。我們游亞痕古寺時。和一位看守寺門的老婆子攀談。他說。『都是這位大帝不好。左討一個老婆右討一個老婆——沙里曼有后妃九人——養出恁麼多兒子分出恁麼多國。叫我們今日還是雞犬不寧。』我聽了這話。不覺『點頭道是』者再。

我們又重要入法境。視察比法戰地了。從此又沒有火車可坐。只得仍用三輛軍用汽車前行。所走的就是開戰時德軍侵入比法的那條大路。橫穿謨士河。經過比利時的納點市。進入法境。想起當時百萬輪蹄。氣吞一世的從此路前進。今日衰草斜陽。川原無極。只是『冷淸淸一片埋愁地』了。我們半日之內。由法入比。由比入法。走過三國境界。那國境上別無何等天然限域。只有一個記里木牌權當標幟。我在車上默想。甚麼叫做國家。不過人類腦中無端幻出一條界線便了。楞嚴說得好『同是菩提瞪發勞相。』為這一條幻線。殺人盈野。殺人盈城。將來世界大同後。回顧這種史蹟。只怕對於這時代的人類心理。有點難於索解哩。

我們沿着謨士河。漸漸入到法境。那道路實在破壞得不成樣子了。下午四點鐘前後。我們三輛汽車壞了一輛。只得歸併著坐再行一點多鐘。嗳呀不好了。又壞了一輛了。修理半天。毫無辦法。天漸漸黑起來了。離前站還有好幾點鐘的路程。大家已經硬着心腸。預備在這路上露宿一宵了。好容易纔打聽得附近有個小地方名叫池佛。那裏髣髴還有幾爿破房子。只得拿那一輛未壞的車分幾次運送。投奔到那裏。居然有一家三等客棧名叫白馬店的。很承他的情。替我們騰出兩三間屋子來。還蒸得一條鮮美的白魚。供應我們晚飯。我覺是生平未經嘗過的異味。到今日還牢牢記得哩。

白馬店住了一夜。明天汽車還是修理不出來。只得跑路到附近一個小車站。搭火車折往比利時京城。再由比京搭車巡返巴黎。剩下幾處戰地。只好待下次再行游歷了。

# 國際聯盟評論

## 一　導言

我們在巴黎住了好幾個月。每日聽的和會消息。因為問題太過複雜。鬧得人頭昏眼亂。到五月底。對德和約算是議定了。條文已經公開。我們該把他的要點和他的經過。綜合分析研究一番。

和會第一件成績。自然要推國際聯盟。國際聯盟規約。雖有許多不饜人望之處。但這件人類全體的大事業。總算立了個基礎了。我們要記述這件事。須先將他的來歷一加說明。

原來組織團體是人類獨具的良能．由小團集爲大團．又是進化不易之軌．所以古來無論何國．都是從許多部落做起點．小部落集而成大部落．部落集而成國．小國集而成大國．直到第十九世紀．算是國家主義全盛時代．主張這主義的人便說『國家是人類最高團體沒有別的團體能加乎其上』但是這些話到底對不對呢．我們敢毅然決然說是不對．別的例不消多引．就拿德國統一前的二十五邦和美國制定憲法前的十三州說來．當時各邦各州何嘗不自命爲有最高主權．驟然間和他們說．各邦之上要加上一個德意志帝國的機關．各州之上要加上一個亞美利加合衆國的機關．多數人自然覺得是頭上安頭．不勝駭怪．後來因環境的逼迫．時勢的要求．這頭上的頭不是安上囉嗎．不是都還覺得很舒服嗎．可見人類組織團體的本能．是個有彈力性．常常擴充的．不是個一成不變甘於保守的．沒有小團的時候．努力經營他的小團．小團既已鞏固．又進一步經營大團．一步兩步三步的前進．非將人類全體合成一個大團．究竟不能滿足．這種人類天性．就是國際聯盟可以成立的根本要素．

『全人類大團體』的理想．我們中國是發達很早的．我們向來並不認國家爲人類最高團體．所以說『修身齊家治國平天下』．身（個人）是單位的基本．天下（世界）是團體的極量．家（家族）國（國家）不過是團體組織裏頭一種過程．所以我們中國人所宗尙的．一面是個人主義．一面是世界主義．中間卻不認得有什麼國家主義．這種思想是否健全．是否有益．姑且勿論．但我中國面積和全歐洲差不多一樣大．他們至今分爲許多國．我們早已合成一國．其中原因雖甚複雜．但這『天下一家』的高尙思想．確爲主要動機之一種．蓋無可疑了．當春秋戰國時代．列國並立．和現代歐洲形勢有點相像．當時謀統一的過渡．也有一種類似國際聯盟的制度出來．史家叫他做『霸政時代．』也可以叫做『方伯集團的政治．』那制度是將當時所謂『諸夏』的各國．集爲一團．願加入與否．聽各國自由．加入後各國主權依然無損．但對於盟約所規定的義務．必須遵守．在加盟各國中推戴一國或兩國做『盟主．』盟中事務由他執行．盟內各國相互的爭議．由盟主公斷．各國中有背盟的．盟主糾合其他各國公共討伐他．有受盟外別國侵略的．盟主糾合同盟救援他．所需兵力．由盟主向各國徵發．他那立法精神．和這次的國際聯盟規約．有幾點很相類．這種制度也行了一百多年．後來因爲形勢變遷．聯盟的拘束力日趨薄弱．竟漸漸消滅．後來中國統一．卻並不循著這條路前進．還是由一國併吞盡各國．最後全體人民起來．連這一國也推翻．他建設個單一政府．這是中國由小團進爲大團所經的過程．『方伯集團』的聯盟．是中間一段波折．這種聯盟組織的粗糙．自然不能和今日相比．但比起歐洲古代希臘市府的聯盟．中世教權底下各國的聯盟．最近大戰前各國縱橫捭闔的聯盟．他那精神性質．確有點不同．所以論到歷史上國際聯盟的理想．還是我們『方伯集團』時代．有些參考的價值哩．

從前歐洲人對於『天下』的觀念．不如中國人之明瞭．羅馬人的理想．確是要把全歐打成一丸．他的事業也做到八九分．忽然被北方蠻族侵入．打得個稀爛．便永遠成了列國分立的局面．中間雖也曾經過好幾次的統一運動．或是想拿教皇當個中心．建設神權的統一政府．或是拿什麼日耳曼皇帝的名號充當共主．究竟那時候的歐洲．正在分化時代．未到匯合時代．所以種種運動．總歸失敗．十四五世紀以後．現代列國的基礎．完全成立．國家主義．日漸發達．到十八九世紀間．正是這主義旭日中天的時候．忽然有位混世魔王拿破侖．要學我們秦始皇．唱『六王畢．四海一』那齣大戲．分明是與時勢逆行．還有個不失敗的嗎．失敗過後．這回維廉第二還要來再做這個夢那更可憐了。就此看來。我們中國古代統一的方法。在歐洲斷斷不能學步。既無可疑。然而人類集團的擴張向上心。又出於天性之自然。不能夭遏。把國家當作人類最高團體。這種理論。在今日蒸蒸日進的社會。究竟不能叫人滿意。卽如個人相互間的利害衝突。當國家法律效力未確定的時候。動輒用復仇決鬪的手段來解決。這種習慣。今日誰不說是野蠻。卻是國家相互間的利害衝突。就沒有一點法兒制裁救濟。認決鬪爲絕對正當權利。這不是文明人類一種恥辱嗎。因此之故。國家以上的機關之建設。當然成爲很迫切的一種時代要求。但這機關是怎麽樣的性質呢。用何種形式走那條路徑纔能令他成立呢。哦。有了有了。近百年來政治史上有一種新趨向。就是聯邦制度。你看小的國像瑞士。大的國像德意志美利堅乃至澳洲加拿大南非洲等處殖民地。不是都由許多小的政治單位構成大的政治單位嗎。那原有小單位（卽各邦各州）並不消滅。卻拿來做個主體。用合意的形式來組成新造的大單位（卽聯邦政府）聯邦政府的權限。儘管廣狹不齊。但各州各邦總承認將本身原有主權。一部分加上制限。成就兩重政府的形式。這種制度。這些國行起來不是都很有成效嗎。局部的可以這樣辦。怎見得全世界就不可以這樣辦呢。所以有人倡『全歐聯邦』有人倡『全美聯邦』萬流奔赴。愈擴愈大。結果歸到全世界國際聯盟。原語之 League of Nations 直譯當訓『國聯』論他所取的路徑。不過是把瑞德美等聯邦制度放大便了。這卻是十九世紀以來的時代精神。和從前統一運動的方法根本不同。這點精神。我們認爲人類進化向上一種表徵。而且確信他一定要成功的哩。

從前國際聯盟的理想。不過由少數學者倡導。最古的有維廉賓當十七世紀中葉。昌言國際公斷機關之必要。次則康德著永世和平論。提出幾條原則。第一要全世界變成民主政體。第二國際法當由各自由國聯盟組織樹其基礎。第三。全人類都變成世界公民。其進行次第。則有限制軍備廢止公債等條件。同時盧騷更進一步商榷到稍近於具體的計畫。力說國際立法府國際法庭國際保安軍隊之必要。但當時多數實際政治家。都說這等是書生空論。不過目笑存之罷了。維也納會議時。俄皇亞歷山大所倡的神聖同盟。其始原含有將歐洲國際關係根本改造之意。後來變爲擁護帝權的機關。在人類進化史上更無一毫價值。自此以往國家主義。達於全盛。十九世紀下半期各國像發狂似的相競擴張軍備。人人都覺得全世界好像堆滿火藥。爆發起來。不堪設想。所以世界主義的平和運動。又漸漸的抬起頭來。一八九九年一九〇七年兩次海牙平和會議。都是向這個目的進行。同時美洲方面更切實猛進。一八八九年的全美會議。已建一常設機關。一八九一一九一〇年更兩次擴充權限。美洲之局部的國際聯盟。差不多算成立了。至於私人方面。鼓吹尤盛。無論何國。總有所謂平和協會一類的團體。又如美國的卡匿奇英國的嘉頓等輩。慨捐巨款。設置平和基金。專研究世界永久平和的方法。研究的結果。對於建設國際機關。大概都認爲必要。國際聯盟之議。漸漸要成爲現實的問題了。

前人說的左傳是一部『相斫書』。其實放眼一觀各國的歷史何嘗不是日日相斫。泰西某史家說。人類自有歷史以來。沒有戰事的年份。纔得二百七十一年。據此看來。豈非戰爭是人類社會的常態。平和反是他的變態嗎。物窮則通。當大戰方酣之時。正是人類創鉅痛深之日。各國有識者。都在那裏想。這回出了空前苦痛的代價。若還換不出將來比較上的太平日子來。那麼這些戰死的人。眞算白死了。所以多數人眼光。都注重在戰後的世界改造。政造方法。指望的就在國際聯盟。各國名士。鼓吹最力的。在英國則自由黨有前外相格雷。統一黨有沙侯之子羅拔雪絲爾。在美國則民主黨有現總統威爾遜。共和黨有前總統塔虎脫。在法國則有前首相蒲遊阿。都是屢次著出論文。或在公開演說席上大聲疾呼。不遺餘力。其餘各國朝野政治家。都表示熱誠贊仰的態度。各國社會黨。向來持非攻寢兵之論。極端贊成。自不消說。一般商民農民。厭兵已甚。誰不望有個根本解決的法子呢。至於學者社會。一方面覺得多年懷抱的空想。漸到實行機會。自然更是歡喜踴躍。於是各人把他歷來研究所得。做成具體方案。就中最有名的著作。如英國的阿賓哈讀博士。美國的巴特拉博士。意國的凌納娜教授。瑞士的尼坡兒教授。德國的菲里特博士。還有剛纔說過的法國前首相蒲遊阿。和英國南非殖民地將軍史墨士。這些人都擬有很詳細的國際聯盟法規草案。加以說明。所以威爾遜提出這個問題。全世界到處響應。我們初到巴黎時。這齣大吉大利『滿床笏』的名劇。正在後臺扮演。滿場人都眼巴巴望着等他一開幕就拍掌喝采。這就是當時實在的形勢了。

## 二　聯盟規約成立之經過

國際聯盟爲這回和會主要問題。當開會時已經大衆公認。但聯盟規約。應該獨立呀。抑或該作爲講和條約的一部分。聯盟規約的討論與講和條件的討論。孰先孰後。這是開宗明義先該商榷的問題。論理講和是一時的事。聯盟是永久的事。講和是局部的事。聯盟是全體的事。兩件事性質本不相同。不應該放在一個公文裏面。盟約何等莊嚴偉大。把他裝在和約內算做一章。豈不是褻瀆了他嗎。況且歷來提倡國際聯盟的人。都抱着一視同仁的精神。由全世界各國共同發起。共同討論。共同組織。絕無主從分別。纔合自由契約的本意。如今講和預備會上二十七國。不過暫時共同對敵的一個團體。此外還有許多中立國。還有敵國。還有因事未能列會的舊友國。（俄國）還有新造未經承認之國。（如芬蘭如南俄）將來若還希望他們當盟員。那麼這盟約的草創討論修飾潤色。他們也應有參加的權利。然則爲尊重聯盟起見。當然應待和約簽字和平完全恢復之後。重行集一新會。無所謂友無所謂敵。無所謂主。無所謂賓大衆開心見誠來商量全人類前途一件大事纔是正辦哩。就辦事先後程序論和約一日未定。戰爭狀態一日未了。依各國民渴望恢復和平的心理正宜將對敵條件迅行議決。把破壞局面收束了。再從容講求建設。然則討論次序先和約而後盟約。似屬不易之理。然而事實恰恰相反。盟約變成和約的一部分。而且和會破題兒第一章先議盟約爲什麼呢。唉其中有許多曲折國際聯盟能彀勉强產生。原因在此。國際聯盟失了本來面目。原因也在此。

據我剛纔說的和會開幕前情形。好像建設國際聯盟的機會已經十分成熟。其實不然。英美兩國有力政治家。贊成態度。固極鮮明。其他各國尙屬曖昧。意大利當局有責任的人始終還沒有什麼表示。與其說是愼重毋寧說是冷淡。日本軍閥本來很不願意有這聯盟。他的輿論純是一派懷疑調子。這些都還不打緊。最可注意的就是法國首相母大蟲克里曼梭。他的頭腦本來很舊。除了法國目前利害外。一概不管性情又頑强難說話。他向來主張國際聯盟應從緩議。去年十二月三十一日還有贊成舊式同盟的演說。這樣看來此老對於聯盟雖未必反對。但並不熱心贊成。殆無庸諱。況且美國共和黨中一部分人反對聯盟。此時已露端倪。所以表面上看著熱烘烘的聯盟論。其實骨子裏頭早已有點鬆了勁。威爾遜把這件大吹大擂了好一兩年。這回親自出馬跑歐洲一趟。全是爲此。看見這種形勢。如何能不着急。你看美國上議院後來不是因爲反對盟約。連和約都不肯批准嗎。我們事後論事。倘使當時將和約盟約分爲兩橛。等和約完成纔議盟約。恐怕和約一成大家便把盟約丢在腦後。一年來鬧得如荼如火的國際聯盟。終久是見打雷不見下雨便了。威爾遜覰透此著。一口咬定要把盟約當作和約的一部。而且要先議盟約再議和約。其實是利用當時歐洲人渴望恢復和平的心理辣手刼持。言外表示一個意思。說是『你們若要脫離戰爭狀態。就請趕緊把聯盟做成若不批准盟約。便連和約也無從批准。』當時雖有許多人不願意。(法國尤甚)到底礙著威爾遜的老臉只得從他。二十六條聯盟規約居然能㝅用公文的形式頒布出來。全是靠這點分合先後的作用。這確是威爾遜的成功。也算是人類全體的一回幸運了。但天下事的成敗幸不幸。往往互相倚伏。威爾遜固然有所挾來刼持別人。別人也有所挾來刼持他。人人都知道威爾遜拿國際聯盟當做性命。無論什麼代價都是肯出的。你想像英國勞特佐治一流人何等巧滑。像法國克里曼梭一流人何等老辣。他們便也趁這機會。把威氏平日轟轟烈烈的主張。什麼海洋自由咧。什麼不要割地不要賠款咧什麼民族自決咧。什麼打破舊式同盟的外交系統咧。一齊犧牲來做贊成國際聯盟的交換品乃至連我們的山東問題。也間接受了影響。一面聯盟本身的根本精神也扯得七零八落。雖然僥倖沒有小產了去。卻成了先天很虛弱的一個孩子。連他的產婆(威爾遜)也弄得焦頭爛額。把許多人對於他前途的熱望。倒灰冷了一半。就此看來。國際聯盟這件東西。還未到眞正瓜熟蒂落的時候。這回還是用些唐花的方法烘出來。只算是打了一個底子『慰情聊勝無』的罷了。

聯盟規約的內容。下一節再摘要批評。今且先將他的提案討論審查成立種種經過與及中間一兩點重要的波折。略爲一敍。庶使讀者對於這件事的前因後果。更加了然。

自威爾遜到歐洲各處演說。都拿聯盟做個主題。到正月中旬幾位重要人物。已有一種默契。十八日。和會初次開幕。向來漠視聯盟之克里曼梭。在就任議長演說詞中。忽極言聯盟之必要。二十五日開第二次大會。即宣告以聯盟案爲本會第一件議案。威爾遜將草案提出。並有很長的演說。其要點如下。

我們在這裏集會。有兩個目的。其一。是因戰事發生的現狀。要想法結束。其二是要商量永奠世界和平的方法。因此之故。國際聯盟的成立。甚屬必要……

我們這回會議。是代表人民。不是代表政府。所以會議的結果。總要求滿足人類的希望。……大戰以來。人民無不痛心疾首。今日我們所受人民的委託。就是要免掉這種苦痛之再現……從前以維持和平之目的。作局部的一時的協定者。所在多有。惟今者全世界人類。既爲和平正義而努力。則所協定非有恆久性不可……今科學上種種發明。何一非文明所賜。然用之不當。反成了破壞文化之具。此後欲使科學與軍隊常受文化之羈勒。除了我們人民永遠協力監視他。別無辦法。

美國對於國際聯盟問題。並沒有什麼切身利害。因爲美國領土領海都很廣闊。並不甚怕受別國攻擊。所以我們美國人主張國際聯盟。並非由於恐怖不安的觀念。實是爲人類向上之理想驅發出來耳……若這次和會結果。僅僅解決目前歐洲各種問題。則戰爭中偌大的犧牲。殊爲不值。倘不能趁這機會。聯合各國。確立世界永久和平的保障。則這種歐洲問題。美國或並無參加解決之必要。惟其我們認定國際爲唯一解決的方法。所以對於這人類生死關頭的制度。不能不集中全副精力。以求其成。我自到歐洲後。歷訪各國。國民越發添了一種愉快的經驗。因爲每到一國。他們國民一定有代表向我聲明對於國際聯盟之希望。我想特殊階級這件東西。已成爲過去歷史上的遺物。從今以後。不能更占霸著『統治者』的地位。

人類之禍福。全操諸多數平民之手。我們若不能滿平民之願望。得平民之信任。無論何種解決方法。終不能使世界和平。垂諸永久。……我們認聯盟爲解決一切問題的關鍵。實在是站在我們背後的各國國民。督責我們要實踐這種天職。我們若不能竭其全力令這計畫實現。將來歸國之後。卻是無顏以對市民了。

……

威氏演說後。隨將草案交委員股審查。兩月來陰晴不定的國際聯盟案。總算告一段落了。至於這草案的底子。本來是合幾位私人的擬案參酌而成。內中最重要的。是美國的威爾遜私案。英國的史墨士私案。法國的蒲遊阿私案。美案稍偏於理想。法案對於國際軍隊一點特爲注重。結果所採用。據說還是英案最多哩。當委員股正在審查中。有五個中立國聯名提出一個草案。大會便交給委員併案審查。曾否有所採擇。外人無從詳悉。後來和約全文交給德國代表時。德國方面對於國際聯盟。也別提出一個草案。聽說裏頭很有些精要之點。但協約方面已經將這事包辦成功。還他『知道了』三個字便算完結了。

幾次會議。日本人對於國際聯盟案。都不置可否。各國人頗起猜疑。當時還有日本不肯加入聯盟的謠傳。其後他忽然提出人種平等案。要求將草案修正加入。過了些日子。又忽然自行撤回。舉動極其閃爍。就事論事。這種提案本極光明正大。所以我們的代表在會場上也是贊成。但當日本初提這案時。我們就私相揣度。恐怕『醉翁之意不在酒』。他明知道這修正案決無通過之望。但美國人方掛起正義人道的金字招牌。要替弱小國家打抱不平。對於日本的野心。自然是一種障礙。所以他想出一個大題目來堵他的嘴。然後挾持着來商量交換。你看初提案時。日本代表很是『義形於色』的在那裏論辯。中間還放些脫退和會的風聲來相恫喝。後來三頭會議將山東問題辦法決定．同時他便『反舌無聲』的把人種平等案無條件撤回了．這兩案相互關係的作用．不是蛛絲馬跡歷歷可尋嗎．人家爲私利起見搗這種鬼．我們也怪不了許多．只可惜拿大好題目來做交換卑劣利益的一種手段．我不禁爲人種平等四個字呼冤了．

威爾遜自第二次開大會以後．不久便歸國．這邊國際聯盟委員股正在積極進行．那邊共和黨的反對聯盟論．卻一日一日的增加勢力．威爾遜狼狽可想．原來美國人有一種歷史上傳統的觀念．生怕歐洲人來干涉美洲的事．所以有什麼『門羅主義』成了無形的金科玉條．參戰以後．威爾遜大權在握．獨斷獨行．本來就有些人很不願意．共和黨人又帶上些黨爭報復的動機．就借反對聯盟做個題目．蹴起軒然大波來．威爾遜正在口口聲聲說是代表背後站著的全體國民．到這時眞是有點自己打嘴．幾經調停的結果．纔將草案修正．加入不觸背門羅主義的一條．（現在規約正文第廿一條）把規約條文有點鬧成『四不像』了．

## 三　聯盟規約要點略評

國際聯盟規約．雖然未能達到完全理想．大體總算完善．今擬僭下批評．當先將約文分出段落．標舉範圍．以清眉目．計原約共二十六條．可分爲九組．(甲)第一條及附件規定加盟國資格．(乙)第二條至第七條規定聯盟立法行政兩機關之組織．(丙)第八第九條規定限制軍備方法．(丁)第十條規定保全領土．(戊)第十一至十七條規定預防戰爭及膺懲侵略的手段．(己)第十八至第二十一條規定各種條約效力．(庚)第二十二條規定處分德國殖民地原則．(辛)第二十三至二十五條規定各種國際協約國際機關之維持建設．(壬)第二十

六條規定本規約修正程序今當摘要批評

（第一）組織聯盟之主體

組織聯盟的國家分爲兩種其一署名本約之三十二國作爲發起的其二阿根廷等十三個中立國作爲邀請加盟的就這一點很像分出個主從的界限因爲最初制定憲典（即規約）被邀請國不能與聞未免不公但事實上還不成問題美國憲法最初由十三州制成後來加到四十五州並不因加入先後生出權利大小之分這聯盟也是一樣的所以瑞士是被邀請國聯盟的首都卻設在他的國內西班牙也是被邀請國理事會中有他一員可見得主從之間沒有什麼歧視了

這四十五國算是已經確定的聯盟組合員還有德奧匈布土五個敵國准他加入與否約中雖無明文到他們履行和約義務之後當然可以加入這是會議時曾經口頭聲明的此外協約友邦內一個俄羅斯一個門的內哥都未加入門的內哥因爲要和塞爾維亞合併變成南斯拉夫國自然不必拿舊國名來加入俄羅斯因爲協約國正在敵視勞農政府當然是不理他但勞農政府對於現在國家的組織——拿中產階級做中堅的國家組織——也是根本否認不見得一定肯和他們攜手當一個國際聯盟的組合員哩所以俄國的地位和態度將來怕要成問題此外還有很奇怪的一件事就是被邀請各國裏頭沒有了墨西哥我們百思不得其解報紙上有人說因爲美墨交惡美國人排斥他果然如此美國也太示人以不廣了墨西哥既已向隅後來他的總統在國會演說（去年九月）宣言『對國際聯盟機關之組織及運用非到各人種完全平等時墨國不願加入』又說『盟約中明認門羅主義侵害墨國主權墨國不能承認』等語有人說這些話都是日本人在背後牽

線。我不敢說一定是對的。但古語說得好『千金之隄。潰以蟻穴。』將來國際聯盟。或者就因美墨問題出破綻。也未可知哩。

再有一件英國的五個殖民地都作爲聯盟組合的一員。因此大英帝國在這聯盟內得了六個投票權。美國對於這一點大含醋意。所以後來（去年八月廿九日）他的參議院外交委員會提出一個修正案要求美國和英帝國有同數之投票權。據我們看來英帝國獨占六票。誠然不公道。美國照樣的要六票。又算公道嗎。像這樣彼此效尤法意日又肯放手嗎。論理。國際聯盟的主體。自然該以國際法上的獨立國爲限。現在約文附件所規定。確是一種不徹底不合論理的辦法。我們不能爲諱哩。

## （第二）聯盟之機關

本聯盟設兩個機關。其一議會 Parliament 算是聯盟的立法部。其二理事會 Council 算是聯盟的行政部。此外還有個常設祕書處。算是聯盟的事務官。聯盟議會由組織聯盟之各主體國每國各派代表一人組織之。一國一個投票權。不論大小强弱一律平等。就這點看來。很是個大公無私的精神。其實萬事都是由理事會主持。議會恐怕不過一種裝飾品。不信。你看這回和會。就是一個榜樣。內中有很應注意的一點。議會和理事會的集議。不用多數取決制。是用全體同意取決制。（除約文中特別規定外）理事會人數少。且不管他。議會恁麽多人。若每件案都要全體同意。事實上談何容易。那麽豈非結果弄到連一件事都辦不動嗎。這種滑稽的規定。我敢說就是把議會變成盲從機關的伏線哩。

聯盟的中堅機關。自然是理事會。理事會是由九位代表組織而成。內中五位是由英法美意日五强國永遠占據。剩下四位。得由議會選舉（任期及選舉方法。皆無明文規定。）頭一屆的四位事實上由五强指派。現在指定的爲比利時巴西西班牙希臘四國。這樣看來。國際聯盟裏頭顯然分出『盟主』『盟屬』兩個階級。和我們春秋時代的『方伯集團』形式精神同出一轍。照這樣幹下去。一定弄成『世界的寡頭政治』說如此可以保持永久和平。我其實有點不敢相信。我們也很知道現在能爲福能爲禍的都在這幾個强國。倘若不把些特權給他們。他們不獨不高興。而且辦事也委實不便。但是特權不過相對的罷了。若擴充到絕對的地位。那麼這國際聯盟。倒不如逕由幾個强國互換公文堅明約束。豈不直截了當。何必要拖這些小國來伴食呢。照規約看來。理事會五强之外。加入四國。而且聲明將來尚可加增。（此項規定據說隱爲將來德國地步）原不能說他十分不公道。可惜這回和會席上。五强的專制氣味。實在不可嚮邇。如今將這種組織原封不動的移植到國際聯盟裏頭。所以聯想起來便令人生出惡感。我們對於這點。以爲將來救濟方法。還有兩途可以指望。其一事實方面。五强本身國內政局不久也該有一番變化。到那時政權移轉到新人物手中。像現在這種交換私權祕密獨斷的態度。當然不能存在。就令聯盟事仍由五强專主。盟內空氣自然比現在較爲清明。其二法律方面。將來德俄兩國加入後。對於機關組織。恐怕不能不提議修改。我們正應該趁這個空兒喚起世界輿論做改正規約的準備。務須强國弱國都比例着他的力量。得有公平的機會向盟中盡力。質而言之。現在國際聯盟很有點像從前德意志聯邦。拿普魯士索遜巴威倫幾個大邦來做主體。別的小邦太不放在眼內了。所以基礎終久不能鞏固。我們認爲這等不過一時過渡的現象。將來必要變更的。變更到怎麼樣還算公平。我現在也未能提出具體的方案。還望全世界憂時之士悉心研究哩。

若專就我們中國人地位說話。目前就要求加入理事會。最是天公地道。現在理事會九國中歐洲占了六國。美洲占了兩國。亞洲只有日本一國。以亞洲人口之多。幅員之廣。問題之複雜。在國際聯盟中如何能漠視。若說靠日本代表亞洲。此何異承認日本的『亞洲門羅主義』。就這一點。已足為世界戰亂之媒。我國現時政治雖未修明。但比起西班牙來。彼此也相差不遠。西班牙入得理事會。為甚我們就入不得呢。據規約條文。這理事會員原可以隨時加增。我們很應該立時要求加入。這並非絕對辦不到的事。只要我們外交當局努力罷了。

聯盟首都所在地。本來是無關輕重的問題。當討論時。原有兩個候補地。一是比利時的比魯賽。一是瑞士的舍彌華。後來到底被舍彌華贏得了。比國人雖曾力爭。也無奈何。但當時我們私自談論。卻有個很奇怪的主張。說這聯盟首都。莫如設在君士坦丁堡。因為這地方在地理上是全世界第一個阨塞形勝。在歷史上從前是東羅馬首都。很可紀念。近來是種種亂源發生之地。應該整個收作國際聯盟領土。省得將來無限葛藤。我這主張在歐美從沒聽見有人提起。我以為為永久和平起見。這主張很有研究的價值哩。

（第三）限制軍備問題

我們講和平嗎。這是『一言而決』的勾當。天下沒有不吃人的虎豹。天下沒有不擾亂和平的軍隊。把軍隊一掃而空。還有什麼亂子鬧得出來。但恁麼容易解決的問題。為什麼終久不能解決。這是人人都知道的『與虎謀皮』。任憑你舌敝唇焦。可是商量不通哩。從前兩次海牙保和會對於限制軍備問題。何嘗不是有許多人大聲疾呼。畢竟毫無結果。各國不惟不肯限制。倒反擴充不已。卒至鬧出這回大戰。當時最作梗的自然是德國。如今德國已經徹底懲創了。他的軍隊數目。可以由戰勝國任意指定限制。然則戰勝國該怎麼樣呢。論理。無論何國總應該懲前毖後有一番覺悟及早回頭然而這一著卻是難中之難國際聯盟不能得有徹底的精神就是爲此今請將當時各强國對於這問題的態度簡單批評

其一國際軍隊問題據我個人的理想若要貫徹國際聯盟的根本精神總要以創設强有力的國際軍隊爲第一義無論採絕對的禁止戰爭主義抑或採相對的强制和平主義總要國際聯盟自身的兵力比起盟內無論何國的兵力都占優勝然後或禁止或强制各國都不能抵抗如其不然盟內的大武力國一旦桀驁起來背盟滋擾這手無寸鐵的聯盟總會聯盟理事會還不是瞪着眼看他兩下便了嗎好像春秋戰國時候的周天子對於齊晉秦楚還奈他何所以各强國若眞個以世界和平爲職志就應該將自己所有的兵力全數——或一大部份——交出來由國際聯盟管理其駐紮地域由聯盟議會共同指定凡全世界最容易惹起紛爭之處便駐兵防守例如歐洲之萊因河兩岸咧波蘭舊壤咧巴爾幹中心要點咧亞洲之南滿咧西伯利亞咧土耳其斯坦咧美洲之墨西哥一帶咧都由聯盟機關派重大的陸軍駐防海軍方面就把世界重要的港口如蘇彝士運河咧巴拿馬運河咧基爾運河咧波斯灣咧達達尼爾海峽咧對馬海峽咧旅順口膠州灣咧都作爲國際聯盟所領的軍港由聯盟海軍巡弋這一著若能辦到看還有那一國敢來輕啓戰端那麼國際上小小爭論自然可以用公斷的程序隨時解決世界永久和平這纔可以實現這些軍隊從那裏得來呢除海軍由全世界公民志願投充外那陸軍可以就駐紮地點附近的人民募集訓練省得徵調的勞費然則這種軍隊不怕有一兩個野心的國家攘奪了去當他私有嗎這決無妨我們自然要設一個國際軍政部或國際參謀部直隸於聯盟理事會之下一切由他管理指揮調遣那一國敢冒天下之大不韙來攘竊這大權就是想攘竊也是不能彀的各國官

立私立的兵工廠。自然也要收歸國際軍政部管理監督。那麼殺人的器具。就不會予取予攜不禁不竭的了。至於這項養兵之費。雖屬不貲。國際聯盟很可以創設一種租稅。務令負擔公平普及。交給各國代爲徵收充用。這也沒有什麼難於解決。這樣說來。各强國若誠心誠意希望和平。只要將國際軍隊着手建設。自然得了强有力的公共保障。以後人類全體。便可以別無顧慮。各各盡他的能力求文化之向上發展。豈不是這回大戰反轉禍爲福嗎。這種計畫。歐美人並不是見不到。但他們對於所謂『國家最高權』的一種傳統觀念陷溺深了。束縛久了。總是從本國利害打算。徘徊瞻顧。不敢昌言。這回法國蒲遊阿的草案。不過輕輕的提到設立國際參謀部。不過提議將各國所有的軍隊。拿一部分歸聯盟調遣。和我說獨立的國際軍隊程度還相去很遠哩。然而這案一經提出。各國都說這樣是國上有國。頭上安頭。三言兩語。便將他否決了。可見所謂國家主義。在今日還是個死而未僵的東西。各强國對於國際聯盟並沒有十分信任。既已如此。所以規約內第八第九等條關於限制軍備的規定。不過是一種補苴罅漏的方案。對於永久和平。能彀有多少效力。實在不敢斷言了。根本問題既沒法解決。只得研究到枝葉問題。

其二海軍問題。現在海軍國之巨擘。惟英。將來可以與抗衡者。惟美。美國前此已通過六億美金之海軍擴張案。至此時毅然宣告中止。其態度之鮮明。實可敬佩。至於英國則不然。英國國論。極力主張他那海上優越權利。說限制軍備問題。海軍應在除外之列。他的海軍大臣嘉悌爾。外交大臣巴爾福。曾一致宣言。當和會初開時。四巨頭私自接洽。(二月二十三日)英首相勞特佐治。便將此意切實聲明。因此法首相克列曼梭。也跟着聲明法國陸軍理應擴充。把減軍的根本精神。差不多消滅淨盡了。據英國人的主張。說他的領土徧於全球。爲正當防衛起見。不能不靠大海軍做個保障。這些話在今日有誰人能駁回他呢。只是英國有正當防衛。別國也有正當防衛。恐怕英國所謂『兩國標準主義』的海軍往後要很費點力來對付哩。總之是不信任國際聯盟纔各自講各自的正當防衛更有何話可說。

其三。廢止徵兵問題。這問題是英國史墨士草案提出的。英國向來不用徵兵制度。戰爭中偶然一用。戰後全國人民都要求廢止。政府早已宣言順從民意了。英國提出這案。自然是順水推船。美國不消說更是贊成了。然而日本輿論卻已經差不多全國一致的反對。他說徵兵制度存廢。和限制軍備問題是沒甚關係的。英美兩國素不徵兵。到用起兵來。數月之間。便也得幾百萬勁旅。這便是他們回護徵兵制的一種口實。到開議時。意首相阿蘭達首倡反對。說是徵兵制廢止後。萬一有再興的必要。那時便生困難。法國的蒲遊阿也說法國地理上為正當防衛起見。常備軍斷不可少。日本自然是暗中附和。這一案又被否決了。據我個人的意見。各強國若沒有『非攻寢兵』的誠意。那麼無論是徵兵是募兵。一樣的都可以擾亂和平。斷斷然爭這問題。誠可不必。但徵兵制度把全國剛成年的小夥子。硬提到軍營裏去學殺人。他那求學做工的最好時光。竟被切斷成兩橛了。這不能不算是人類進化上一種大損失。從這點着想。徵兵制是根本不應存在的。這回通不過這案。也算是和會一污點哩。

其四。軍額問題。聯盟規約第八條所規定如下。

聯盟國確認和平之維持。須減少國家軍備至最低限度。以無礙國家安寧及國際義務共同行為之實施為限。故理事會應視察各聯盟國之地勢與狀況。規定減小軍備之計劃。以供各政府之考慮與施行。此項計畫至少每十年須重行考察與修正。且此項計畫既經各政府採行後。所規定之軍備限度。苟不經理事會同意。不得超過之。

這條文驟看很像有點制裁力。細按下去。其實是浮的。第一件這裁兵計畫由理事會製成。理事會就是軍備最强的國家在那裏把持。他們若各自拿正當防衛做個口實。那『最低限度』還會低了去麼。第二件理事會所規定的計畫。並沒有權力命令各該國實行。不過是供他們參考罷了。採用與否。還聽各該國自主。理事會無奈他何。就這兩點看來。所以我覺得這第八條所規定。雖不敢說他全無效力。但那效力是要靠各强國的良心發生的。不是本條文的制裁力能彀發生出來。總之既沒有國際軍隊。這聯盟機關便成了個『貴而無位高而無民』的周天子。他的制裁力是算得出的了。裁兵問題將來進行得怎麼樣。我們且看罷。

其五軍器問題。史墨士草案說。永久和平的三種必要條件。第一是廢徵兵。第二是限制製造軍器。第三是兵工廠國有。頭一件是否決了。第二第三件採入規約的第八條。其文如下。

聯盟國公認商辦工廠承造軍器。當嚴重反對。理事會須籌擬如何可阻免隨此種製造而發生各種惡果之方法。惟須兼顧聯盟國中之未能製造其國家安寧上所必需之軍械者之要求。

這條文也不過一種極空漠的規定。對於製造軍器應如何制限。兵工廠是否完全收歸國有。竟不敢公然下一個斷案。其實據我看來。兵工廠國有民有。本來就不成什麼問題。這回德國挑戰。難道可以說克虜伯廠股東想賺錢是主要動機嗎。況且現在歐美各國。無論何項工廠。搖身一變。都可以變成兵工廠。要禁那裏禁得絕呢。我說要實行限制兵器。兵工廠國有是不中用的。除非是『聯盟有』。但這一著。那些强國爺們既已聽不進去。別的方案。總不過支離滅裂。也沒有什麼討論的價值了。

總而論之。這回對於限制軍備問題。竟沒有個徹底的解決。實在令我們失望。這問題卻是國際聯盟的生死關鍵。這問題若無結果。聯盟怕便成虛設。我想今後只有向世界輿論方面。將國際軍隊之必要。實行鼓吹。這件事卻是我們中國人很該負些責任。因爲我們從古以來。就富於『天下的』理想。我們向來不認國家做人類最高團體。所以對於『超國家』的建設。我們比別國人較爲親切有味。所以完成這理想的國際聯盟。我們確是有一大部分責任哩。

（第四）防止戰爭的方法及對於背盟國的制裁

這兩件事。在聯盟規約中占了最大部分。（自第十一條至第十七條）所規定的較爲詳密。而且有些權威。算是約中差强人意的了。原文太繁。不便全行抄引。請概括大意。列出幾條原則。且與兩次海牙保和會不同之處。略爲比較批評。

一。聯盟團體有自動的干涉開戰之權利及義務。

保和會規約規定兩國紛爭時。第三國得出而調停。意思說的是『雖然事不干己。不妨爲善意的忠告。』本規約第十一條所規定。認凡屬戰爭。都是影響於聯盟國共同利害。所以聯盟團體根本上有干涉他的權利。且有不容不干涉的義務。這一點可以表示國際關係的密度比前增加。算是一種很進化的觀念。

二。各國法律上的紛爭。須受法庭裁判。法律以外的紛爭。須經由聯盟理事會或聯盟議會調停。

保和會雖設有公斷法庭。然願付公斷與否。仍聽兩造自由。所以各國爲自行減少衝突起見。只得局部的互訂公斷條約（例如一九〇三年之英法公斷條約）據本規約第十三條所規定，凡條約上之紛爭，兩造皆有必須先訴法庭之義務，又保和會對於政治問題之紛爭，未有救濟辦法，據本規約第十四條所規定，須經由理事會或總會公決勸告，這都是比較從前很有進步的。

三、開戰須經過一定期限。

本規約立法精神，並非絕對的禁絕戰爭，但求戰爭感情比較的得由緩和而趨於消滅，所以第十二條所規定，每有爭端，必俟法庭或理事會宣告公決後三個月，乃得開戰，而理事會之公決，例須於爭端交議後六個月內發表，法庭判決時期雖未明白規定，但所需時日亦決不少，所以平均算起來，每一爭端發生，總須經過九個月以後，方能有戰事，在這九個月內，外界很有餘裕設法調停，內部忿激的感情，也總可以冷卻一部分，這便是減少戰爭的一種手段。

四、兩造中有一造服從判決者，對造不得向他宣戰。

本規約第十三條（對於法庭之公判）第十五條（對於理事會之公決）有此規定，這樣看來，除非兩造都不服判決，戰事纔能實現，所以開戰的機會越發少了，結果和絕對禁止戰爭也差不多。

以上四個原則，比起兩次海牙保和會所規定，確有進步，不但此，也對於違約國的制裁頗極嚴厲（規約第十六條）：其一、經濟力的制裁，卽所謂共同封鎖；其二、兵力的制裁，卽所謂共同討伐，要而言之，凡背盟者，卽認爲聯盟全體之公敵，假定全世界各國都加入聯盟，那麼到有一國背盟被封之時，便全世界沒有中立國了，但這種制裁法能彀實行到甚麼程度，還是問題，因爲若碰着太不干己的事，硬要拉入漩渦，和別人作敵，誰也有點不願意。譬如南美洲或巴爾幹有一個背盟國發生。硬要我們跟着人去抵制他討伐他。我們願意嗎。就令政府主張。也難叫人民樂從。這回英法美聯軍共同對付過激派。他們的兵士。不是個個都怨望思歸嗎。雖說是討伐背盟公敵。含有義戰性質。和這種私鬪不同。然而不喜歡多管閑事。總是人類通性。美國反對聯盟論日占勢力。就是為此。所以這些條文。雖然規定得很周備。對於將來實行的效力。卻還未敢樂觀哩。

（第五）聯盟與局部的國際協定及宣言

規約中最支離滅裂的。莫若第二十一條。其文曰。

本約所規定各節。凡從前因維持和平而訂之公斷條約等之國際的協定或門羅主義等之局部的宣言。承認不受其影響。

這一條本來是威爾遜敷衍本國的反對黨勉強要求加入的。目的專在維持門羅主義。其他不過陪筆。但陪筆中如公斷條約等。本來與聯盟規約同一精神。其不受影響。乃自明之理。何待申言。然因此而用概括的筆法。牽連到其他的國際協定及宣言。卻和那聯盟的根本精神。越去越遠了。這回全世界人起大勁成立這個聯盟。原來因為從前縱橫捭闔的局部同盟。（如三國同盟三國協商之類）實算得擾亂和平的原動力。因為要矯正他消滅他。所以網羅一切國家做個大聯盟。全體的大聯盟裏頭。不許更有局部的小聯盟存在。這是根本精神最重要的一點。威爾遜屢次演說。都曾極力發揮。後來忽加上這一條。復認盟中有盟。豈非正相矛盾。因此之故。所以甚麼英法美特別聯盟咧。發生起來了。甚麼英日同盟咧。又要繼續了。甚麼日本在中國的特殊地位咧。也要援門羅主義之例。承認有效了。結果鬧來鬧去。還是戰前那套把戲。多數人對於國際聯盟。或是失望。或是不信任。也都爲此。

## （第六）聯盟與條約

聯盟規約與各國相互間條約之關係。本規約所定原則如下、

一。條約須在聯盟祕書處立案公布。否則無效（第十八條）

二。舊條約之不適用者及有危及世界和平之虞者。聯盟總會得勸告各該訂約國重行斟酌。（第十九條）

三。各國之義務的祕密的契約。與本聯盟規約抵觸者均撤銷之。若該項義務在加入聯盟前已經擔負者。該締約國責任所在。應卽設法將該項義務解除。（第二十條）

四。此後不得再締結與本規約抵觸之條約。（同上）

右第二第三兩原則。我們應該援引以求廢去中日間『二十一款之國恥條約』爲甚麼呢。（一）因爲他是秘密强迫的。（二）因爲他的性質有危及世界和平之虞。（三）因爲我們所負義務與本規約根本精神相抵觸所以將此項義務解除。我們和日本都應完此責任。所以我們將來對於國際聯盟所請求應分爲兩項。其一青島交還問題。應根據本規約第十五條。求理事會公斷。其二二十一款廢止問題。應根據本規約第十九二十兩條。提出議會公議。這兩件都是目前就要切實預備的。我國民須要督促政府注意啊。

就規約中這幾條條文汎論。大致固屬不差。但要緊的是『與本規約相抵觸』一句。當作何解釋。那解釋權當歸何機關。例如中日二十一款。是否算抵觸。又如聯盟成立後英國强迫波斯所結六條。是否算抵觸。諸如此類。很有兩面解釋的餘地。若說不抵觸。然則國際聯盟變成强者的護符罷了。若說抵觸。英日肯服嗎。若比較的求

些公道。那麼這解釋權一定要歸到那各國平等一國一票的聯盟議會。不能歸到五强專制的聯盟理事會。或者還得幾分救濟。這又是我們該注意的啊。

（第七）聯盟與委任統治

國際聯盟還沒有開幕。先在後臺串了一齣滑稽喜劇。規約第二十二條所規定委任統治各項便是。原來當大戰正酣的時候。各國社會黨公決議和條件。扯起不賠款不割地兩面大旗。威爾遜也自告奮勇在這兩面旗下當個急先鋒。到了歐洲看看形勢。完全不是恁麼回事。不賠款那面旗已經悄悄的捲了。連不割地這面旗一併卸下。覺得有點臉紅。但英法意日等國已經到嘴的肥肉。如何肯吐出來。何止不肯吐出呢。彼此還要多搶一塊是一塊。眼看着處分德國殖民地這個問題。協約國間就要打架。這不是給敵人冷笑的資料嗎。啊啊。好了好了。五强國裏頭的一個國。從前有一位湛深法理的甚麼博士。做了一部書叫做甚麼『朝鮮委任統治論』。後來朝鮮問題。不是就此解決了嗎。『委任統治』這個名字體面得很又正義又人道。我們何不將委任大權恭恭敬敬的獻上國際聯盟。那統治大權我們就可以交易而去。各得其所了。七穿八插卒至湊上這不倫不類的『第二十二條』。他的詳細內容我也懶得去批評他。簡單說一句。這神聖的聯盟規約。被他點汚了清白了。

（第八）聯盟與海洋自由

哈哈。我忘記了一件事了。威爾遜大喊大叫的十四條裏頭。彷彿像有一條叫做什麼海洋自由。聽說是很重大的一個問題。到底海洋自由這句話怎麼解呢。是否算一個國際公共問題。爲什麼聯盟規約中一字不提呢。諸君啊。你問海洋自由怎麼解嗎。我在巴黎看見一段滑稽新聞說『美國威爾遜太太到倫敦會着佐治第五的太太。威太太高談闊論。說到海洋必須自由。五太太說。對呀。海水浴場就應該開放。讓我們女人自由。』這段話雖然打趣得太過刻薄。然而英美兩國對於這問題的態度。倒是活寫出來了。笑話休提。原來美國爲什麼參戰呢。人人都知道因爲對於德國潛艇戰略。抗議無效。海洋自由這句話。就因爲戰爭時候。交戰兩造將公海任意封鎖。以致中立國失了航行自由。所以美國要確定國際法上這個原則。做後來的保障。簡單說句話。美國這次就算是爲海洋自由而戰了。然則後來爲什麼鬧到虎頭蛇尾。竟自一字不提了呢。這並沒甚稀奇。全世界的海。就是英國的內河。開放到什麼程度。理應由這『海王』作主。別人如何能插嘴。威爾遜初到歐洲。英國報紙對於這一條。給他個迎頭痛擊。過了不多幾時。這位老教授嘴裏也漸漸沒有了這四個字了。後來有人問他。『你的海洋自由主義怎麼就拉倒了呢。』他說。『國際聯盟成立以後。將來縱有戰事。也沒有中立國。自由不自由的問題。便不發生了。』這句話對不對？任憑諸君判斷罷。

聯盟規約要點。大略論過了。末後幾條。對於各種國際公益事業。講求維持增進方法。用意都是很好呢。不必細論。還有國際勞工一項。尤關緊要。別立一篇論他。如今且將我個人私見。對於國際聯盟的價值。再說幾句。便算這一節的結論。

我們中國人一年以前。期望國際聯盟。未免太奢了。到了如今。對於他的失望。又未免太甚了。一年以前。本來威爾遜一班人。調子唱得太高。我們聽着了。以爲理想的正義人道。霎時可以湧現。以爲國際聯盟這個東西。就有鋤強扶弱的萬能力。不獨將來的和平。靠他保障。便是從前的寃抑。也靠他伸理。其實天下那裏有恁麼速成的事。國際聯盟是人類的團體。自然不能做『超人』的事業。人類進化。自有他的一定步驟。一方面雖有個向上的目的。循着進行。一方面對於現狀。終不免情實纏綿。委曲遷就。試看古來歷史上種種文明事業。那種不是一波三折。纔能告成。這國際聯盟論雖然醞釀多年。其實中華民國八年四月二十八日。纔算他呱呱墮地的第一日。而且生來多災多難。第一個可靠的乳母（美國）先就和他分疏起來。你想恁麼荏弱的嬰孩。我們就要把補天托地的事業責望他。不是太過嗎。雖然如此。我們對於他却不能失望。因爲他總是應運挺生的一個傻物。他純然是這新時代產出來。他還能產生往後的新新時代。他的生日。總算是人類全體最有榮譽的紀念日。他既已生了。再不會中途夭折。因爲人類既已向上進了一步。決不甘心向下再退。他現在的組織。雖然不完全。現在的力量。雖然很薄弱。都是不要緊的事。慢慢的自然會發榮滋長起來。我們對於他的希望。並不在解決目前局部問題。譬如我們的山東問題。他能彀給我們一個圓滿的解決。固然最好。就令不能。我們也斷不厭棄他。因爲他是全世界人類共同締造的東西。我們既已是世界上一個人。總要盡我們的能力參加着締造他。扶持他。發育他。我們做中國國民同時做世界公民。所以一面愛國。一面還有超國家的高尚理想。凡屬人類有價值的共同事業。我們總要參預。而且確信我們參與之後。一定能彀增長他的價值。至於目前報酬如何。我們都可以不管。因爲人類永久事業。並不是一個時期內一部分人計算利益的問題。我們對於國際聯盟。既已認爲人類進化史上一件大事。我們只盡我們的義務便了。至於有些人看見國際聯盟進行得不甚順手。就疑心這些都是空論。就說今後還是弱肉强食的世界。那可全是夢話了。

# 國際勞工規約評論

# 一　國際勞工規約之來歷

這回維爾賽條約總算得世界上空前絕後之『非科學的』『不論理的』一件公文他的內容實由三大部分湊成（非組成）一部分是國際聯盟規約一部分是國際勞工規約一部分是對德講和條約講和條約卻插在那兩種中間又添些在後頭——原文共分十五章第一章是聯盟規約第二至第十二章是講和條約第十三章是勞工規約第十四十五章又是講和條約——聚起全世界一千幾百位大政治家大學問家嘔心絞腦的做了幾個月卻做出恁麼一篇理路不清的文章來眞是咄咄怪事但我們且不管許多聯盟規約勞工規約兩篇文章沒有交白卷總算這些專使老爺們委員老爺們的功勞了我們中國人對於國際聯盟問題注意研究的漸漸多了對於國際勞工問題總覺得有些不關痛癢其實這兩個問題一樣的關係重大這兩種規約一樣的算是這回和會產生出來的大事業所以我不怕諸君厭聽要把這國際勞工規約的前因後果詳細敍述一番

我當批評這勞工規約之前要先總挈幾句話令讀者的觀念稍爲分明我們須知這回勞工規約只能算是社會政策的擴充畫一不能算是社會主義的採擇推行什麼叫做社會主義呢社會主義是要將現在經濟組織不公平之點根本改造改造方法雖然種種不同或主共產或主集產或主生產事業全部由能生產的人管理或主參加一部分或用極端急進手段或用平和漸進手段要之對於現在的經濟組織認爲不合人道要重新組織一番這就是社會主義什麼叫社會政策呢社會政策是在現在的經濟組織之下將那不公平之處力圖

救濟。救濟方法。或是從租稅上求負擔平均。或是保護勞工。不叫資本家虐待。雖然許多良法美意。卻與根本改造問題無涉。這就是社會政策。這回國際勞工規約。是屬於後一類的。不是屬於前一類的。我們認淸界限。纔能彀下確切的批評。

稍有常識的人總該知道勞工問題是往後全世界第一大問題。這問題其實已經發生了將近百年了。其初鬧得最迫切的就只是英國。因爲他是工業革命發祥地。現代資本主義的經濟組織。由他先成立。資本勞工兩階級。先由他那裏發生。他的工人受苦最深。自覺亦最早。所以八九十年前已經發生這問題。其後這種經濟組織漸漸輸入歐洲大陸。輸入美國。輸入日本。這問題自然也跟著輸入來了。起初還是各國各自的問題。其後交通日頻繁。一方面資本互相挹注。出品互相競爭。於是資產變成『國際化』。一方面勞工到處遷徙。彼此聯絡。互通聲氣。更有許多頭腦極冷的學者。和心腸極熱的慈善家。都抱著抑强扶弱的精神。替他們奔走指導。於是勞工運動也變成『國際化』。一八四八年德國的馬克思發表一篇共產主義宣言。內中有一句驚心動魄的話。說是『貧民無祖國』。他的意思以爲現在人類不應拿國籍來『縱斷』。只須拿階級來『横切』。以爲國籍國境的觀念。足以攪亂勞工團結。反將階級奮鬥的精神減殺了。以爲『愛國』兩個字。不過資本家利用人類幼稚的感情。借來維持他們固有的勢力。這種話是否和眞理完全符合。姑且勿論。要之是世界大同觀念一部分的發現。無論何人總該承認哩。其後到一八六四年便有叫做『國際勞工協會』的一個團體發生了。因爲時機未熟。到一八七三年這團體中道夭折。到一八八九年有所謂『新國際協會』重建旗鼓。入到本世紀（自一九〇〇年至一九一〇年）這新協會開過三四回大會。對於國際政治問題有許多堂堂正正的主張。內中有個『國際勞工法草案』經第二回大會滿場一致通過．就是這回國際勞工規約最初的藍本了．當戰爭中兩造交戰國的勞工．雖然在戰場上各自『執干戈以衞社稷』．卻也曾好幾次在中立國會議交換意見．對於和議問題屢有表示．威爾遜的十四條大半就是迎合他們的心理．力唱高調．到休戰以後．各國中產階級的當局者．正在這邊着手開巴黎會議．一面各國社會黨也在那邊着手開熊城（瑞士京城）會議．兩個會議調合的結果．便產出這『國際勞工規約』來．

我們要徹底明白這國際勞工規約的來歷和他的價值．須要放寬眼界．把議和前後的形勢觀察一回．原來大戰到第三年的時候．各國社會黨和勞工階級的平和運動．進行得一天比一天猛烈．除英國已經有勞工階級的代表列在閣員．參與政局外．其餘法美意等國．都大為勞工所惱．很露出捉襟見肘的模樣．那德奧兩國不消說了．是借軍事失敗做個導火線．內部完全破裂．其實法意等國形勢．也和德奧差不很遠．就使那邊不鬧亂子．恐怕這邊的亂子也是逃不了．質而言之．這回大戰．總是勞工們拿出性命替資本家擋災．他們一旦覺悟過來．說我們不要自相殘殺了．資本家還有什麼辦法．這樣說來．平和動機什有九是從勞工階級發出．這平和會議能彀把勞工的意見擱在腦後嗎．和會開幕以後．形勢更日日變化．德國的斯巴達克團到處活動．全國差不多要變成『過激化』．匈牙利的貝拉庚過激政府．居然宣告成立．要聯合俄德奧作成個過激派國家的大同盟．和協約國再拚個你死我活．雖然沒有成功．已經把和會中大人先生們嚇得在那裏發抖．他們起初對於俄國列寧政府．很是耀武揚威．差不多要滅此朝食．後來卻一步一步的軟下來．為什麼呢．因為過激派這個怪物．現在不是俄國的問題．漸漸變成協約國本身的問題了．不信嗎．你看美國的I. w. w.派．全名為 Industrial Workers of the World 他的歷史在『解放與改造』雜誌上有篇文字說得很詳明——好像生龍活虎一般在那裏活動公然要歡迎勞農政府的代表威爾遜政府要調兵彈壓纔算勉強過去了英國的礦丁鐵路工人船上水手結成三角同盟布起陣勢預備隨時可以和政府決戰鬧得勞特佐治一班政治家駕着飛機今日跑倫敦明日回巴黎眞個是一夕數驚疲於奔命意大利從戰線撤回的兵士結成大大的團體佩帶特別徽章橫行都市政府從不敢正眼覷他法相克列曼梭遇刺兇手分明是過激派人政府卻不敢聲張只說他是有神經病爲卓萊士一案巴黎市民起一回大大的示威運動沿路高叫『布爾維克萬歲』滿城的警察只好裝耳聾其餘各國各處大大小小的罷工差不多每星期總有一兩起連我們遠東的新客看慣了也認作家常茶飯了咳在這種形勢底下那些代表資產階級的政治家怎麼狼狽情形也就不難想像諸君若要問這回國際勞工規約成立的動機麼我想前清當革命論沸騰的時候急忙忙頒發那『立憲九年籌備案』和這回事正有點子相類我請先行簡單總評幾句『這規約在資產階級方面本來是不願意的但已無可奈何只得借來緩和形勢在勞工階級方面看來辦法是不徹底的但時機未熟只好得一步再進一步樂得拿來做將來大革命的武器兩造交讓恰恰走到一共通點這勞工規約便產生出來了』

當批評這規約以前還有熊城會議不可不記當正月底二月初這些代表資產階級的老爺們在大法國的大京城（巴黎）『正其衣冠尊其瞻視』的開一個平和大會正在鬧得頭紅臉脹的時候那些代表無產階級的一羣小夥子也在小瑞士國的小京城（熊城）隨隨便便的開一個社會黨大會那邊有三十幾個國一百多名的代表卻是歐洲許多重要國家沒有在裏頭這邊也有二十七個國九十多名的代表卻是連俄德奧匈

布和別的中立國都有人參與——我們大中華民國卻沒有參與。不知是不屑咧還是不配。——那邊大京城的大會議像是戰勝國的私人鬼鬼祟祟交頭接耳。倒是這邊小京城的小會議。卻網羅全世界各國。堂堂正正披肝瀝膽。替全世界討論平和問題。兩兩比較起來。煞是好笑。這個熊城會議討論的範圍。可也不小。如戰爭責任問題咧。賠償問題咧。國際聯盟草案咧。處分德國殖民地問題咧。新建國領土問題咧。俘虜問題咧。過激派承認問題咧。他們件件都議到。老實說一句。他們的議題。簡直和巴黎和會的議題同一個範圍了。卻是巴黎足足鬧了五個月。他們只輕輕的會談了五天。自二月三日開會。至二月八日閉會。什麼問題都議決了。內中最重要的。就是國際勞工規約草案十五條。後來雖沒有全數採行。總算是最有力的一個私案。我這書限於篇幅。恕不詳述他的內容了。請專門研究勞工問題的人自己去參考罷。

## 二　勞工規約要點略評

今將評勞工規約。先將約文摘譯備考。國際勞工規約。本從國際聯盟孳生出來。聯盟規約第二十三條云。

聯盟國願勉力為男女及幼童在其自己國內及其在商工業關係所及之各國內。確取公正人道之勞動狀況而保持之。並為此項目的起見。將設一必要之國際機關而共同維持之。

勞工規約全文。即根據這一條而起。所以勞工規約。雖認為聯盟規約之一部。亦無不可。不過因事體太複雜。竟自『附庸蔚為大國』了。

勞工規約列在和約全文第十三章。從第三百八十七條起至四百二十七條止。共四十一條。內分兩段。第一段標題爲勞工機關。占了四十條。第二段標題爲一般原則。僅得一條。其中最緊要的。爲第一段之總冒及第二段之全文。譯錄如下。

第一段總冒云。

茲因國際聯盟。原以建設世界和平爲目的。而欲求世界和平。必須以社會的公平爲基礎。

又因現行勞工制度。能使多數人民常在不公平且困苦及貧乏狀態之下。致社會不安。危及世界之平和諧協。此種情形。亟應改良。例如工作時間之規定。如每日每星期勞作時刻之最高限。如勞工供給之調節。如失業之防止。如制定工資最低限。務求足以維持相當之生活。如對於工人之有疾病者及因工作受傷者加以保護。如對於幼工女工之特別保護。如對於老年及廢疾者之扶養。如國外僑工利益之保障。如結社自由原則之承認。如職業教育專門教育之組織等。

又因各國中。如有對於上文所舉合於人道的勞工制度不加採用。則足爲他國從事改良之障礙。

故締約各國爲正義人道且確保世界永久和平起見。協定如左。

第二段規定勞工制度一般原則。其文如下。

締約各國因承認勞工身體上道德上知識上之幸福。實爲國際間之至要事項。……雖各國氣候風俗及經濟上機會產業上慣例。各有異同。勞工制度之嚴格統一。亦認爲難遽實現。但深信不能將勞工視同商品。故應有共通原則以爲規定勞工制度之根據。各宜斟酌其特別情形所能行者勉力行之。茲將緊要不可缺之原則九條列舉如下。

（一）前文業已聲明。不能認勞工爲一貨物或一商品。

（二）雇主與工人。同有法律上之結社自由權。

（三）工資之最低額。須按照各地情形。以得維持其適當之生活程度爲標準。

（四）工作以一日八小時或一星期四十八小時爲限。有尙未實行此制者務懸此爲鵠而促成之。

（五）工人每星期至少須有二十四小時休息。

（六）禁止幼童工作。其青年勞工須特別制限。使不致妨害教育之賡續與身體之發達。

（七）男女爲同一價値之工作。當給以同一之工資。

（八）各國對於住在其國內之全般勞工者。應給予經濟上公平之待遇。

（九）保護勞工條例。宜特設監督制度以促其實施。並當允婦女參加監督。

以上兩段。爲本規約概括的精神。所寄實約中之最要點。簡單論之。則第一段總冒。說明爲什麼要有這國際勞工同盟。第二段規定加盟國應遵守之公共原則。至於同盟機關之組織。則有第一段底下四十條條文詳細規定。今不便全錄。僅撮其要點如左。

（一）凡加入國際聯盟之國。同時加入國際勞工同盟。

（二）國際勞工同盟設兩機關（甲）勞工代表議會。（乙）勞工理事會及國際勞工事務局。

（三）勞工代表議會。每國派代表四名。內兩名由政府派出。餘兩名由資產階級勞工階級各選派其一。

（四）勞工理事會由二十四名理事組織之。內代表各政府者十二人。代表資產階級者代表勞工階級者各六人．

(五)勞工事務局受理事會之指揮處理諸務．

(六)代表議會議決事項．加盟國有履行之義務．但有爭議．得訴諸國際聯盟之公斷法庭．

(七)對於違犯規約之國．施以經濟上之制裁．略如國際聯盟規約所定．

讀者諸君據上文所敍述．諒來對於國際勞工同盟已經得有明晰的概念了．如今請分段略爲批評．

據第一段總冒所說．設立國際勞工同盟的動機．全在保持世界和平．與國際聯盟之說．同一旨趣．這是怎麼講呢．因爲世界和平破裂．不外兩途．一是縱裂．甲國和乙國的戰爭便是．一種橫裂．各國國內的爭亂便是．國際聯盟是防止縱裂的．國際勞工同盟便是防止橫裂的．但依我看來．勞工規約防止橫裂的效力．恐怕比聯盟規約防止縱裂的效力還要薄弱些哩．爲甚麼呢．那約文不是說『世界和平要以社會的公平爲基礎』嗎．這句話誠然是一針見血．但社會怎麼樣纔算公平．卻是很難解答的一個問題．照約文所舉例如工作時間之規定等類十幾件事．就資本階級的眼光看過去．總以爲是公平的了．我們旁觀的人．看慣了從前大不公平的狀況．也認這個爲比較的公平了．就勞工階級的眼光看過去．卻怎麼樣呢．所謂『賸餘價値』的一大部分．依然是被資本家掠奪呀．生產機關．依然是被少數人壟斷呀．這樣說．公平算得是徹底的公平嗎．質而言之．本規約的根本精神．不外所謂『勞資調協主義』．這種主義．若是在二三十年前實行．或者可以把風潮平息得下去．今日卻不是那回事了．他們勞工界的人．都抱着一種不受人憐的氣概．都說『你們把便宜占盡．過後拿出殘湯剩水來救濟我們．我們．我們可不屑哩．』所以大勢滔滔．總是往根本改造那條大路奔去．改造後就能公平嗎．誰也不敢說。但是不改造而說公平。他們是絕對的不承認了。這回的勞工規約。全是在現行經濟組織之下。圖一個補偏救弊。簡單說一句不過將各國原有之工場法咧養老制度咧。保險制度咧。要他改訂得較為完善。而且希望各國。都畫一施行。你說這樣子就可以把社會革命的形勢緩和下去嗎。過去現在厲行社會政策的國家也很不少。何嘗能彀解決這個問題。所以我說這回各國為防止過激派侵入起見。產出這國際勞工規約也不過和前清籌備立憲抵制革命同一手段。怕沒有什麼良果。但釜底抽薪。總比揚湯止沸高一籌罷了。

改良勞工條件原屬各國自己切身利害。那一國不改良。那一國便要吃虧。然則儘可以聽憑各國自動。何必定要聯合起來立這互相狠狽的公共規約呢。我想這個有兩種動機。其一是各國勞工者彼此互表同情。先進國的勞工者。雖然自已有點能力。能彀和資本家對抗。獲得較良的待遇。看着那後進國的同輩。呻吟憔悴。沒有一毫抵抗力委實可憐。因此借這同盟的力量帶挈他們叫他們有強大的後援。可以壯氣。這是好的動機。其二還有一個不甚高明的動機。因為勞工制度較好的國家。工作時刻一定是短的。工資一定是高的。那麼他們製造出來的貨物成本一定花得大。拿出來在國際貿易市場上。和那工資低廉的國家所產品相競爭。一定要失敗。所以他們要拖別人下水。叫大家在同等境遇之下。彼此占不了便宜。這是各國政府當局對外保護國產的苦心作用。諸君莫說我是以小人之心度君子之腹。本規約裏頭就有很確實的贓證。他說道『各國中如有對於上文所舉合於人道的勞工制度不加採用。則足為他國從事改良之障礙。』試想他不採用。隨他不採用。你改良隨你改良。誰又障礙得誰。障礙兩字的意思。因為他不改良。卻占了便宜。所以纔礙着我哩。諸君切勿說我過於深文。試看一年以來各國政治家說到財政經濟方針那個不是以獎厲輸出為第一義。打開窗子說亮話。就是對外競爭擴充市場想貨物銷得出去就要價錢不比別人貴想價錢不比別人貴就要成本不比別人重成本既沒法兒比別人減輕只好想法兒叫別人也和我一樣歐美的政治家的確是苦心焦慮從這裏着想誰也瞞不了誰平心而論既已有國家這件東西當國的人自然是各替本國打算盤對於別國廉價貨物的競爭設法防維也屬題中應有之義但這分明是一種國家主義若夾在社會問題的旗下借來應用未免有點挂羊頭賣狗肉了

勞工同盟的本意原是要把全世界勞工制度改良畫一但結果又弄出個『除外例』來約文云『雖各國氣候風俗與夫經濟上機會工業上慣例各有異同勞工制度之嚴格統一亦難急遽辦到』這段話分明是有些國家想要臨陣脫逃不好意思說不加盟但加盟後卻要不受盟中拘束結果卒至定出七個除外的國家來一日本二中國三印度四暹羅五波斯六南非洲七古巴哈哈好笑好笑日本到處呈露頭角無論大事小事總要和英美法意占同等的地位獨有這一件卻降身辱志來和中國波斯等等一班倒霉的國家打夥又不是有人排擠他還是他自己力爭得來他的代表在巴黎熊城兩次會議都說日本有特別情形要求那九個原則十年內在日本暫不適用哈哈這總算日本保護國產政策上一種成功卻是國際勞工同盟的本意越發不徹底了這樣說來國際勞工規約豈不是沒有什麼價值嗎咳不然不然他那第四百二十七條所標的一般原則雖不過寥寥數百字實算得極神聖的一篇『新人權宣言』他那九原則裏頭實在有兩個根本原則第一是不能把勞工視同商品第二是承認勞工身體上道德上智能上之幸福增進爲國際間最重要事項這兩個根本原則確立之後各種制度的更革自然有一個公共標鵠現在未做到的表示將來必要做到各種學說各種政策

雖然很紛歧。在這根本原則底下。總可以求出個共通建設的方法。這根本原則。從前雖然由經濟學者和社會黨人大聲疾呼了許多年。至於把他裝入正式公文。由各國當局用國家意思來切實承認。實自本規約始。就這點看來。本規約將來歷史上價值。或者還在國際聯盟規約之上。也未可知哩。至於那各條分原則。都是歐美勞工界多年的宿題。本規約彙集起來做一個小結束。恕不一一解釋了。

至於國際勞工同盟的機關組織。研究起來。也很有興味。他是國際聯盟事業中之一部分。他的機關。是國際聯盟轄屬的機關。何以見得呢。因為組織勞工同盟的國家。就是組織國際聯盟的國家。國際勞工事務局。就設在國際聯盟所在地。國際勞工爭議。就由國際聯盟法庭裁斷。可見勞工同盟實在是由國際聯盟孳生出來的了。依我們的理想。國際聯盟政府很應該設立幾部。這國際勞工事務局。就算是國際聯盟最初設立的行政部了。但這行政部的組織。有幾點很是特別的。應該注意。第一。勞工事務局長表面上看像是一部的總長。其實不過一位事務官。要受理事會的指揮。第二。理事會是本部行政的主宰。正與通常各部的總長權限相當。但他卻是合議。不是獨裁。二十四位理事中。各方面皆有代表。那理事或由任命。或由選舉。性質極為複雜。第三。和這行政部對待的。還有一個立法部。就是勞工代表總會。勞工代表總會。是關於勞工政務的一個意思機關。和國際聯盟總議會立於對等地位。不過權限有廣狹普專之分。這種組織。和俄國某部分的蘇維埃制度有點相像。俄國內各地方之蘇維埃政府。有些於總蘇維埃之外。別設一部一部的蘇維埃。例如教育部有一個教育蘇維埃在其上。農商部有一個農商蘇維埃在其上。我想這種組織。是很好的。將來國際聯盟政務擴充。增設新部。大概都要用這組織。就是各國內部立法行政機關。也可仿這個意思。重行改組。國會不過議決總方針。其餘各種實際問題。須別立各主管議會以決定之。我看各國政治。很有點傾向到這條路上。我們也要仿行的。這件事理論很複雜。將來當別著一篇專論他。現在因爲研究這勞工同盟機關的組織。偶有觸發。縱筆論及。去題益遠。恕罪恕罪。

我敍述這勞工同盟。也費了一萬多字了。我想中國人對於這問題有興味的很不多。可憐我們雖然算是加盟的一個國。全國人卻都是糊裏糊塗。始終並沒知道是怎麼一回事。去年十月在美國開第一次大會。我們也派代表參列了。人家是照着規約政府方面資產團體方面勞工團體方面各有代表。我們是在使館內派一兩位館員。三方面都算他代表了。咳。我們本來就沒有政府。沒有資產團體。沒有勞工團體。這也難怪。但是我國民須要知道啊。我國國內雖然不配說有資本家。卻是外國資本家早已高踞上游。制了我們的死命。別國資勞兩階級是把國內的人民橫切成兩部分。一部分是壓制者。一部分是被壓制者。我國現在和將來的形勢卻不是這樣。全國人都屬於被壓制的階級。那壓制的階級是誰。卻是外國資本家。我們全國人所處的境遇。正是外國勞工階級所處的境遇。質而言之。我們四萬萬人都是勞工階級裏頭的可憐蟲罷了。照這樣看來。這勞工問題在歐美各國。不過國內一部分人的苦樂問題。在我們中國。卻是全個民族的存亡問題了。我們當這火燒上身的時候。還看着像事不關己。難道白白讓他燒死不成。咳。看人家受壓制的人。是怎麼樣的設法免除壓制。救護自己。我們也趕緊學學。早打個主意纔對哩。